高等职业教育优质校建设轨道交通通信信号技术专业群系列教材

信号基础设备维护

主　编　常仁杰　李春莹
副主编　魏　君　韦成杰　程兰芝
主　审　贾　萍

西南交通大学出版社
·成　都·

图书在版编目（CIP）数据

信号基础设备维护 / 常仁杰，李春莹主编. 一修订本. 一成都：西南交通大学出版社，2022.8
高等职业教育优质校建设轨道交通通信信号技术专业群系列教材
ISBN 978-7-5643-7080-0

Ⅰ. ①信… Ⅱ. ①常… ②李… Ⅲ. ①铁路信号–信号设备–维修–高等职业教育–教材 Ⅳ. ①U284.92

中国版本图书馆 CIP 数据核字（2022）第 134948 号

高等职业教育优质校建设轨道交通通信信号技术专业群系列教材

Xinhao Jichu Shebei Weihu
信号基础设备维护

主　编／常仁杰　李春莹	责任编辑／穆　丰
	封面设计／吴　兵

西南交通大学出版社出版发行
（四川省成都市金牛区二环路北一段 111 号西南交通大学创新大厦 21 楼　610031）
发行部电话：028-87600564　028-87600533
网址：http://www.xnjdcbs.com
印刷：成都中永印务有限责任公司

成品尺寸　185 mm×260 mm
印张　14.75　　字数　370 千
版次　2022 年 8 月修订本　　印次　2022 年 8 月第 3 次

书号　ISBN 978-7-5643-7080-0
定价　45.00 元

课件咨询电话：028-81435775
图书如有印装质量问题　本社负责退换
版权所有　盗版必究　举报电话：028-87600562

前　言

随着我国城市化进程的不断加快，优先规划和发展轨道交通，是保证城市经济、社会发展的重要战略措施，也是越来越多的城市解决交通运输问题、推动城市化进程的最佳选择。截至 2018 年末，我国城市轨道交通运营线路长度达到 5373 km，城市轨道交通行业管理逐步完善，标准化进程不断推进，智能运维、智慧城轨等新技术不断涌现。因此，培养城市轨道交通领域的运营、维护和管理人才是当务之急。

在城市轨道交通信号控制系统中，基础设备是十分重要及关键的技术装备，是保证城市轨道交通运行安全、提高运输能力和效率的基础。城市轨道交通信号控制系统由于专用性较强，技术含量高，且涵盖通信、计算机网络和智能控制等多个领域，因此，对相关从业人员提出了较高的业务要求。

本书通过对企业现场信号基础设备维护的典型工作任务进行分析，归纳出四个项目，并按项目化教学的方式进行编写。每个项目中包括几个典型的任务：有的任务是设备认知，有的任务是检修维护，还有的任务是设备调整。本书希望既对学生的实际维护能力有针对性训练，又能为学生奠定一定的理论基础。

由于我国城市轨道交通信号系统没有统一的维护规则，本书主要采用的是广州地铁的信号维护规则，与其他地铁公司的维护规则存在着一定的差异，在此予以说明。书中主要内容如下：

项目一是信号继电器的维护，介绍了不同类型的继电器的结构及工作原理，信号继电器的测试、检修及调整，信号继电器电路的分析设计等。

项目二是信号机的维护，介绍了透镜式色灯信号机的结构原理及维护，色灯信号机的显示意义及灯光配列，色灯信号机设置命名等。

项目三是轨道电路的维护，介绍了轨道电路的基本概念作用，JZXC-480 型轨道电路维护，25 Hz（50 Hz）轨道电路维护，FTGS 型数字编码式轨道电路维护，计轴轨道电路维护，高压脉冲轨道电路维护等。

项目四是道岔转辙设备的维护，介绍了 ZD6 型电动转辙机，S700K 型电动转辙机，ZD（J）9 型电动转辙机，XYJ7 型电液转辙机等转折设备的结构原理及维护，以及联动道岔及外锁闭道岔的施工与调整，还包括转辙机的入所修等内容。

郑州铁路职业技术学院常仁杰担任本书第一主编，编写了项目一的内容，并负责全书统稿；郑州铁路职业技术学院李春莹担任本书第二主编，编写了项目三的内容，并负责录制项目一、项目二的视频资料；郑州铁路职业技术学院魏君担任本书副主编，编写了项目四的内容，并录制项目三、项目四的视频资料；郑州铁路职业技术学院韦成杰担任本书副主编，编写了项目二的内容；郑州铁路职业技术学院程兰芝担任本书副主编，编写了项目二中任务一、任务二及项目四中任务五、任务六的内容，并负责外文文献的翻译工作。

郑州轨道交通有限公司的贾萍对全书进行了审定。

本书在编写过程中，郑州电务段的侯建军、周健涛和邵连付同志提供了大量的相关资料，在此表示真诚的感谢，在此本书所有编者还对参考文献中所列专著、教材等的作者们表示最真诚的谢意。由于编者水平有限，书中难免有疏漏和不足之处，恳请读者批评指正。

编 者
2022 年 5 月

目　录

课程整体设计 ··· 1

项目一　信号继电器的维护 ··· 7

　　任务一　信号继电器的认知 ··· 7

　　任务二　信号继电器的检修 ·· 42

　　任务三　脉动偶继电器电路制作 ··· 52

项目二　信号机的维护 ·· 66

　　任务一　铁路信号的认知 ··· 66

　　任务二　信号机的认知 ·· 75

　　任务三　信号机灯光配列及显示意义 ·· 86

　　任务四　色灯信号机的维护 ·· 104

项目三　轨道电路的维护 ··· 109

　　任务一　轨道电路的认知 ··· 109

　　任务二　JZXC-480型（工频交流连续式）轨道电路维护 ···························· 114

　　任务三　25 Hz相敏轨道电路维护 ·· 122

　　任务四　FTGS型数字编码式轨道电路维护 ··· 129

　　任务五　AzLM计轴器电路维护 ·· 138

　　任务六　高压脉冲轨道电路维护 ··· 148

项目四 道岔转辙设备的维护 ………………………………………… 155

任务一 转辙机概述 ……………………………………………… 155
任务二 ZD6 型电动转辙机维护 ………………………………… 159
任务三 S700K 型电动转辙机维护 ……………………………… 181
任务四 外锁闭道岔的安装与调整 ……………………………… 193
任务五 ZYJ7 型电液转辙机认识 ………………………………… 200
任务六 ZD（J）9 型电动转辙机的维护 ………………………… 213
任务七 转辙机入所修 …………………………………………… 221

参考文献 …………………………………………………………… 230

课程整体设计

一、课程内容设计

本课程主要选取了信号继电器、信号机、轨道电路、道岔转辙设备等四种信号基础设备的基本结构原理、检修维护及常见故障处理等内容而制定了典型工作任务，每种设备就是一个项目，每个项目设置了相应的工作任务，具体教学安排建议如表 0-1 所示。

表 0-1 具体教学安排

项目名称	工作任务	建议课时分配
项目一 信号继电器的维护（18 学时）	任务一 信号继电器的认知	10 学时
	任务二 信号继电器的检修	4 学时
	任务三 脉动偶继电器电路制作	2 学时
项目二 信号机的维护（10 学时）	任务一 铁路信号的认知	2 学时
	任务二 信号机的认识	2 学时
	任务三 信号机灯光配列及显示意义	4 学时
	任务四 色灯信号机的维护	2 学时
项目三 轨道电路的维护（20 学时）	任务一 轨道电路基本概念	2 学时
	任务二 JZXC-480 型轨道电路维护	6 学时
	任务三 25 Hz 相敏轨道电路维护	6 学时
	任务四 FTGS 型数字编码式轨道电路维护	2 学时
	任务五 AzLM 计轴器电路维护	2 学时
	任务六 高压脉冲轨道电路认知	2 学时
项目四 道岔转辙设备的维护（26 学时）	任务一 转辙机概述	2 学时
	任务二 ZD6 电动转辙机维护	8 学时
	任务三 S700K 型电动转辙机维护	6 学时
	任务四 外锁闭道岔的安装与调整	4 学时
	任务五 ZYJ7 电液转辙机维护	4 学时
	任务六 ZD（J）9 型电动转辙机的维护	2 学时
	任务七 转辙机入所修	2 学时

二、课程目标设计

通过本课程学习，使学生了解各类继电器的工作原理及结构特征；了解铁路信号机的机构、显示原理、显示意义及信号机设置及检修；掌握轨道电路的基本组成和作用，不同类型的电路特点及原理；掌握各类电动转辙机的组成和工作原理；会正确使用各种仪表测试信号设备的参数，具备分析和处理常见信号故障的能力，为从事铁路信号设备维护工作打下坚实的基础。同时，结合本课程的特点，培养学生发现问题、分析问题、解决问题的能力。

（一）知识目标

（1）掌握不同信号继电器的结构、工作原理及使用注意事项和维护规定。
（2）掌握铁路信号的种类、各类信号的信息，信号机的种类、结构和维护要求。
（3）掌握轨道电路的种类、工作原理、轨道电路的调整，以及对施工的要求。
（4）了解转辙机的作用，掌握各类转辙机的结构和工作原理，道岔的调整，转辙机的安装、维护，转辙机的维护标准。

（二）能力目标

（1）会维护各类信号基础设备的能力。
（2）能实际动手拆装转辙机的能力。
（3）能调整道岔的能力。
（4）能根据轨道电路故障现象分析故障原因，并排除故障的能力。
（5）创新能力。

（三）素质目标

（1）端正的学习态度。
（2）勤于思考、做事认真的良好作风。
（3）环保意识、质量意识、安全意识。
（4）勇于创新、敬业乐业的工作作风。
（5）沟通能力及团队协作精神。

三、课程教学资源要求

（一）课程环境要求

为保证项目化教学的实施，本课程必须有足够空间来作为"教、学、做"一体化教室或检修实训室和修配实训室，有足够的转辙机、信号机供学生拆装练习，有足够的万用表、移频表供学生检测轨道电路使用，还提供接地电阻测试仪、绝缘电阻测试仪、移频信号测试仪等有关仪器，以及供拆装使用的扳手、改锥等工具；有继电器测试台供学生对继电器进行检测、调整、维修用；有转辙机测试台对转辙机进行测试、调整用。

（二）师资要求

（1）具备各类信号基础设备的理论知识。
（2）熟悉技术规定。
（3）现场维护经验。
（4）具备较强的读图能力。
（5）较高实际动手能力。
（6）具有比较强的驾驭课堂的能力。
（6）具有较强的责任心和良好的职业道德。

四、项目设置与项目能力培养目标分解

表 0-2　项目设置与项目能力培养目标分解

教学内容		学习目标	应知应会知识	实作技能
项目一　信号继电器维护（18学时）	任务一　信号继电器的认知	（1）会 JWXC 1700 继电器动作原理及特性； （2）会偏极、整流、有极及时间继电器的原理； （3）能分析区别各种继电器插座接点及编号； （4）掌握二元二位继电器及电子接收器的原理； （5）掌握高压脉冲二元差动继电器的结构及原理； （6）各类继电器的图形符号	（1）继电器的结构； （2）继电器的功能； （3）继电器符号； （4）继电器电路分析； （5）继电器的电气特性参数	（1）按照操作规程进行各类继电器测试； （2）快速认知各类继电器的插座编号
	任务二　信号继电器的检修	（1）会 JWXC 1700 继电器调整及测试； （2）能对偏极、整流、有极继电器进行测试		
	任务三　脉动偶继电器电路制作	（1）会进行继电器电路分析； （2）会按照设计目标选择继电器； （3）会连接继电器电路图； （4）能够绘出继电器时间特性分析图		
项目二　信号机维护（16学时）	任务一　铁路信号的认知	（1）掌握铁路信号的分类； （2）色灯信号机的分类； （3）掌握色灯信号机的设置及命名	（1）色灯信号机的显示意义； （2）各种色灯信号机的结构和工作原理； （3）色灯式信号机的测试与调整的方法； （4）色灯式信号机的故障处理方法	（1）按照作业标准检修色灯信号机； （2）按照技术标准，对信号机进行测试调整； （3）按照技术标准进行色灯信号机安装
	任务二　色灯信号机认知	（1）掌握透镜式色灯信号的光学原理； （2）掌握透镜式色灯信号机的工作原理； （3）掌握透镜式色灯信号机各部件作用； （4）记住组合式色灯信号机的构造及工作原理； （5）记住 LED 色灯信号机的构造及工作原理		
	任务三　信号机灯光配列及显示意义	（1）会根据城轨信号灯的显示状态判断显示的意义； （2）会根据铁路信号灯的显示状态判断显示的意义		
	任务四　色灯信号机的维护	（1）色灯信号机的测试与调整； （2）按照作业标准检修色灯信号机		

续表

教学内容		学习目标	应知应会知识	实作技能
项目三 轨道电路维护（26学时）	任务一 轨道电路的基本概念	（1）认知轨道电路基本原理、作用及分类； （2）认知不同轨道电路的连接线； （3）钢轨绝缘设置	（1）JZXC-480型轨道电路组成及工作原理； （2）25 Hz相敏轨道电路组成及基本原理； （3）FTGS型数字编码式轨道电路组成及工作原理； （4）AzLM计轴器电路组成及工作原理	（1）按照作业标准检修JZXC-480型轨道电路； （2）按照技术标准，对25 Hz相敏轨道电路进行检修测试； （3）按照技术标准对FTGS型数字编码式轨道电路进行检修测试； （4）按照技术标准对AzLM计轴器电路进行检修测试
	任务二 JZXC-480型轨道电路维护	（1）熟悉JZXC-480型轨道电路组成； （2）掌握JZXC-480型轨道电路各组成部件的功能； （3）对JZXC-480型轨道电路的故障进行分析调整。 （4）极性交叉配置		
	任务三 25 Hz相敏轨道电路维护	（1）会画25 Hz相敏轨道电路原理图； （2）掌握25 Hz相敏轨道电路各组成部分的功能； （3）会对25 Hz相敏轨道电路进行调整		
	任务四 FTGS型数字编码式轨道电路维护	（1）会画FTGS型数字编码式轨道电路； （2）掌握FTGS型数字编码式轨道电路的各组成部件的功能； （3）会对FTGS型数字编码式轨道电路进行调整及故障分析		
	任务五 AzLM计轴器电路维护	（1）会画AzLM计轴器电路的机构图； （2）掌握AzLM计轴器电路各组成部件的功能； （3）会对AzLM计轴器电路进行调整和故障分析		
	任务六 高压脉冲轨道电路认知	（1）会画高压脉冲轨道电路原理图； （2）掌握高压脉冲轨道电路的各组成部件的功能		
项目四 道岔转辙设备维护（30学时）	任务一 转辙机概述	（1）了解道岔的结构及状态； （2）掌握转辙机的概念、作用； （3）理解转辙机基本要求与分类	（1）掌握ZD6电动转辙机的机构及工作原理； （2）掌握ZD6道岔的调整方法； （3）掌握S700K电动转辙机的机构及工作原理； （4）掌握外锁闭道岔的调整方法； （5）掌握ZD（J）9电动转辙机的机构及工作原理； （6）掌握ZYJ7电液电动转辙机的机构及工作原理； （7）掌握转辙机的测试方法	（1）按照操作规程拆装ZD6电动转辙机； （2）熟练调整ZD6道岔； （3）按照作业标准拆装S700K电动转辙机； （4）按照操作规程会熟练调整外锁闭道岔； （5）按操作规程测试ZD6电动转辙机； （6）按操作规程测试S700K型电动转辙机
	任务二 ZD6电动转辙机维护	（1）会按照作业程序对ZD6电动转辙机拆装； （2）会按照作业程序对ZD6电动转辙机道岔进行调整； （3）道岔的维护保养； （4）ZD6转辙机的测试调整		
	任务三 外锁闭道岔的安装与调整	（1）会按照作业程序对外锁闭道岔进行安装调整		
	任务四 S700K型电动转辙机维护	（1）会按照作业程序对S700K电动转辙机进行拆装； （2）会进行S700K电动转辙机的检修测试		
	任务五 ZD（J）9电动转辙机维护	按照作业程序对ZD（J）9电动转辙机进行调整		
	任务六 ZYJ7电液转辙机维护2	（1）按照作业程序对ZYJ7电液电动转辙机进行调整； （2）会对ZYJ7电液转辙机常见故障分析处理； （3）会对外锁闭道岔进行分析处理		
	任务七 转辙机入所修	（1）会对ZD6电动转辙机进行测试； （2）会对S700K型电动转辙机进行测试		

五、课程考核方案设计

（一）应知应会知识考核（30分）

应知应会知识考核题型为填空题、选择题和判断题，出题原则为必须掌握的基本概念和检修维护标准，难易适中，题量较大。考试内容应知应会知识部分，考试时间45分钟，试题分值100分，占总成绩的30%。

本课程采用闭卷考试，所有上课班级教学结束时考试。课程资源库中应有相应试题库作为支撑，确保试卷的有效性和科学性。

（二）实作技能考核（40分）

实作技能依据项目化教学的内容确定，包括基本操作技能、故障处理技能等，按照企业岗位技能要求，制定时间标准和操作标准。考试方式、时间由课程建设小组确定。

1. 基本操作技能（20分）

基本操作技能包括设备调整、拆装、测试和检修测试。考核内容及要求如表0-3所示。

表0-3 考核内容及要求

考核内容	考核要求
（1）JWXC-1700型继电器的测试及调整	（1）采用抽签方式，随机抽取两项作为考核内容；
（2）ZD6型电动转辙机的拆装及调整	（2）考核时限根据具体的题目确定；
（3）ZD6单开道岔的密贴及表示的调整	（3）考核方式采用口试、笔试加操作；
（4）JZXC-480型轨道电路的测试和调整	（4）分段式教学结束后，由城轨控制教研室统一安排时间考试；
（5）道岔区段塞钉的链接	（5）无故不参加考试的，作为0分处理；
（6）25 Hz轨道电路的测试与调整	

2. 故障处理技能（20分）

故障处理技能包括ZD6道岔的故障处理、信号机故障处理、480轨道电路故障处理。考核内容及要求如表0-4所示。

表0-4 考核内容及要求

考核内容	考核要求
（1）信号机故障处理	（1）采用抽签方式，随机抽取1项作为考核内容；
（2）480轨道电路故障处理	（2）考核时限根据具体的题目确定；
	（3）考核方式采用口试、笔试加操作；

（3）ZD6 道岔的故障处理	（4）分段式教学结束后，由城轨控制教研室统一安排时间考试； （5）无故不参加考试的，作为 0 分处理

六、教学建议

"信号基础设备维护"是实践性、动手性很强的课程，为学生讲述基本全面的信号设备的原理和使用方法，学生只有全面了解信号设备的知识，才能为后来学习其他信号设备的使用操作和维护打下基础。通过实际的操作练习和学习技规，为以后进行实际维护工作打下良好的基础。为此在教学内容和方法上做以下调整：

主要从教学内容设计、教学方法设计等方面来描述，体现"教、学、做"一体化教学、项目化教学、案例教学的思路。

考核方面，以期末理论考试和实作考核为主，注重应用能力考核。

项目一　信号继电器的维护

【项目导引】

继电器是自动控制系统和远程控制系统中常用的元器件,它用于接通和断开电路,用以发布控制命令、反映设备状态以及进行逻辑运算,以构成自动控制和远程控制电路。各个领域的自动控制系统均采用继电器。城市轨道交通信号控制技术中也广泛采用继电器,称为信号继电器(在信号系统中,简称继电器)。继电器是城市轨道交通信号控制技术中的重要部件,它无论作为继电式信号系统(6502继电联锁)的核心部件,还是作为电子式或计算机式信号系统(微机联锁)的接口部件,都发挥着重要的作用。继电器动作的可靠性直接影响到信号系统的可靠性和安全性。

任务一　信号继电器的认知

【学习目标】

（1）掌握 JWXC 1700 继电器动作原理及特性；
（2）掌握偏极、整流、有极及时间继电器的原理；
（3）能分析区别各种继电器插座接点及编号；
（4）掌握二元二位继电器及电子接收器的原理；
（5）掌握高压脉冲二元差动继电器的结构及原理；
（6）各类继电器的图形符号。

【相关知识】

继电器概述

一、继电器的基本原理

继电器是一种电励开关。继电器类型很多,性能各不相同,结构形式各种各样,但绝大多数的继电器由电磁系统和接点系统两大主要部分组成。其中电磁系统由线圈、固定的铁芯和轭铁以及可动的衔铁构成，是继电器的感受机构，专门用来接受和反映输入物；接点系统由动接点和静接点构成，是继电器的执行机构，用来实现控制的目的。当线圈中通入一定大小的电流后，由线圈产生磁场的电磁力，吸引衔铁，由衔铁带动接点系统，改变其状态，从而反映输入电流的状况。

最简单的电磁继电器如图 1-1-1 所示。它实质上是一个带接点的电磁铁，其动作原理也与电磁铁相似。当给线圈中通以一定大小的电流后，在衔铁和铁芯之间就产生一定数量的磁通，该磁通经铁芯、衔铁、轭铁和气隙形成一个闭合磁路，铁芯对衔铁就产生了吸引力。吸引力的大小取决于通过继电器的线圈电流 I_x 的大小。当电流 I_x 由 0 增加到某一定值时，吸引力增大到能克服衔铁向铁芯运动的阻力，衔铁就被吸向铁芯。由衔铁带动的动接点也随之动作，与动合接点（前接点）接通，接点回路中的电流 I_y 从 0 突然增大到 I_{x_2}。此后，若 I_x 继续增大，由于接点回路中阻值不变，I_y 保持不变。当线圈中电流 I_x 减小，吸引力随电流的减小而减小，当电流 I_x 减小到 I_{x_1} 时，吸引力减小到不足以克服衔铁重力，衔铁靠自重落下（释放），动接点也随着衔铁落下，与动断接点（后接点）接通，与前接点断开，输出电流 I_y 突然从减小到 0。此后，I_x 再减小，I_y 保持为 0 不变。可见，继电器具有开关特性（二值性），也称为继电特性，可利用它的接点通、断机制，构成各种控制和表示电路。

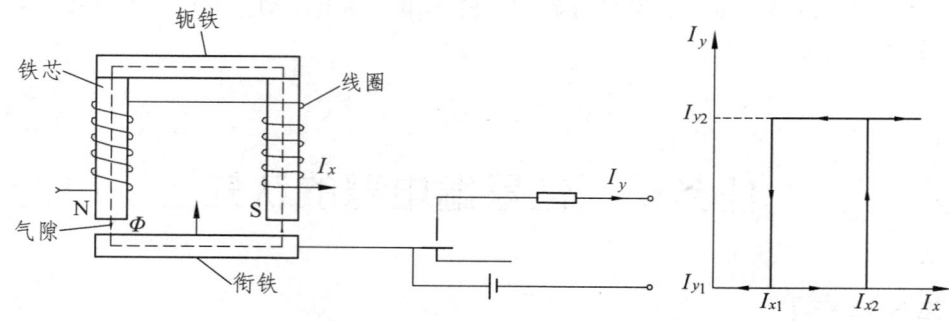

图 1-1-1　继电器的基本原理和继电特性

二、继电器的作用

继电器具有继电特性，能以极小的电信号来控制电路中相当大功率的对象，能同时控制数个对象和数个回路，也能控制远距离的对象。由于继电器的这种性能，给自动控制和远程控制创造了便利的条件。因此，它广泛应用于社会生产各部门的生产过程控制和国防系统的自动化和远程控制，也广泛应用于城市轨道交通及铁路信号的各个方面。

随着电子技术的迅速发展，电子器件尤其是微型计算机以其速度快、体积小、容量大、功能强等技术优势，在相当大程度上逐渐取代了继电器，构成自动控制和远程控制系统，使控制系统技术水准大大提高。但是，继电器与电子器件相比，仍具有一定的优势，它们的特性比较如表 1-1-1 所示。因此，继电器仍然具有广阔的应用空间，仍将长期存在。

表 1-1-1 微电子器件与继电器的特性比较

比较内容	微电子器件	继电器
速度	快	慢
自身功耗	小	大
体积	小	大
容量	大	小
功能	强	弱
闭合阻抗	大	小
断开阻抗	小	大（∞）
防雷击	弱	强
自保	不能	能
噪声	有	无
温度影响	有	无
用于放射性的地方	不能	能
控制回路	1个	多个
驱动能力	小	大
故障-安全原则	无	有

在以继电技术构成的系统（如继电集中联锁）中继电器起着核心作用；而在以电子元件和微型计算机构成的系统（如计算机联锁系统）中，继电器作为其接口部件，将系统主机与信号机、轨道电路、转辙机等执行部件结合起来，也是不可或缺的部分。虽然已出现全电子化的系统，但要全部取消继电器仍然非常难。因此，不论是在现在还是未来，信号继电器在城市轨道交通信号控制领域仍将起着重要的作用。

三、继电器分类

继电器的类型繁多，分类也是多种多样的。

1. 按继电器输入量的物理性质分类

按继电器输入量的物理性质分类，可将继电器分为电流继电器、电压继电器、功率继电器、频率继电器和非电量继电器。

其中，电流继电器的吸起和落下反映电流的变化；电压继电器的吸起和落下反映电压的变化；功率继电器的吸起和落下反映功率的变化；频率继电器的吸起和落下反映交流的频率变化；非电量继电器的吸起和落下反映非电量（如温度、压力、速度等）的变化。

2. 按继电器动作电流的性质分类

按继电器动作电流的性质分类，可将继电器分为直流继电器、交流继电器和交直流继电器。

直流继电器是由直流电源供电的，按所通电流的极性，它又可分为无极、偏极和有极继电器。直流继电器都是电磁继电器。

交流继电器是由交流电源供电的，按动作原理，它又可分为有电磁继电器（如灯丝转换继电器），有感应继电器（如二元二位继电器）。

整流式继电器虽然用于交流电路中，但它用整流元件将交流电整流为直流电，其实质还是直流继电器。

3. 按继电器执行部件的构造原理分类

按继电器执行部件的构造原理（有、无接点）分类，可将继电器分为有接点继电器和无接点继电器（如铁磁无接点继电器和半导体无接点继电器等）。

4. 按继电器动作原理分类

按继电器动作原理分类，可分为电磁继电器、感应继电器、热力继电器（双金属片继电器）、固态继电器。

电磁继电器原理是通过继电器线圈中的电流产生磁场，吸引可动的衔铁，带动接点系统改变接点位置的状态，如 JWXC-1700 信号继电器；感应继电器是利用一个交变磁场与另一交变磁场在可动翼片中感应的涡流和交变磁场相互作用，使翼片产生转矩，带动接点动作，如二元二位继电器；热力继电器是利用两种膨胀系数不同的双金属片加热后单向弯曲的物理特性，使接点动作；固态继电器是一种无触点电子开关，由分立元器件、膜固定电阻网络和芯片采用混合工艺组装而成，实现输入电路与输出电路的电隔离及信号耦合，由固态器件实现负载的通断切换功能，内部无任何可动部件。

5. 按继电器动作速度分类

按继电器动作速度分类，可将继电器分为快动作继电器、而正常动作继电器和缓动继电器。

快速动作继电器动作速度非常快，一般动作时间小于 0.1 s，而正常动作继电器衔铁动作时间为 0.1～0.3 s。大部分信号继电器属于此类，一般无需加此称呼。缓动继电器衔铁动作时间超过 0.3 s，又分为缓吸、缓放类型。时间继电器是利用脉冲延时电路或软件设定使之缓吸，缓放型继电器则利用铜线圈架产生感应磁通使之缓动，主要取其缓放特性。

6. 按继电器接点结构分类

按继电器接点结构分类，可将继电器分为普通接点继电器和加强接点继电器。

普通接点继电器具有开断功率较小的接点的能力，以满足一般信号电路的要求，多数信号继电器为普通接点继电器，一般不加此称呼。

加强接点继电器具有开断功率较大的接点的能力，以满足电压较高、电流较大的信号电路的要求。

7. 按工作可靠程度分类

按工作可靠程度分类，可将继电器分为安全型继电器和非安全型继电器。

四、安全型继电器的概述

作为城市轨道交通信号控制系统核心的信号继电器，是城市轨道交通信号设备中最主要而又大量采用的元器件。为了确保城市轨道交通运输安全与提高运输效率，信号设备的工作性能必须可靠，所以要求信号继电器必须安全可靠。

我国在20世纪50年代初采用的是不同类型的座式继电器，20世纪50年代末到60年代初采用的是大插入型继电器，这些继电器不仅体积大、笨重、结构复杂，而且有色金属消耗多，并且座式继电器还存在施工、维修不方便等缺点，因此这些继电器现已被淘汰，并停止生产。随着生产力的发展，技术水平的提高，在20世纪60年代中期，我国科研技术人员在座式继电器和大插入式继电器的基础上，自主设计制造了一种体积较小的AX系列安全型继电器，它与座式和大插入式相比，结构新颖、重量轻、体积小。AX系列安全型继电器经受住了铁路现场几十年的运用考验，其安全可靠，性能稳定，能满足信号电路对继电器提出的各种要求。AX系列安全型继电器是我国城轨信号继电器的主要定型产品，其应用也最为广泛。

1. AX系列安全型继电器

AX系列安全型继电器是指它的结构必须符合"故障-安全"原则（发生安全侧故障的可能性远远大于发生危险侧故障的可能性，处于禁止运行状态的故障有利于行车安全，称为安全侧故障，处于允许运行状态的故障可能危及行车安全，称为危险侧故障）。在故障情况下前接点闭合的概率远小于后接点闭合的概率，这样，就可以用前接点代表危险侧信息，用后接点代表安全侧信息，因此安全型继电器在结构上有以下特点：

（1）前接点采用熔点高、不会因熔化而使前接点粘连的导电及导热性能良好的材料。

（2）增加衔铁重量，采用"重力恒定"原理在线圈断电时强制将前接点断开。

（3）采用剩磁极小的电工纯铁构成磁路系统，并在衔铁与极靴之间设有一定厚度的非磁性止片，当衔铁吸起时仍有一定的气隙以防剩磁吸力将衔铁吸住。

（4）衔铁不会因机械故障而卡在吸起状态。

2. AX系列安全型继电器安装方式

AX系列安全型继电器可分为插入式和非插入式两种类型。插入式继电器多为单独使用，非插入式继电器常使用于有防尘外壳的组匣中。两者的区别仅在于，插入式继电器带有透明并且性能很好的外罩（由聚甲基丙烯酸甲酯或聚碳酸酯制成），用以密封防尘，同时为了与插座配合使用，插入式继电器安装在酚醛塑料制成的胶木底座上。

3. AX系列安全型继电器的种类

常见的AX系列安全型继电器有无极（包括无极、无极加强接点、无极缓放、无极加强接点缓放）、整流式、有极（包括有极、有极加强）、偏极四种。常见的AX系列安全型继电器的基本情况如表 1-1-2 所示。

表 1-1-2　常见 AX 系列安全型继电器的基本情况

品种序号	规格序号	继电器名称	型号	接点组数	鉴别销号码	线圈连接	电源片连接 连接	电源片连接 使用
1	1	无极继电器	JWXC-1000	8QH	11、52	串联	2、3	1、4
1	2	无极继电器	JWXC-1700	8QH	11、51	串联	2、3	1、4
1	3	无极继电器	JWXC-2.3	4QH	11、54	串联	2、3	1、4
1	4	无极继电器	JWXC-2000	2QH	12、55	串联	2、3	1、4
1	5	无极加强接点继电器	JWJXC-480	2QH、2QHJ	15、51	串联	2、3	1、4
1	6	无极加强接点继电器	JWJXC-160	2QHJ	11、52	串联	2、3	1、4
1	7	无极加强接点继电器	JWJXC-300/370	4QHJ	22、52	单独	—	1、2 3、4
1	8	无极缓动继电器	JWXC-H310	8QH	23、54	单独	—	1、2 3、4
1	9	无极缓放继电器	JWXC-H600	8QH	12、51	串联	2、3	1、4
1	10	无极缓放继电器	JWXC-H1200	8QH	14、42	串联	2、3	1、4
1	11	无极加强接点缓放继电器	JWJXC-H125/0.13	2QH、2QJ、2H	15、43	单独	—	1、2 3、4
1	12	无极加强接点缓放继电器	JWJXC-H125/80	2QH、2QJ、2H	31、52	单独	—	1、2 3、4
1	13	无极加强接点缓放继电器	JWJXC-H80/0.06	2QH、2QJ、2H	12、22	单独	—	1、2 3、4
2	14	整流式继电器	JZXC-480	4QH、2Q	13、55	串联	1、4	7、8
2	15	整流式继电器	JZXC-H18	4QH	13、53	串联	1、4	5、6
2	16	整流式继电器	JZXC-H142	4QH	13、53	串联	1、4	5、6
2	17	整流式继电器	JZXC-H0.14/0.14	2QH、2H	22、53	单独	—	32、42 53、63
2	18	整流式继电器	JZXC-H18F	4QH	13、53	串联	1、4	5、6
3	19	有极继电器	JYXC-660	6DF	15、52	串联	2、3	1、4
3	20	有极继电器	JYXC-270	4DF	15、53	串联	2、3	1、4
3	21	有极加强接点继电器	JYJXC-X135/220	2DF、2DFJ	12、23	单独	—	1、2 3、4
3	22	有极加强接点继电器	JYJXC-J3000	2F、2DFJ	13、51	串联	2、3	1、4
4	23	偏极继电器	JPXC-1000	8QH	14、51	串联	2、3	1、4

注：表中，Q 表示前接点，H 表示后接点，D 表示定位接点，F 表示反位接点，J 表示加强接点。例如，8QH 表示 8 组普通前后接点组，2DFJ 表示 2 组加强定反位接点组。

4. AX 系列安全型继电器的型号表示法

AX 系列安全型继电器型号用字母和数字表示，字母表示继电器种类，数字表示线圈的电阻值（单位符号为Ω），例如，JWJXC-H125/80，具体含义如图 1-1-2 所示。

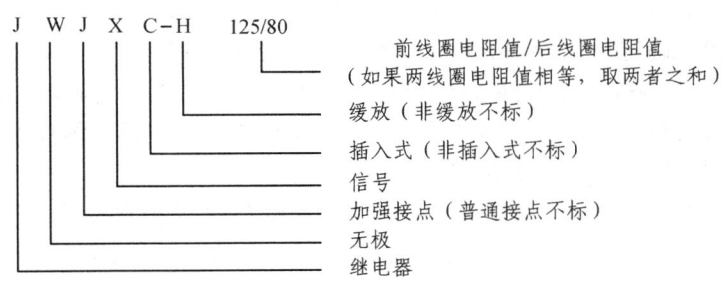

图 1-1-2 型号表示法

继电器的符号含义如表 1-1-3 所示。

表 1-1-3 继电器文字符号含义表

代号	含义		代号	含义	
	安全型	其他类型		安全型	其他类型
A		安全	R		二元
B		半导体	S		时间、灯丝、双门
C	插入	插入、传输、差动	T		通用、弹力
D		单门、动态	W	无极	
H	缓放	缓放	X	信号	信号、小型
J	继电器、加强接点	继电器、加强接点、交流	Y		有极
P	偏极		Z	整流	整流、转换

五、各类安全型继电器

（一）无极继电器

安全型继电器是直流 24 V 系列的重弹力式直流电磁继电器，有很多类，它们的特性和线圈电阻值各不相同，在信号电路中有不同的作用。其典型结构为无极继电器，其他各型继电器由无极继电器派生。因此，安全型继电器绝大部分零件都能通用。现就 JWXC-1700 型直流无极继电器的结构和动作原理做介绍，其他类型的无极继电器与之类似。

1. 无极继电器的结构

JWXC-1700 型直流无极继电器的结构如图 1-1-3 所示。

无极继电器由直流电磁系统与接点系统两大部分组成。

电磁系统的线圈 1 水平安装在铁芯 2 上，分为前圈和后圈，可连接或单独使用，增强了控制电路的适应性和灵活性。衔铁 3 靠蝶形钢丝卡 5 固定在轭铁 4 的刀刃上，动作灵活，在衔铁的传动部分铆上重锤片 6，以保证继电器衔铁主要靠重力返回，重锤片的数量根据继电器接点系统的结构来确定，使衔铁的重量满足后接点压力的需要。一般八组接点用六片，四组用两片，两组不用，铁芯、衔铁和轭铁都是由电工纯铁软磁性材料制成，导磁好、剩磁少。铁芯端部有镦粗的极靴，便于导磁，极靴上有两小孔便于拆装铁芯。衔铁上有止片 23，用来增加磁阻，减小剩磁的影响，能确保继电器可靠落下。

接点系统处于电磁系统的上面，通过接点架 7，螺钉 8 紧固在轭铁上，使两者成为一个整体。用螺钉 9 将下止片 10、电源片单元 11、银接点单元 12、动接点单元 13 以及压片 14 按顺序组装在接点架上，在紧固螺钉以前，应将推杆 15、绝缘轴 16、动接点轴 17 与动接点组装好，衔铁通过推杆的传动来带动动接点运动。

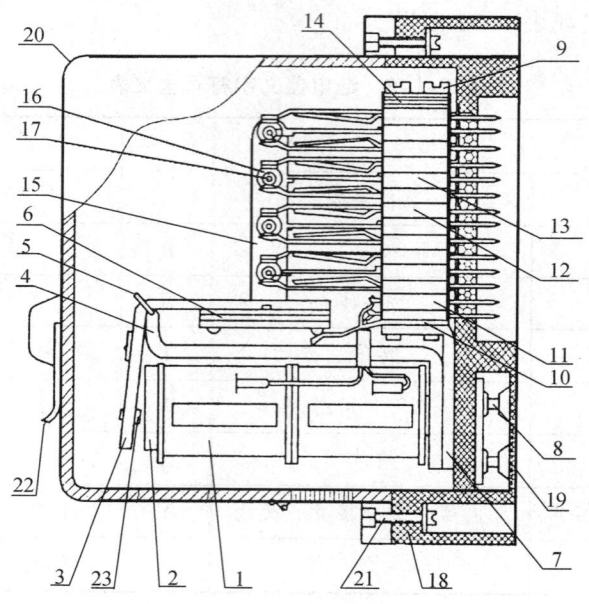

图 1-1-3　JWXC 型直流无极继电器的结构

1—线圈；2—铁芯；3—衔铁；4—轭铁；5—蝶形钢丝卡；6—重锤片；7—接点架；8、9—螺钉；
10—下止片；11—电源片单元；12—银接点单元；13—动接点单元；14—压片；
15—推杆；16—绝缘轴；17—动接点轴；18—胶木底座；19—型别盖板；
20—外罩；21—加封螺钉；22—提把；23—止片

插入式继电器是通过螺钉 8 将继电器安装在胶木底座 18 内。外罩 20 通过加封螺钉 21 紧固在胶木底座上。型别盖板 19 通过螺钉 8 固定在胶木底座下端。提把 22 由弹簧钢丝做成，安装于外罩的正面，继电器插在继电器上架时，提把与挂簧配合使插接牢固。

JWXC 型直流无极继电器接点系统采用两排纵列式联动结构，因此，接点组数只能成偶数增减。拉杆传动中心线与接点中心线应一致，以减少不必要的传动损失。为减少接点组组装时的积累公差，将接点片与托片组合压在酚醛塑料内以形成单元块。单元块之间为平面接触，易于控制公差，同时提高了接点组之间的绝缘强度。

银接点单元由锡磷青铜带制成的接点片与由黄铜制成的托片构成,两组对称地压制在胶木内。在接点簧片的端部焊有银接点。

接点接触时碰撞会产生颤动,颤动将形成电弧,对接点会产生较大的破坏作用,为消除这种颤动必须设置托片。在调整继电器时,可在接点片和托片间加一个初压力,保证接点刚接触时可动部分的动能被接点片吸收,这样既可消除颤动,又可缩短接点的完全闭合时间,大大降低了接点的烧损的概率。

动接点单元由锡磷青铜带制成的动接点簧片与黄铜板制成的补助片压制在酚醛塑料胶木内构成。动接点簧片端部焊有动接点,动接点由银氧化镉制成。

电源片单元由黄铜制成的电源片压在胶木内构成。

拉杆有铁制的和塑料制的,常见是塑料制成的,衔铁通过拉杆带动动接点组。

绝缘轴用冻石瓷料(一种新型陶瓷材料)制成,抗冲击强度足够。动接点轴由锡磷青铜线制成。

压片由弹簧钢板冲压成弓形,分上、下两片,其作用是保证接点组的稳固性。

下止片由锡磷青铜板制成,外层镀镍,它在衔铁落下时起限位作用。

接点架由钢板制成,用螺钉与轭铁固定,保证接点架不变位。接点架的安装尺寸是否标准、角度是否准确,对继电器的调整有很大影响。

2. 无极继电器的动作原理

无极电磁继电器采用的电源是直流电源,而且无论什么极性只要达到它的规定电压(或电流)值,继电器就励磁吸起,因此也称这种继电器为直流无极电磁继电器,如图1-1-3所示。无极继电器可以做成电压型的或电流型的继电器;电压型的继电器,其线圈直接与电源相连,线圈的匝数较多,线径较细,线圈的电阻也较大,如常见的JWXC-1700和JWXC-1000等继电器就属于电压型继电器;电流型继电器,其线圈与负载串联,线圈的匝数少,线径较粗,线圈的电阻也较小,如JWXC-7和JWXC-2.3等继电器就属于电流型继电器。

无极继电器

如图1-1-4所示,在线圈上加上直流电压后,线圈中的电流I使铁芯磁化,在铁芯内产生工作磁通Φ,它由铁芯极靴处经过主工作气隙δ(单位符为mm)进入衔铁,又经过第二工作气隙δ'进入轭铁,然后回到铁芯,形成一闭合磁路。在工作气隙δ处,由于磁通Φ的作用,铁芯与衔铁间产生电磁吸引力F_D,当F_D大到足以克服衔铁转动的机械力F_j(主要是衔铁自重)时,衔铁即与铁芯吸合。此时衔铁通过拉杆带动动接点运动,使后接点断开,前接点闭合。

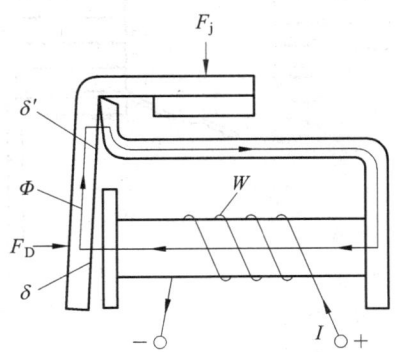

图1-1-4 继电器的动作原理

当线圈中的电流减小时,铁芯中的磁通按一定规律随之减小,吸引力也随着减小。当电流小到一定值时,它所产生的吸引力小于机械力,衔铁离开铁芯,被释放。此时拉杆带动动接点运动,使之与前接点断开,与后接点闭合。

3. 无极加强接点继电器

加强接点继电器是为通断功率较大的信号电路而设计的,常见的无极加强接点继电器有 JWJXC-480 型和缓放的 JWJXC-H125/0.13 等类型。无极加强接点继电器的电磁系统具有加大尺寸的无极磁路,但原理是一致的。加强接点与无极继电器的接点不同,加强接点则具有特殊设计的大功率接点和磁吹弧器,如图 1-1-5 所示。

从图中可知加强接点组由加强动接点单元和带磁吹弧器的加强接点单元组成。为了防止接点组间的飞弧短路,在两组加强接点间安装既耐高温、又具有良好绝缘性能的云母隔弧片。隔弧片铆在拉杆上,为保证加强接点的安装空间,增加了空白单元。

由锡磷青铜片冲压成型的加强动接点片头部,铆有由银氧化镉制成的动接点。而加强静接点片头部,同样铆接由银氧化镉制成的接点,在接点的同一位置点焊了安装磁钢的熄弧器夹。

熄弧磁钢由铝镍钴合金或铁镍铝合金制成,其原理是利用电弧在磁场中受洛伦兹力产生偏转运动而产生吹弧作用,使电弧由于拉长而迅速冷却熄灭。为避免电弧烧损接点及对磁钢去磁,加强接点端部设有导弧角,使电弧迅速移到接点及磁钢的前部位置。

由于磁钢吹弧方向与磁钢的极性和电流的方向有关,因此,熄弧磁钢极性的安装有特定的要求。对接点控制的电流方向也有要求,使用时要注意加强接点继电器插座上标注的电流(电压)极性。

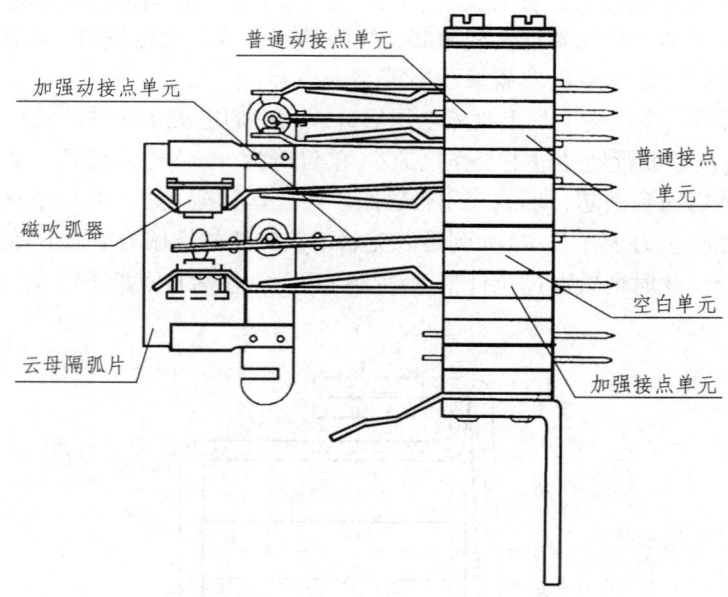

图 1-1-5 无极加强接点继电器的接点系统

（二）偏极继电器

常见的偏极继电器是 JPXC-1000 型，它是为了满足信号电路中鉴别电流极性的需要设计的。它与无极继电器不同，衔铁的吸起与线圈中电流的极性有关，只有通过规定方向的电流时，衔铁才会吸起，而电流方向相反时，衔铁不动作，一般用在道岔表示电路中。

1. JPXC-1000 型偏极继电器的结构

偏极继电器的接点系统与无极继电器基本相同，电磁系统有所不同，如图 1-1-6 所示。铁芯的极靴是方形的，在方极靴下方用两个螺钉固定一个 L 形的永久磁钢，使衔铁处于极靴和永久磁钢之间，受永久磁钢的作用力处于落下位置。由于永磁力的存在，衔铁只安装一块重锤片，后接点的压力由永磁力和重锤片共同作用产生。

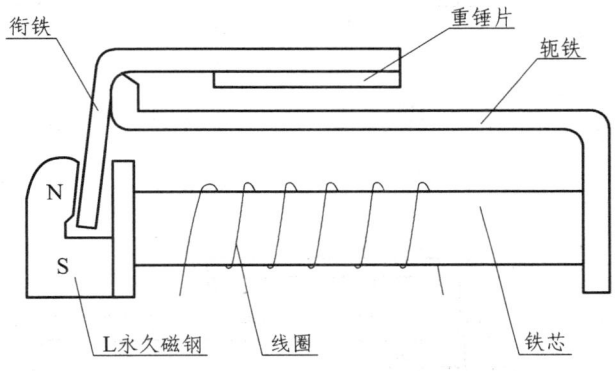

图 1-1-6 偏极继电器的电磁系统

铁芯由电工纯铁制成，方形极靴是先冲压成型后再与铁芯焊接成整体的。由于铁芯端部为方形极靴，衔铁也由半圆形改为方形，以增加受磁面积，降低气隙磁阻。永久磁钢由铝镍钴合金材料制成，其上部为 N 极，下部为 S 极。

2. JPXC-1000 型偏极继电器的工作原理

JPXC-1000 型偏极继电器由铁芯、衔铁、轭铁和 L 形永久磁钢组成，如图 1-1-7 所示。其产生的极化磁通有两条路径：一是 Φ_{T_1} 从 N 极出发经 δ_2、衔铁、δ_3、轭铁、铁芯回到 S 极；二是 Φ_{T_2} 从 N 极出发经 δ_2、衔铁、δ_1、方形极靴回到 S 极。Φ_{T_1} 的大小随气隙 δ_2 和 δ_3 的大小变化而变化，由于 $(\delta_2 + \delta_1)$ 不随衔铁位置变化而变，所以基本 Φ_{T_2} 上是一个常数。

气隙 δ_2 中的极化磁通为 $\Phi_{T_1} + \Phi_{T_2}$，而气隙 δ_1 中的极化磁通为 Φ_{T_2}，因此，衔铁左边永久磁铁 N 极对衔铁的吸力大于右边极靴对衔铁的吸力，气隙 δ_3 中的 Φ_{T_1} 对衔铁也有吸力，但由于力臂小，其力矩远小于衔铁下端的力矩。所以，线圈无电时衔铁无论在什么位置（装有止片的情况下），在极化磁通的作用下，总是使衔铁吸向左边，再加上衔铁上的机械力更确保了在断电时衔铁可靠落下和无电时保持在落下状态。

当线圈通以正方向电流（1 正 4 负）时，在铁芯中产生如图 1-1-7（a）中的 Φ_X 磁通，在 δ_1 处 Φ_X 和 Φ_{T_2} 方向相同，总磁通为两者之和，相应的总电磁吸引力增大，在 δ_3 处 Φ_X 和 Φ_{T_1} 方向相反，总磁通为两者之差，相应的总电磁吸引力减小。由于力臂相差较大，在 δ_1 增大比在

δ_3 减小的作用要大得多，因此，对衔铁的总吸引力增大。当 δ_1 处 $\Phi_X+\Phi_{T_2}$ 产生的吸力大于 δ_2 处磁通产生的吸力和机械力的总和时，继电器的衔铁就被吸合。

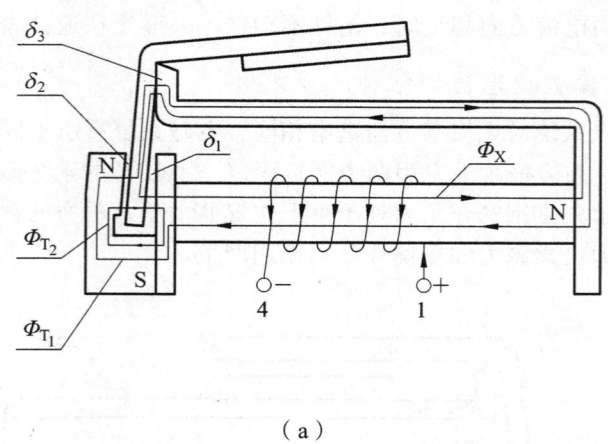

(a)

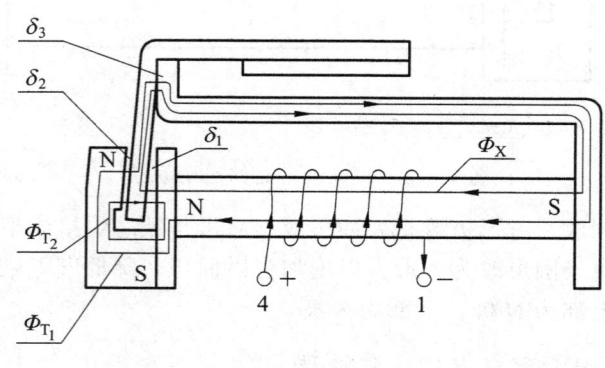

(b)

图 1-1-7　偏极继电器的磁路及工作原理图

断开线圈电源时，衔铁靠重力和接点的反作用力返回。在衔铁返回的过程中，δ_1 增大，δ_2 减小，永磁磁通 Φ_{T_1} 迅速增加，加速衔铁的返回，直到衔铁被下止片阻挡为止。

当线圈通以反极性电流时，如图 1-1-7（b）所示，由于电磁通 Φ_X 改变了方向，在 δ_1 处，与 Φ_{T_2} 相减，而在 δ_3 处，与 Φ_{T_1} 相加，但总的电磁吸引力的力矩反而下降，因此衔铁不会吸合，从而具有鉴别电流极性的功能。

但是，反极性不吸起是有条件的，如果不断增大反极性电流，使电磁磁通足以克服永磁的作用，则衔铁可在反极性电流作用下吸合，这是不允许的。因此，在偏极继电器的电气特性上加上一条特殊的标准，即反向加 200 V 电压，衔铁不能吸起，这个电压也就是反向不吸起值，以保证其工作的可靠性。

（三）有极继电器

有极继电器是一种能反映电流极性并能保持其极性状态的继电器，故又称极性保持继电器，它的结构特点是磁系统中增加了永久磁钢。在线圈中通以规定极性的电流时，继电器吸起，断电后仍保持在吸起位置；通以反方向电流时，继电器打落，断电后保持在打落位置。它的结构除了磁路有特殊部分之外，其余部分都与无极继电器基本相同，常见的有极继电器有加强接点的 JYJXC-135/220 型等继电器。

1. 有极继电器的结构

在有极继电器的磁路结构中，用一块端部呈刃形的长条形永久磁钢代替无极继电器的部分轭铁，磁钢与轭铁间用螺钉连接。永久磁钢的外形如图 1-1-8 所示。在与轭铁相连的部位有两个大于螺钉的圆孔，便于与轭铁安装时适当地调节磁钢的前后位置。磁钢上部的中间位置有一台面，以形成均匀的第二工作气隙。台面的中间有一凹槽，使拉杆下部不致与磁钢抵触而影响第二工作气隙的调整。

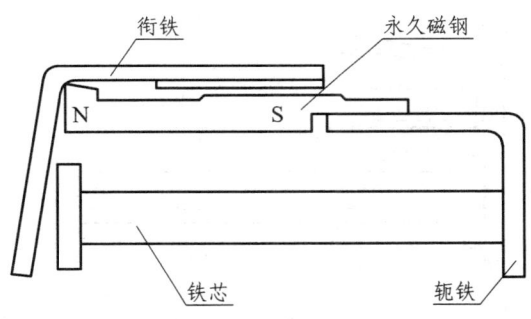

图 1-1-8 有极继电器的磁路结构

有极继电器有保持原来状态的性质，因此，就不好再用吸起和落下来表示继电器的状态了，而常用定位和反位来表示继电器的状态。有极继电器衔铁位置的定位、反位规定为：衔铁与铁芯极靴之间的间隙最小时（即吸起状态）的位置规定为定位，此时与动接点闭合的接点叫作定位接点（符号为 D，相当于前接点）；衔铁与铁芯极靴之间的间隙最大时（即打落状态）的位置规定为反位，此时与动接点闭合的接点叫作反位接点（符号为 F，相当于后接点）。

有极继电器的线圈引线与电源片的连接与无极继电器相同，对于两线圈串联使用的有极继电器，如 JYXC-660 型和 JYJXC-J3000 型继电器，电源片 1 接电源正极，4 接电源负极，为定位吸起，反之为反位打落。对于分线圈使用的有极继电器有 JYJXC-135/220 型继电器，则规定前圈的电源片 3 接电源正极、4 接电源负极时，为定位吸起；而后圈的电源片 2 接电源正极、1 接电源负极时，为反位打落。有极继电器的接点系统与无极继电器相同。改进型的有极 JYJXC-J3000 型继电器的接点系统有较大改变，加强接点片加厚，取消接点托片，动接点片改为面接触以增大接触面积。

2. 有极继电器的工作原理

有极继电器的磁路系统由两部分组成，一是永磁铁产生的磁路，二是线圈产生的磁路，其磁路系统如图 1-1-9 所示。

永久磁钢的磁通分为 Φ_{T_1} 和 Φ_{T_2} 两条并联支路。第一条 Φ_{T_1} 从 N 极出发，经衔铁、第一工作气隙 δ_1、铁芯、轭铁、到 S 极；第二条 Φ_{T_2} 从 N 极出发，经衔铁上部、重锤片、第二工作气隙 δ_2，到 S 极。这两条支路是不对称的，而磁路的这种不平衡就形成有极继电器的正向转极值与反向转极值的较大差别。

当衔铁处于定位状态（吸合）时，由于 $\delta_1<\delta_2$，因此，$\Phi_{T_2}<\Phi_{T_1}$，由 Φ_{T_1} 产生的吸引力将克服由 Φ_{T_2} 产生的吸引力、衔铁重力及接点的反作用力等力的合力，使衔铁处于稳定的吸合位置。反之，当衔铁处于反位状态时（打落），由于 $\delta_2>\delta_1$，因此，$\Phi_{T_1}>\Phi_{T_2}$。由 Φ_{T_2} 产生的吸引力与衔铁重力、动接点预压力之和大于由 Φ_{T_1} 产生的吸引力与后接点压力之和，使衔铁保持在稳定的打落位置。

显然，有极继电器要改变其位置只有依靠线圈产生的电磁通的电磁力的作用。如图 1-1-9 所示，线圈产生的电磁通 Φ_X 是一个无分支的磁路，即铁芯、极靴、δ_1、衔铁、重锤片、δ_2、轭铁，磁通的方向由线圈中的电流极性决定。对于线圈产生的电磁通来说，永久磁钢是一个很大的磁阻，如同气隙一般。

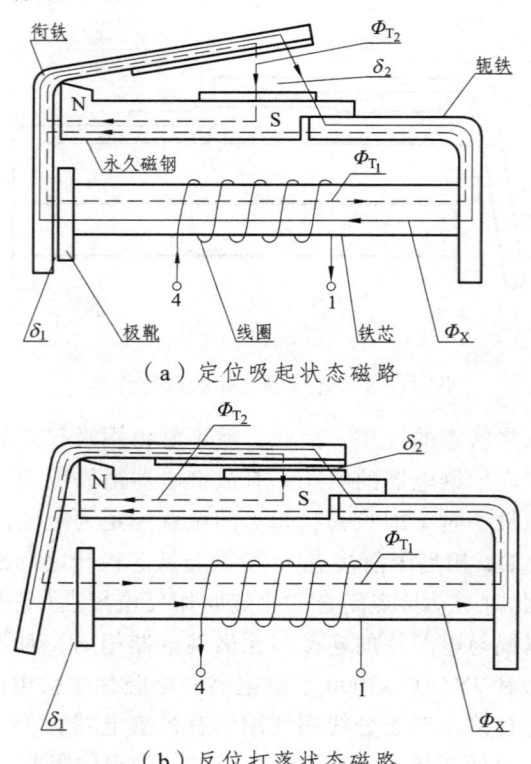

（a）定位吸起状态磁路

（b）反位打落状态磁路

图 1-1-9 有极继电器的磁路

图 1-1-9（a）表示有极继电器由定位转换到反位的磁路。继电器原处于定位状态，现在线圈中通以正极性电流，产生 Φ_X 电磁通的方向是极靴处为 N 极。这时在 δ_1 处 Φ_X 与 Φ_{T_1} 方向相反，磁通是削弱的，等于 $\Phi_{T_1}-\Phi_X$；而在 δ_2 处 Φ_X 与 Φ_{T_2} 方向一致，磁通是加强的，等于 $\Phi_{T_2}+\Phi_X$，当 Φ_X 增到足够大时，在 δ_2 处产生的吸力和机械力之和大于在 δ_1 处产生的吸力时，衔铁返回

到打落位置，变成图 1-1-9（b）所示的状态。

如果改变线圈电流极性，如图 1-1-9（b）所示，则在铁芯中电磁通 $\varPhi_X$ 的方向随之改变，极靴处为 S 极，这时在 δ_1 处 $\varPhi_X$ 与 $\varPhi_{T_1}$ 方向一致，磁通是加强的，等于 $\varPhi_{T_1}+\varPhi_X$。而在 δ_2 处 $\varPhi_X$ 与 $\varPhi_{T_2}$ 方向相反，磁通是削弱的，等于 $\varPhi_{T_2}-\varPhi_X$，当 $\varPhi_X$ 增到足够大时，在 δ_1 处产生的吸力大于在 δ_2 处产生的吸力和机械力之和时，衔铁由打落位置返回到定位吸起位置，变成图 1-1-9（a）所示的状态。

（四）整流式继电器

整流式继电器用于交流电路中。它通过内部的半波或全波整流电路将交流电变为直流电再供给继电器线圈而动作。之所以如此是为了避免在 AX 系列安全型继电器中采用结构形式完全不同的交流继电器，以提高产品的系列化、通用化程度。

整流式继电器的电磁系统与无极继电器相同，只是磁路结构参数有所不同。更主要的是，整流继电器在接点组上方安装由二极管组成的半波或全波整流电路。这样，整流继电器的接点组数就少了，一般有六组或四组。常见的整流式继电器有 JZXC-480、JZXC-0.14、JZXC-H156、JZXC-H18 型等继电器。

JZXC-480 型继电器的磁路具有加大的尺寸（加大止片厚度），是为了增大返还系数而不使工作值增加过多。它具有不规则的 4QH 与 2Q 接点组。在接点组上，安装有二极管 2CP25 组成的桥式全波整流电路。

JZXC-0.14 型继电器磁系统与 JZXC-480 相同。两线圈并联连接，有 4QH 接点组，接点组上方安装有 2CZ-1 型二极管组成的半波整流电路。

JZXC-H156 与 JZXC-H18 型继电器是具有缓放特性的整流式继电器，它采用铜线圈架，继电器的接点系统为 4QH 接点组。在接点组上方，安装有二极管 2CP25 组成的桥式全波整流电路。JZXC-H18F 是 JZXC-H18 的派生型号，具有防雷性能，以保护整流二极管免遭击穿。

整流式继电器的线圈、整流器与电源片连接如图 1-1-10 所示。

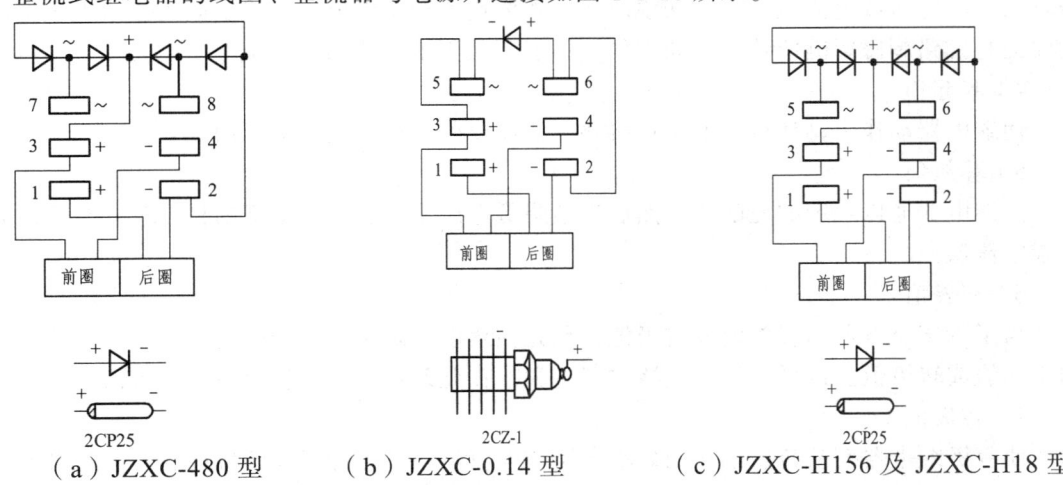

（a）JZXC-480 型　　（b）JZXC-0.14 型　　（c）JZXC-H156 及 JZXC-H18 型

图 1-1-10　整流继电器的线圈、整流器与电源片连接

整流式继电器接点系统的结构与无极继电器相同，零部件全部通用，只是接点的编号有区别，使产品系列化、通用化，便于生产、维修。

整流式继电器动作原理与无极继电器相同，但由于交流电源通过整流后再动作继电器，在线圈上加上的是全波或半波的脉动直流电，其中存在交变成分，使电磁吸引力产生脉动，工作时发出响声，对继电器正常工作带来不利影响。

（五）安全型继电器的特性

安全型继电器的特性包括电气特性、时间特性和机械特性。这些特性用来表征继电器的性能，是使用和检修继电器的重要依据。

1. 电气特性

电气特性是安全型继电器的基本参数，也是在设计和实现信号逻辑电路时选用继电器的依据。电气特性包括额定值、工作值、反向工作值、吸起值、释放值、充磁值、转极值、反向不工作值。

1）额定值

额定值是满足继电器安全系数要求所必须接入的电压或电流值。也是继电器正常使用时的电压或电流值。

AX 系列安全继电器的额定电压为直流 24 V，但作为轨道继电器、灯丝继电器、道岔启动继电器时除外。

2）工作值

向继电器线圈通电，直到衔铁止片与铁芯接触，全部前接点闭合，并满足规定接点压力需求的最小电压或电流值。此值是使继电器的磁系统及接点系统刚好处于能工作的状态，一般规定工作值不大于额定值的 70%。

3）反向工作值

向继电器线圈反向通电，直到衔铁止片与铁芯接触，全部前接点闭合，并满足接点压力需求的最小电压或电流值。一般来说反向工作值略大于工作值，造成反向工作值大于工作值的原因是磁路剩磁影响所致，反向工作值一般不大于工作值的 120%。

4）吸起值

使继电器动作（动接点与前接点接触）所需要的最小电流或电压值。

5）释放值

向继电器通以规定的充磁值，然后逐渐降低电压或电流，至全部前接点断开时的最大电压或电流值。

6）充磁值

为了测试继电器的释放值或转极值，预先使继电器磁系统充分磁化，向其线圈通以 4 倍的工作值或转极值。这样可使继电器磁路饱和，在此条件下测试释放值或转极值。

7）转极值

使有极继电器衔铁转换位置的最小电压或电流值，又分为正向转极值和反向转极值。

正向转极值是使有极继电器的衔铁由反位转换到定位，使定位接点全部闭合并满足规定接点压力时的正向最小电压或电流值。

反向转极值是使有极继电器的衔铁由定位转换到反位，使反位接点全部闭合并满足规定接点压力的反向最小电压或电流值。

8）反向不工作值

向偏极继电器线圈反向通电，继电器不动作的最大电压值。

释放值与工作值之比称为返还系数。返还系数对于信号继电器有着特别重要的意义，返还系数越高，标志着继电器的落下越灵敏。规定普通继电器的返还系数不小于30%，缓放型继电器不小于20%，轨道继电器不小于50%。

2. 时间特性

电磁继电器的电磁系统主要是具有铁芯的电感线圈，它的电感量大，而且是非线性的，在接通或断开电源时，在电磁感应作用下，铁芯中会产生电涡流，在线路中产生感应电流。由楞次定律可知，这些电流产生的磁通阻碍铁芯中原有磁通的变化，所以电磁继电器或多或少地都具有一些缓动的时间特性。

在各种继电器控制的电路中，由于它们完成的作用不一样，对继电器的时间特性要求也不一样，如果不能满足对时间特性的要求，控制电路便不能正常工作。因此，不仅要了解继电器固有的时间特性，而且还要按电路的要求，设法改变继电器的时间特性。

1）继电器的时间特性

当线圈通电到衔铁动作带动动接点与后接点断开并与前接点接通，需要一定的时间，即吸合时间；当线圈断电到衔铁动作带动动接点与前接点断开并与后接点接通，也需要一定的时间，即返回时间。

虽然继电器都是缓动的，但其缓吸、缓放时间都非常短。如 JWXC-1000 型继电器的吸合时间为 0.15 s，返回时间为 0.015~0.02 s，如需长时间的吸合和返回时间，就要对继电器本身或控制电路进行处理。

2）改变继电器时间特性的方法

控制电路中，要满足不同控制对象对时间特性的要求，光依靠继电器的固有时间特性是不行的，必须根据需要改变继电器的时间特性。改变继电器时间特性有两种方法，一是改变继电器的结构，二是通过电路来实现。

（1）用改变继电器结构的方法来改变继电器的时间特性。

在继电器铁芯上套短路铜环，利用其电磁感应可使继电器缓动，构成缓放型继电器。安全型继电器多采用铜线圈架作为铜环，如图 1-1-11 所示。

在图 1-1-11 所示的继电器中，当其线圈接通电源或断开电源时，铁芯中的磁通发生变化，在铜线圈架中产生比较大的感应电流（涡流），感应电流所产生的磁通阻止原磁通的变化，使铁芯中的磁通变化减慢，从而使继电器缓吸缓放。在具体电路中，最多利用的是它的缓放特性。值得注意的是，同样的继电器在不同的工作电压下，缓放时间是不同的，如 JWXC-H340 型继电器在 18 V 时缓放时间为 0.45 s，而在 24 V 时为 0.5 s。

另外还有一些做法来调整继电器的时间特性：采用改变衔铁与铁芯间止片厚度，来改变继电器的返回时间；选用导磁系数较高的铁磁材料，以缩短继电器的动作时间；增大线圈导线的线径来减小继电器的吸合时间等方法来微调继电器的时间特性。

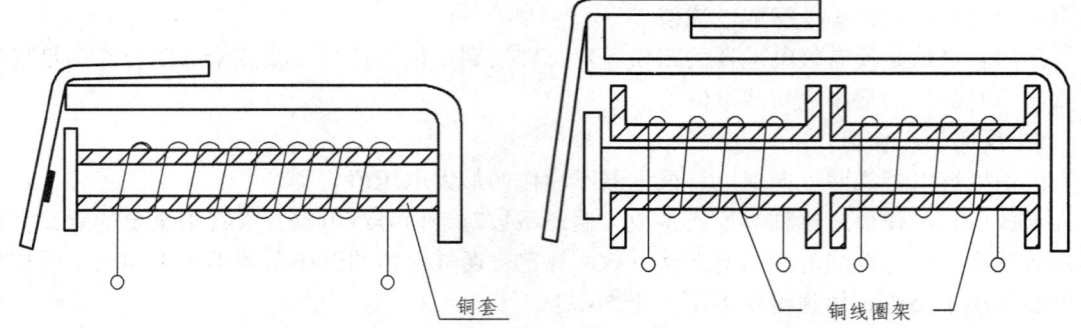

图 1-1-11 缓放型继电器的铜套及铜线圈架

（2）构成缓放电路以获得继电器的缓放。

构成缓放电路以获得继电器缓放的方法有：提高继电器端电压使其快吸；与继电器线圈串联 RC 并联电路使其快吸，如图 1-1-12（a）所示；在继电器线圈两端并联电阻或二极管使其缓放，如图 1-1-12（b）、（c）所示；短路继电器一个线圈使其缓放等。采用最广的方法是在继电器线圈两端并联 RC 串联电路，使继电器缓吸缓放，如图 1-1-12（d）所示。在继电器断电时，依靠电容器 C 的放电，使继电器缓放。

缓放时间长短与电容器的容量、放电回路中的电阻值及继电器的释放值有关。可通过改变 C 的电容量和 R 的电阻值来获得所需要的缓放时间。

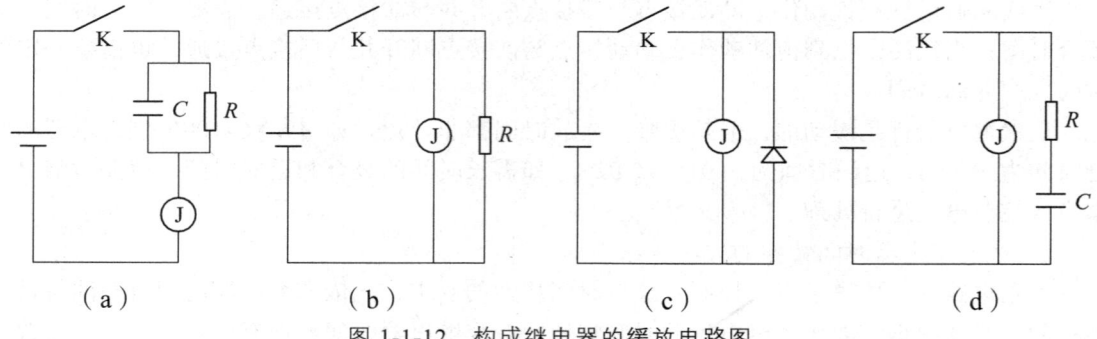

图 1-1-12 构成继电器的缓放电路图

AX 系列常用继电器的电气特性及时间特性如表 1-1-4 所列。

表 1-1-4 AX 系列常用继电器的电气特性和时间特性

序号	继电器型号	线圈电阻（Ω）	电气特性					时间特性	
			额定值	充磁值	释放值不小于	工作值不大于	反向工作值不大于	转极值不小于	缓放时间不小于（s）
									18 V	24 V
1	JWXC-1000	500×2	24 V	58 V	4.3 V	14.4 V	15.8 V			
2	JWXC-1700	850×2	24 V	67 V	3.4 V	16.8 V	18.4 V		—	—
3	JWXC-2.3	1.15×2	280 mA	750 mA	实际工作值50%	170~188 mA	206 mA			

项目一 信号继电器的维护

续表

序号	继电器型号	线圈电阻（Ω）	电气特性 额定值	充磁值	释放值不小于	工作值不大于	反向工作值不大于	转极值不小于	时间特性 缓放时间不小于（s） 18 V	24 V
4	JWXC-2000	1000×2	12 V	30 V	2.4~3.2 V	7.5 V	—			
5	JWXC-370/480	370/480	18 mA/17.2 mA	48 mA/46 mA	3.8 mA/3.6 mA	12 mA/11.5 mA	14.4 mA/13.8 mA			
6	JWJXC-300/370	300/370	75 mA/75 mA	200 mA/200 mA	15 mA/15 mA	50 mA/50 mA	55 mA/55 mA			
7	JWXC-H310	310×1	24 V	60 V	4 V	15 V	—		见注②	
8	JWXC-H340	170×2	24 V	46 V	2.3 V	11.5 V	12.6 V		0.45	0.50
9	JWXC-H600	300×2	24 V	52 V	2.6 V	13 V	14.3 V			0.32
10	JWXC-H1200	600×2	24 V	66 V	4 V	16.4 V	18 V		见注③	
11	JWJXC-H125/0.13	125/0.13	24 V/3.75 A	44 V/5 A	2.3 V/<1 A	11 V/2.5 A	12.1 V/2.7 A		0.35 后线圈电流由4 A降至1 A断电时0.2	0.4
12	JWJXC-H125/80	125/80	24 V	48 V/48 V	2.5 V/2.5 V	12 V/12 V	13.2 V/13.2 V		4/0.4	5/0.5
13	JWJXC-H80/0.06	80/0.06	24 V	40 V/8 A	2.5 V/<1.3 A	11.5 V/4 A	12.6 V/4.4 A		0.35 后线圈电流由5 A降至1.5 A断电时0.2	0.45
14	JZXC-480	240×2	AC18 V	AC37 V	AC4.6 V	AC9.2 V			—	
15	JZXC-H18	9×2	AC150 mA	AC400 mA	AC40 mA	AC100 mA			AC100 mA 时 0.15	
16	JZXC-H142	71×2	AC50 mA	AC180 mA	AC23 mA	AC45 mA			AC50 mA 时 0.15	
17	JZXC-H 0.14/0.14	0.14/0.14	AC2.08 A	AC2.08 A/AC2.08 A	AC0.3 A/AC0.3 A	AC1.4 A/AC1.4 A			0.2	
18	JZXC-H18F	480/16	AC155 mA	AC400 mA	AC40 mA	AC140 mA			AC140 mA 时 0.15	
19	JYXC-660	330×2	24 V	60 V				10~15 V	—	—
20	JYXC-270	135×2	48 mA	120 mA				20~32 mA		
21	JYJXC-135/220	135/220	24 V	64 V/64 V				正向10~16 V 反向10~16 V		
22	JYJXC-J3000	1500×2	80 V	160 V				正向30~65 V 反向20~55 V		
23	JPXC-1000	500×2	24 V	64 V	4 V	16 V	反向不吸起电压>200 V			

注：① JWXC-H340 型继电器当电压在 18 V 时缓吸时间不大于 0.35 s，24 V 时不大于 0.3 s。
② JWXC-H310 型继电器在 24 V 时缓放时间（0.8±0.1）s，缓吸时间（0.4±0.1）s。
③ JWXC-H1200 型继电器在 24 V 时缓吸时间 0.65 s。
④ JYJXC-3000 型继电器临界不转极值应大于 120 V，JYJXC-J3000 型继电器临界不转极值应大于 160 V。

3. 安全型继电器的机械特性与牵引特性

在继电器衔铁的动作过程中，衔铁上受到电磁吸引力和反作用力。电磁吸引力又称牵引力。反作用力与之方向相反，对于安全型继电器来说是由衔铁（及重锤片）的重力和接点簧片的弹力组成的，所以称为机械力。要使继电器可靠工作，牵引力必须大于机械力，因此牵引力的大小要根据机械力来确定。

1）机械特性

AX 系列安全型继电器机械力的大小与接点片、重锤片的数量，衔铁的质量及动程等有关，而且在衔铁的整个运动过程中所受到的机械力不是恒定不变的，而是在一个很大的范围内变化。也就是说，继电器的机械力 F_j 是随着衔铁与铁芯间的气隙 δ 的变化而变化的。$F_j = f(\delta)$，它们的这种变化关系称为继电器的机械特性。表示它们之间变化关系的曲线，称为机械特性曲线。不同类型的继电器，由于其结构不同，机械特性也不同。

图 1-1-13 所示为 AX 型无极继电器的机械特性曲线，图中纵坐标表示衔铁运动时所克服的机械力 F_j，横坐标表示衔铁与铁芯间的工作气隙 δ，横轴上线段 Oa 代表整个气隙值，$O\delta_0$ 线段代表止片厚度，$a\delta_0$ 线段代表衔铁动程值。

继电器衔铁释放时气隙最大，这时在衔铁重力和动接点片的预压力（动接点片预先向下弯曲变形所产生的弹力）的作用下，使动接点片与后接点片间保持一定的压力，使接触良好。衔铁重力及动接点片预压力之和与后接点片的预压力相平衡，使衔铁上的重锤片悬在空间，不与下止片相碰，衔铁上的机械力 F_j 为零，在机械特性曲线上用 a 点表示。

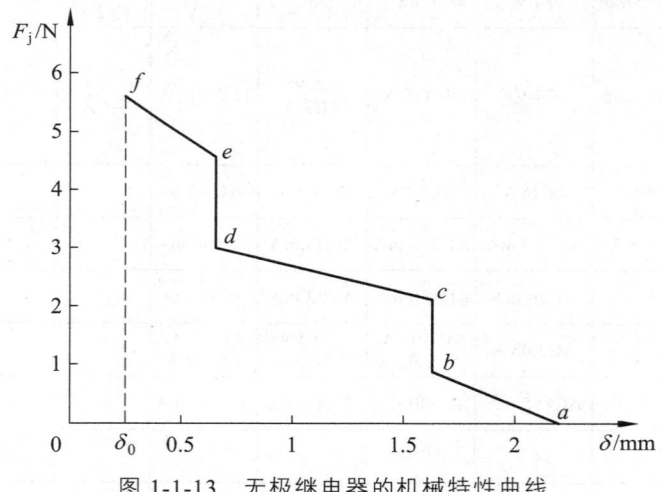

图 1-1-13 无极继电器的机械特性曲线

当衔铁开始运动，工作气隙从 a 逐渐减小，后接点片的挠度随之逐渐减小，使后接点片与动接点片之间的压力逐渐减小。这时后接点片给予动接点片的作用力也逐渐减小，动接点片的挠度逐渐增大。因此，随着气隙的减小，机械力 F_j 逐渐增大，如图 1-1-13 中线段 ab 所示。该线段的陡度由后接点片和动接点片的弹性模量决定。

当后接点接触下托片，动接点与后接点刚分离时，动接点片失去了后接点片对它的作用力，使机械力突然增大，如图中线段 bc 所示。其值决定于衔铁重量和动接点片的预压力之和。

动接点离开后接点后，衔铁继续运动，使动接点片逐渐向上弯曲，由于动接点片的挠度加大,使动接点片对衔铁的压力逐渐上升,如图 1-1-13 中线段 cd 所示。上升的陡度由动接点片的弹性模量决定。

当动接点片与前接点片接触并使前接点片刚离开上托片时,动接点片上增加了前接点的预压力,使机械力突然加大,如图 1-1-13 中线段 de 所示。其值决定于动接点片的弯曲挠度所产生的弹力及前接点的预压力之和。

为使动接点片与前接点片间接触良好,必须要求它们之间有一定的压力,所以衔铁仍需运动,直至衔铁运动完毕。在这一过程中由于动接点片和前接点片共同弹性变形,弹力增大,所以机械力较快上升,如图 1-1-13 中线段 ef 所示。

由此可见,继电器的机械特性曲线是一条折线,它表示了衔铁运动在不同位置时的机械反作用力 F_j。折线上 c、e 两个折点突出向上,它们反映了衔铁运动在这两个位置的机械反作用力变化最大。如果继电器的牵引力在这两个位置均能大于机械反作用力,该继电器就能吸起。所以一般以 c、e 两个点中的一个作为确定牵引力的依据,称为临界点。

2)牵引特性

当无极继电器线圈加直流电源后,铁芯中就产生磁通,磁通经过铁芯与衔铁间的气隙 δ 时,就会对衔铁产生电磁吸引力,称为牵引力 F_q。牵引力 F_q 与线圈的磁势(所加电流和线圈的匝数的乘积 IW,通常称安匝)及气隙大小有关。当 δ 一定时,F_q 与安匝(IW)的平方成正比;当安匝一定时,F_q 与 δ 的平方成反比。即 F_q 随 δ 呈双曲线规律而变化。牵引力 F_q 随工作气隙 δ 变化的关系 $F_q = f(\delta)$,称为牵引特性,其牵引特性曲线如图 1-1-14 所示。从图中可看出,当安匝一定时,牵引力 F_q 随 δ 的减小呈双曲线规律急剧增大;而相同的工作气隙,在不同的安匝下,牵引力 F_q 也不同,安匝大,牵引力也大,曲线 $F_q = f(\delta)$ 位置就高。

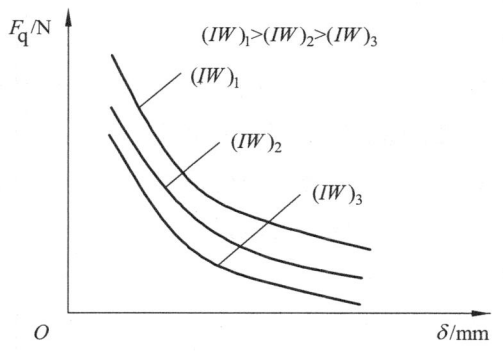

图 1-1-14 牵引特性曲线

3)牵引特性曲线与机械特性曲线的配合图

将一组牵引特性曲线和机械特性曲线用同一比例尺绘在同一坐标上,如图 1-1-15 所示。这一组牵引特性曲线对应于不同的继电器安匝。显然,要使继电器吸起,就必须要求继电器衔铁在整个运动过程中,牵引力处处大于或等于机械力。也就是说,牵引特性曲线必须在机械特性曲线上面,至少也要与机械特性曲线相切。如前所述,机械特性曲线上的 c 和 e 是两个突出的折点,如果衔铁运动到这两点时牵引力都大于或等于机械力,那么在其他点的牵引力也就都能满足要求。因此,只要满足跟这两点中的任一点相切并在另一点之上的牵引特性曲线,就能确定该继电器的吸起安匝。如图 1-1-15 所示,$(IW)_3$ 的牵引特性曲线不能满足要求，因它虽与 e 点相切，上部分处于机械特性曲线之上，但下部分处于机械特性曲线之下，说明下部分的牵引力小于机械力，继电器不能吸起。而与 c 点相切的 $(IW)_2$ 牵引特性曲线，除 c 点牵引力等于机械力外，其余都大于机械力，所以能使继电器吸起，$(IW)_2$ 就是吸起安匝。又因为 c 点的牵引力等于机械力，所以这个吸起安匝称为临界安匝，切点 c 称为临界点。为使继电器可靠吸起，继电器的安匝应大于临界安匝，在临界安匝上再加上一个储备量，即乘以储备系数 K，就成为工作安匝 $(IW)_G$：

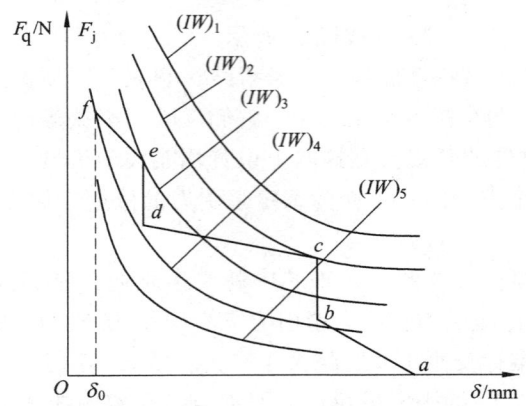

图 1-1-15 无极继电器牵引特性曲线与机械特性曲线的配合图

$$(IW)_G = K \times (IW)_2 \quad (2\text{-}1\text{-}1)$$

式中，$(IW)_G$ 表示工作安匝，单位为安匝；K 表示储备系数；$(IW)_2$ 表示吸起安匝，单位为安匝。

储备系数 K 越大，牵引力越大，吸起时间越短。但 K 不能过大，因为过大不仅会造成不必要的功率消耗，而且会因吸引力过大造成接点在闭合时发生剧烈震动，影响接点稳定工作，甚至产生强烈的电弧或火花使接点损坏。K 值一般为 1.1~1.3。

信号继电器是轨道交通信号控制系统重要基础设备之一，它的性能直接影响行车安全和运输效率。

（六）继电器插座

常见的 AX 系列安全型继电器是插入式的，需加装继电器插座板，其结构如图 1-1-16 所示。

插座插孔旁所注接点编号是继电器的接点编号，其他各型继电器的接点系统的位置及使用编号与之不同，而实际使用的插座仅此一种，所以必须按图 1-1-17 所示编号对照使用。

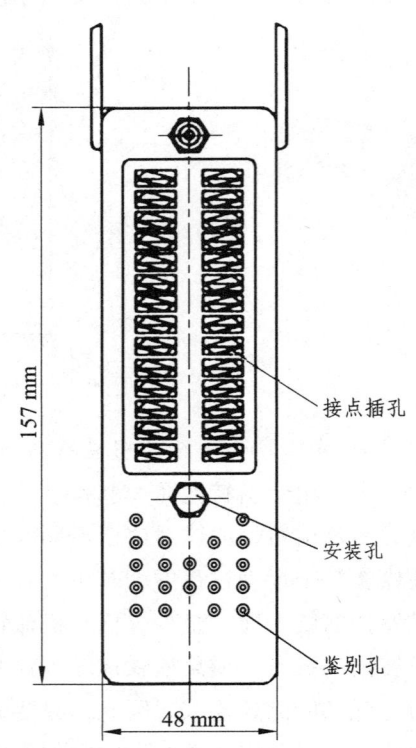

图 1-1-16 AX 系列安全型继电器插座

AX 系列安全型继电器有多种类型，为防止不同类型的继电器错误插接，在插座下部鉴别孔内铆以鉴别销，鉴别销号码如表 1-1-2 中所列。

不同类型的继电器由型别盖上的鉴别孔进行鉴别，并根据规定的鉴别孔逐个钻成，以与鉴别销相吻合。鉴别孔位置及型别盖外形如图 1-1-17 所示。

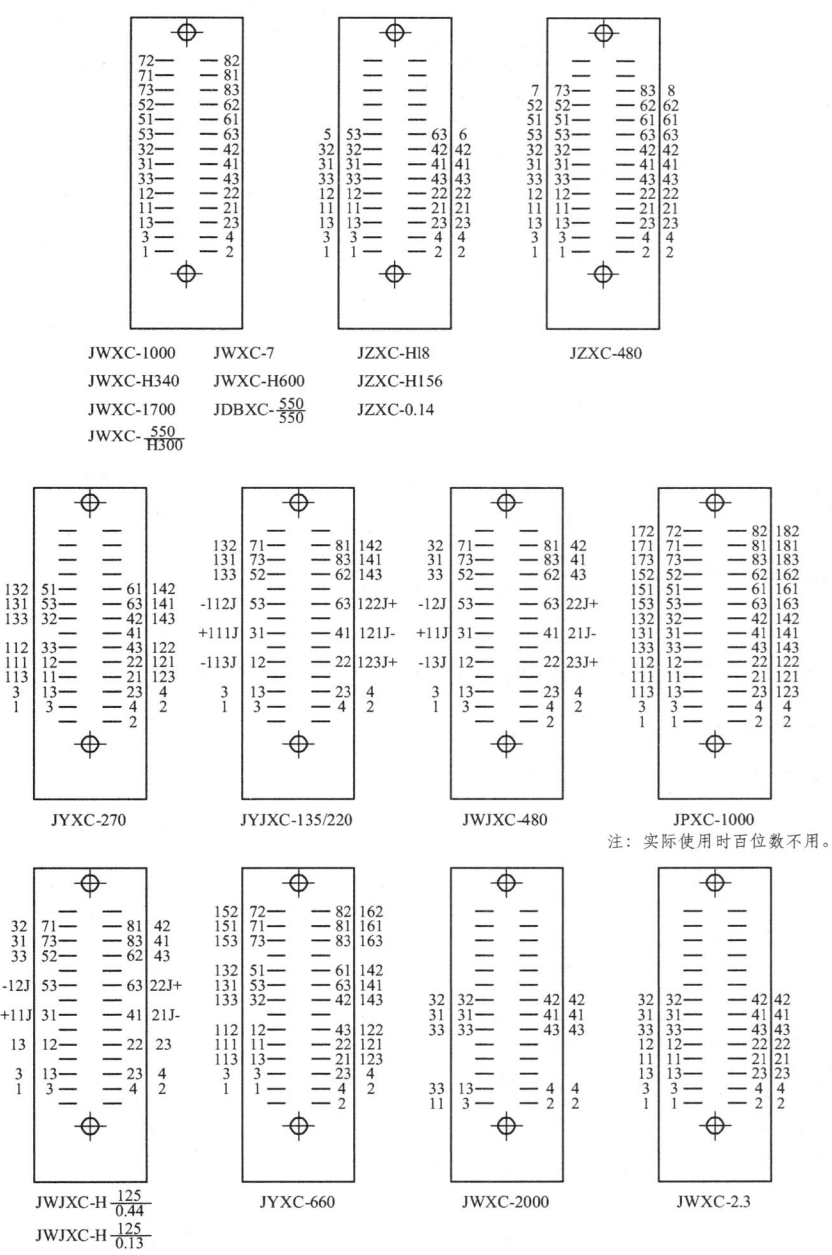

图 1-1-17　插座接点编号对照

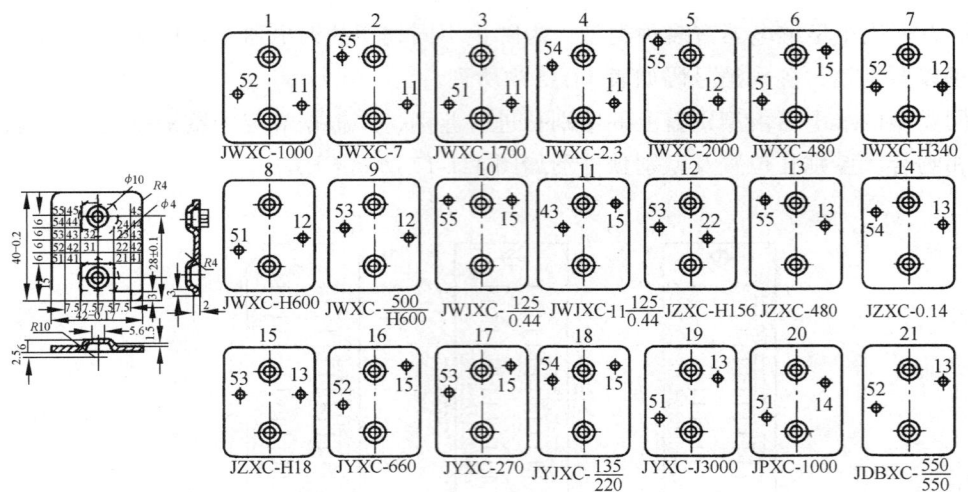

图 1-1-18　型别盖外形及鉴别孔的位置

六、时间继电器

JSBXC-850 型和 JSBXC1-850 型时间继电器是一种缓吸继电器，借助电子电路，能获得 180 s、30 s、13 s、3 s 等几种延时，以满足信号电路的需要。时间继电器由时间控制单元与 JWXC-$\frac{370}{480}$ 型无极继电器组合而成。时间控制单元制作在印刷电路板上，安装在接点组的上方。

（一）JSBXC-850 型半导体时间继电器的延时电路

1. 延时电路结构

JSBXC-850 型半导体时间继电器（型号中 S 为时间，B 为半导体，850 是 370 和 480 之和）的延时电路结构如图 1-1-19 所示，其核心是由单结晶体管等组成的脉冲延时电路。

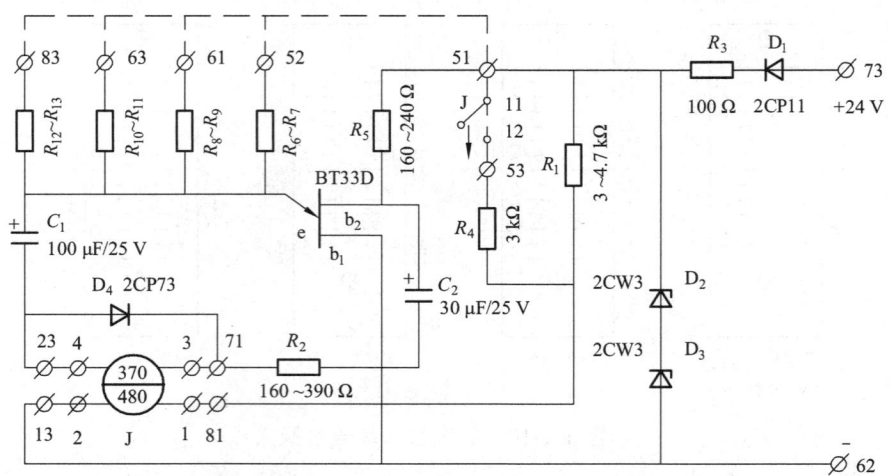

图 1-1-19　JSBXC-850 型时间继电器的延时电路结构

在单结晶体管 BT 的发射极 e 和第一基极 b_1 的放电回路中接入继电器 J 的前圈（3-4，370 Ω），它的后圈（1-2，480 Ω）通过电阻 R_1 直接与电源相连。接通电源时，后圈有电流通过，其电路为：

+24 V 电源（73 端子）→二极管 D_1—R_3—R_1—J1-2→负电源（62 端子）。

但是，R_1 的阻值很大，为 3~4.7 kΩ，因此流过后圈的电流很小，继电器 J 不会动作。与此同时，电容器 C_1 也开始充电，其电路为：

+24 V 电源（73 端子）→D_1—R_3→R_6~R_7（或 R_8~R_9、R_{10}~R_{11}、R_{12}~R_{13}）→C_1→D_4（和 J4-3）→R_2→电源（62 端子）。

此电流流过前圈的方向正好与后圈的相反，继电器更不会动作。

当电容器 C_1 充电电压上升至高于单结晶体管 BT 的击穿电压时，BT 的发射极 e 与第一基极 b_1 之间导通，C_1 放电，其电路为：

$$C_1(+) \to BTeb1 \to R_2 \to J3\text{-}4 \to C_1(-)$$

此时电流流过前圈的方向与后圈的相同，当两者之和达到继电器的工作值时，继电器吸起，其前接点 11-12 构成了自闭电路，电路为：

+24 V 电源（73 端子）→D_1→R_3→R_1（或 J11-12 – R_4）→J1-2→负电源（62 端子）。

由于 R4 的接入，电路的电阻值降低近一半，流过后圈的电流大于继电器的落下值，继电器可靠吸起。

2. 延时时间

由前面分析可知，由于 BT 和 C_1 组成的脉冲延时电路的存在，使继电器从接通电源到完全吸起经过了一段时间，这段时间就是继电器的缓吸时间。缓吸时间与充电电路的时间参数有关，C_1 的电容量越大，充电至单结晶体管 BT 击穿电压的时间越长，缓吸时间越长；充电电路的电阻值越大，电容器的充电电流越小，充电时间也必然延长，缓吸时间也越长。在端子 52、61、63、83 上分别接入不同阻值的电阻，即可获得 4 种不同的延时时间。

另外，缓吸时间还与单结晶体管的击穿电压有关，而击穿电压又取决于单结晶体管的分压比，分压比越大，击穿电压越高，缓吸时间越长。

在半导体时间继电器中，C_1 和单结晶体管选定后，要改变延时时间，就要靠接入不同阻值的电阻来完成。

一般情况是：连接端子 51-52 为 180 s，51-61 为 30 s，51-63 为 13 s，51-83 为 3 s。此外，通过连接不同的端子还可获得其他延时时间，例如，51 与 61、63 相连，为 9 s；51 与 61、63、83 相连，为 23 s，用以满足电路的特殊需要。

3. JSBXC-850 型时间继电器中其他元件的作用

1）稳压管 D2、D3

D2、D3 与 R3 串联后成为稳压电路，稳压值为 9.5~20.5 V，使继电器电源电压在 21~27 V 间变化时保持标准的吸起时间，以消除电源电压波动对延时的影响。

2）二极管 D_1

D_1 是防止电源极性接错而设置的，电源接错时它可使电路不通，从而起到保护电路不被烧坏的作用。

3）二极管 D_4

D_4 并联在继电器前圈两端，构成继电器断电时产生的反电势的电路回路，以免击穿单结晶体管。

4）电容器 C_2

C_2 是单结晶体管第二基极的平滑电容，也是稳压电路的滤波电容，以消除电源噪声对电路延时的干扰。

5）电阻 R_5

电阻 R_5 是单结晶体管的基极电阻。

4. JSBXC-850 型时间继电器的特性

JSBXC-850 型继电器的电气特性与 JWXC-$\frac{370}{480}$ 型相同。但另有以下补充规定：

（1）继电器的延时误差不能超出标准值的 ±15%。

（2）在通电时至继电器吸起的缓吸时间内，后接点的压力为 0.098～0.147 N。

5. 接点使用

JSBXC-850 型继电器的接点编号与无极继电器相同。在图 1-1-19 中，除 73、62 外，时间控制单元的端子号与继电器接点完全相同。除 73 接正电源，62 接负电源以及按所需时间连接对应接点外，继电器内部尚须连接 1-81、2-13、3-71、4-23、11-51、12-53。因此，可供使的接点只有第三、第四两组接点组和第二组前接点。

（二）JSBXC1-850 型时间继电器

JSBXC-850 时间继电器采用 RC 延时电路，延时精度为 ±15%，在使用中由于电阻、电容器老化和环境温度的变化，延时时间有漂移，为了保证城轨信号控制设备的可靠工作和行车安全，电务人员要对其进行定期检修和时间常数调整，这不但增加了工作人员的劳动，而且会给设备带来了人为因素故障。

由于单片机技术的高速发展，技术越来越完善，单片机也被广泛应用于城轨信号中，JSBXC1-850 型可编程时间继电器，就是单片机控制的新一代时间继电器，它通过单片机软件设定不同的延时时间，采用动态电路输出，延时精度高（可达 ±5%），而且不需要调整，电路安全可靠，不改动 JSBXC-850 型继电器的外部配线，使用非常方便。

JSBXC1-850 型时间继电器内部电路如图 1-1-20 所示。电路由 4 部分组成，即输入部分、控制电路、电源部分和动态输出电路。

Ⅰ 为输入部分，经 4 个光电耦合器 IC_2-1～IC_2-4（5Z1-4 型）输入端连接，用来设定的延时时间，其连接方法同 JSBXC-850 型继电器。光电耦合器起隔离作用，将外部电路和单片机隔离开，起到保护单片机的作用。当光电耦合器的发光二极管有输入导通时，其光敏三极管就导通，否则就截止。

Ⅱ 为控制电路，由单片机 IC_1（AT89C2051）、晶体振荡器 JZ、C_5、C_6、C_7、R_5、LED 等组成。JZ 和 C_6、C_7 为 IC_1 提供振荡时钟源，接在 IC_1 的 4 脚和 5 脚，产生 4 MHz 的时钟信号；C_5 和 R_7 构成单片机的简单上电复位电路；R_5 和 LED 构成工作指示电路，在延时过程中发光二极管 LED 每秒钟闪亮一次；当 IC_1 的输入端 P1.4～P1.7（16～19 脚）其中之一有输入时，通过软件编程设定，在经过不同的延时时间后从 P1.3（15 脚）输出脉冲序列，送到动态输出电路。

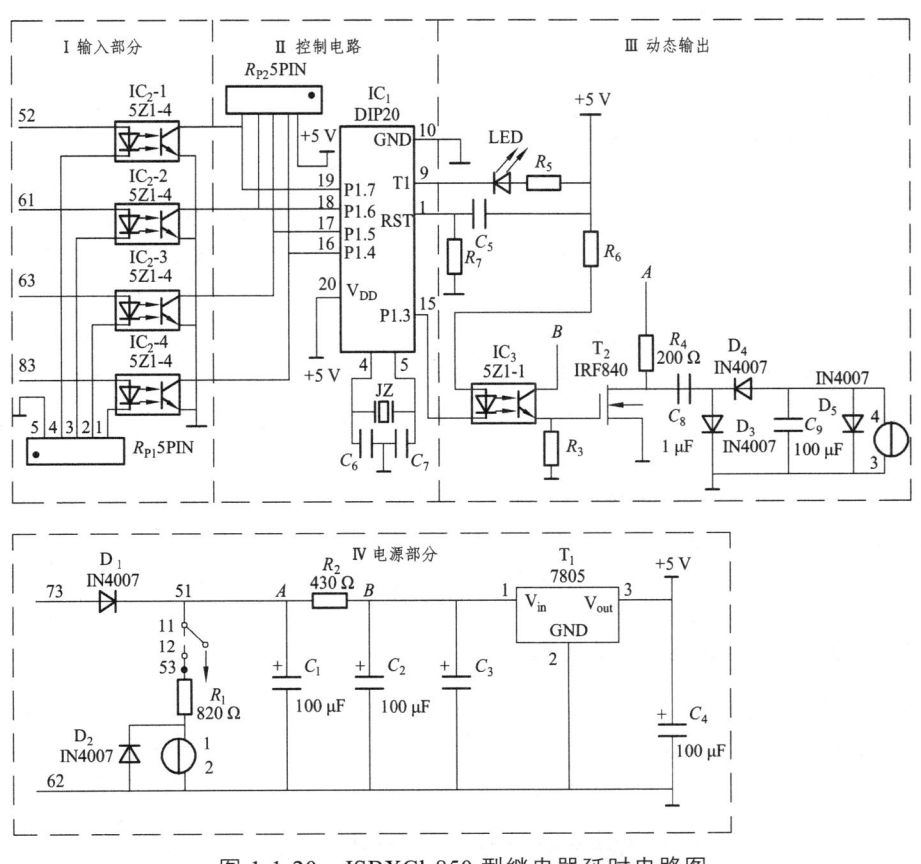

图 1-1-20　JSBXCl-850 型继电器延时电路图

Ⅲ 为动态输出部分，单片机的输出通过光电耦合器 IC_3 接至 MOS 管 T_2（IRF840 型）栅极。在序列脉冲的作用下，T_2 反复导通和截止。当 T_2 截止时，直流 24 V 电源通过 R_4 和 D_3 对 C_8 充电；当 T_2 导通时，C_8 通过 T_2 和 D_4 对 C_9 放电，同时对 C_9 进行上负下正的充电。当 C_9 上的电压充至继电器工作值时，通过前圈 J3-4（370 Ω）使继电器吸起。继电器吸起后，其前接点 11-12 闭合，使后圈 J1-2（480 Ω）通过 R_1 励磁，于是继电器得以可靠吸起。

Ⅳ 为电源部分，电源电路由 D_1、C_1、R_2、C_2、T_1、C_3、C_4 组成。从 73（+）和 62（-）输入的直流 24 V 电源经 D_1 进行极性鉴别后，由 C_1、R_2、C_2 组成滤波电路滤除交流成分，再由三端稳压器 T_1（7805 型）稳压输出 5 V 电源，经 C_4 再次滤波，为单片机提供稳定的直流工作电源。

JSBXCl-850 型继电器在使用时应注意以下各点：

（1）继电器线圈两端并联有二极管，所以线圈的 1、3 端应接正电，2、4 端接负电。

（2）如果继电器缓吸时间出现误差，应更换控制电路中的晶振或单片机。

（3）如果继电器通电后工作正常，但发光二极管不亮，可更换发光二极管。

（4）如果继电器通电后不吸起，此时若发光二极管每秒闪1次，应检查动态输出电路中的元件是否有损坏的；若发光二极管不闪，则首先应检查 5 V 电源是否供至单片机的 20 脚和 10 脚，复位是否正常，晶振是否正常，然后查输入条件是否构通，即 P1.4～P1.7 应有一端为低电平，否则就要对单片机进行程序重写或更换单片机。

七、交流二元二位继电器

交流二元二位继电器中的二元是指有两个互相独立又互相作用的交变电磁系统，二位是指继电器有吸起和落下两种状态。根据频率不同，交流二元二位继电器分为 25 Hz 和 50 Hz 两种。

JRJC-40/265、JRJC-45/300 和 JRJC1-42/275 型 50 Hz 交流二元二位继电器主要用于城市轨道交通等直流牵引区段的轨道电路中，具有可靠的频率选择性和相位选择性，对于由轨端绝缘破损和不平衡造成的干扰能可靠地进行防护，另外还有动作灵活的翼板转动系统以及紧固的整体结构，不仅经久耐用，而且便于维修。

JRJC-66/345 型和 JRJC1-70/240 型二元二位继电器在铁路交流电气化区段的 25 Hz 相敏轨道电路中作为轨道继电器，它们由专设的 25 Hz 铁磁分频器供电，其结构和动作原理与 50 Hz 交流二元二位继电器基本相同，只是线圈参数有所不同，接点组数不同。

（一）交流二元二位继电器的结构

交流二元二位继电器结构如图 1-1-21 所示，由电磁系统、翼板、接点等主要部件组成。JRJC-45/300 型继电器插座外形尺寸为 126 mm×165 mm，要占两个安全型继电器的位置。

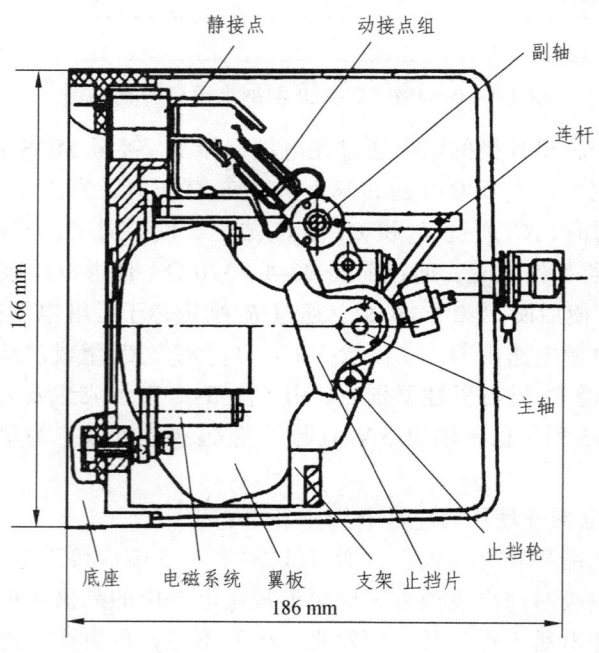

图 1-1-21　JRJC-45/300 型继电器结构

1. 电磁系统

电磁系统包括轨道电磁系统和局部电磁系统。轨道电磁系统由轨道铁芯和轨道线圈组成，局部电磁系统由局部铁芯和局部线圈组成，铁芯均由硅钢片叠成，线圈是用高强度漆包线绕在线圈骨架上而制成。

2. 翼 板

翼板是将电磁系统的能量转换为机械能的关键部件。翼板由 1.2 mm 厚的铝板裁制而成，安装在主轴上。翼片尾端安装有重锤螺母，对翼板起平衡作用，在翼板一侧的主轴上还安装一块 2.0 mm 厚由钢板制成的止挡片，与轴成一整体，使翼板转至上、下极端位置时受到限制，避免了卡阻现象。

3. 接点组

动接点固定在副轴上，主轴通过连杆带动副轴上的动杆单元使动接点动作，接点组编号如图 1-1-22 所示。

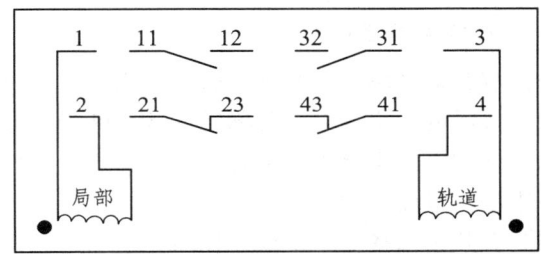

图 1-1-22　JRJC-45/300 型继电器接点组编号

（二）交流二元二位继电器的工作原理

1. 交流二元继电器的相位选择性

交流二元二位继电器的磁系统如图 1-1-23 所示。当局部线圈和轨道线圈中分别通以一定相位差的交流电流 i_J 和 i_G 时，形成交变磁通 Φ_J 和 Φ_G，磁通穿过翼板时就形成了磁极 J 和 G，并在翼板中分别产生感应电流，这种电流可看作是由许多环绕磁通的电流环所组成，故称为涡流，以 i_{wJ} 和 i_{wG} 表示。涡流 i_{wJ} 和 i_{wG} 分别与磁通 Φ_G 和 Φ_J 相作用，产生电磁力 F_1 和 F_2，即轨道线圈的磁通 Φ_G 在翼板中感应的电流 i_{wG} 在局部线圈磁通 Φ_J 作用下产生力 F_1；局部线圈的磁通 Φ_J 在翼板中感应的电流 i_{wJ} 在轨道线圈磁通 Φ_G 作用下产生力 F_2。F_1 和 F_2 的方向可由左手法则确定，如图 1-1-24 所示。

若使 F_1 和 F_2 同方向，必须使 Φ_J 和 Φ_G 方向相反，i_{wJ} 和 i_{wG} 方向相同；或者，使 i_{wJ} 和 i_{wG} 方向相反，而 Φ_J 和 Φ_G 方向相同。只要 Φ_J 和 Φ_G 在相差 90° 的条件下，F_1 和 F_2 是同方向的，即任何瞬间翼板总是受一个方向的转动力的作用。当 Φ_J 超前 Φ_G 90° 时，在翼板上得到正方向转矩，接通前接点；而当 Φ_J 滞后 Φ_G 90° 时，则在翼板上得到反方向转矩，使后接点闭合。如果仅在任一线圈通电，或两线圈接入同一电源，翼板均不能产生转矩而动作，这就是交流二元继电器所具有的可靠的相位选择性，由此可解决轨端绝缘破损的防护问题。

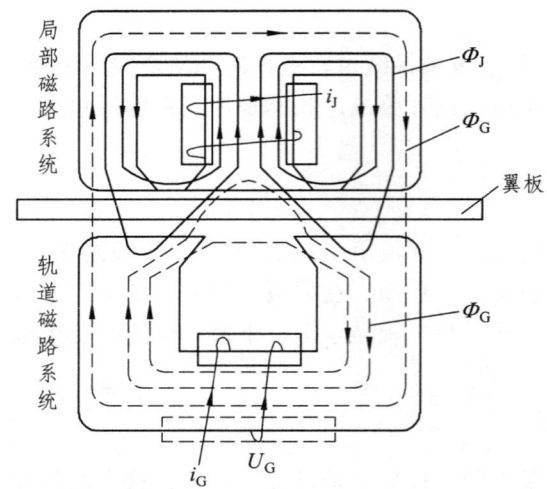
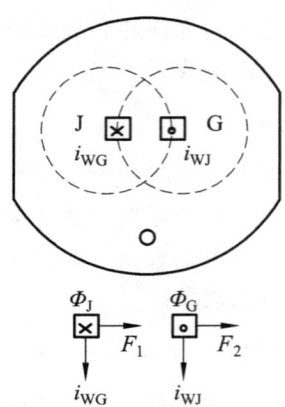

图 1-1-23　JRJC 型继电器的磁系统　　　　图 1-1-24　涡流在磁通中产生的作用力

2. 交流二元二位继电器的频率选择性

如果牵引电流不平衡，有其他频率的电压加在轨道线圈上，这时所产生的转矩力在一个周期内平均值为零。即轨道线圈混入干扰电流与固定的 50 Hz 局部电流相作用，翼板不产生转矩，不能使继电器误动。同时，由于翼板的惯性较大，使继电器缓动，跟不上转矩力变化的速率，使继电器保持原来的位置而不致误动。

由于交流二元继电器具有频率选择性，不仅可以防止牵引电流的干扰，而且对于其他频率的干扰信号也有同样的抗干扰作用。可以证明，当轨道线圈电流频率为局部电流频率的 n 倍时，不论电压有多高，翼板均不能产生转矩使继电器误动。

（三）主要技术特性

（1）翼板在任何位置时，翼板和铁芯极面的间隙应小于 0.35 mm。

（2）前接点压力为（0.2 ± 0.05）N（翼板开始接触上滚轮），后接点压力为（0.2 ± 0.05）N（翼板开始接触下滚轮）。

（3）接点间隙不小于 2.5 mm。

（4）托片间隙不小于 0.2 mm。

（5）翼板在极端位置时，翼板与外罩间的距离应不小于 2 mm。

（6）局部线圈，额定电压 110 V（25 Hz），电流不大于 0.08 A，轨道线圈工作值电压不大于 15 V（25 Hz），电流不大于 0.038 A，释放值电压不小于 7.5 V（25 Hz），轨道电流滞后于局部电压理想相位角 160° ± 8°。

（7）接点接触电阻不大于 0.05 Ω。

（8）在大气压力不低于 84 kPa（海拔高度不超过 1 000 m）时，继电器绝缘耐压应能承受交流正弦波 50 Hz，2 000 V 有效值 1 mm 的耐压试验，无击穿或闪络现象。

（9）在温度为 15 ℃ ~ 35 ℃，相对湿度在 45% ~ 80%，大气压力在 86 ~ 106 kPa 的条件下，其绝缘电阻应不低于 100 MΩ。

（10）局部线圈通以 50 Hz、220 V 电压时，轨道线圈并联 5 μF 电容后其感应电压应不大于 5 V。

JRJC-40/265、JRJC-45/300 和 JRJC1-42/275 型 50 Hz 交流二元二位继电器的电气特性如表 1-1-5 所示。

表 1-1-5　50 Hz 交流二元二位继电器的电气特性

类　型	接点组数	线圈电阻（Ω）	局部线圈		轨道线圈				理想相位角（°）
			电压（V）	电流（A）	工作电压（A）	工作电流（A）	释放电压（V）		
JRJC-40/265	局部	4QH	265	220	0.11	≤14	≤0.028	≥7	162
	轨道		40						
JRJC-45/300	局部	2Q, 2H	300	220	0.08	≤14	≤0.028	≥7	162
	轨道		45						
JRJC1-42/275	局部	2Q, 2H	275	220	0.1	≤14	≤0.026	≥7	160
	轨道		42						

（四）使用注意事项

（1）安装继电器时，应注意继电器的正常工作位置，即接点系统在下，磁路系统在上，不可倒置。

（2）继电器插入插座时，应检查鉴别销的号码是否合乎规定，插入后应拧紧固定螺杆。

（3）继电器在使用前应先将包装时固定翼板的尼龙线从外罩内抽出。

八、JXW25 型微电子相敏轨道电路接收器

（一）概　论

JXW25 型微电子相敏轨道电路接收器以微处理机为基础，采用数字处理技术对轨道电路信息进行分析。检出有用信息，除去干扰，完成电化区段 25 Hz 相敏轨道电路接收功能。

JXW25 型微电子相敏轨道电路接收器取代原二元二位相敏继电器，彻底解决了原继电器接点卡阻、抗电气化干扰能力不强、返还系数低等问题，与原继电器的接收阻抗、接收灵敏度相同，提高了安全性和可靠性。

（二）微电子相敏接收器分类

微电子相敏轨道电路接收器根据使用需要分为单套设备（A 型）和双套设备（B 型、C 型）。设备安装在安全型继电器罩内，采用继电器插座。B 型双套包括电子接收器，接收变压器盒、报警盒。C 型双套设备结构和单套一致，而功能与 B 型双套一样，便于替代已有单套设备的更新升级，具体情况如表 1-1-6 所示。

表 1-1-6　微电子相敏接收器类型

型　号	名　称	备　注
JXW-25 A	单套微电子相敏接收器	安全型继电器结构
JXW-25B	双套微电子相敏接收器	安全型继电器结构
HBJ	接收变压器盒	安全型继电器结构，用于B型双套
HB	报警盒	安全型继电器结构，用于B型双套

（三）使用原理图和端子出线图

JXW-25 A 型微电子相敏轨道电路接收器工作原理如图 1-1-25 所示。

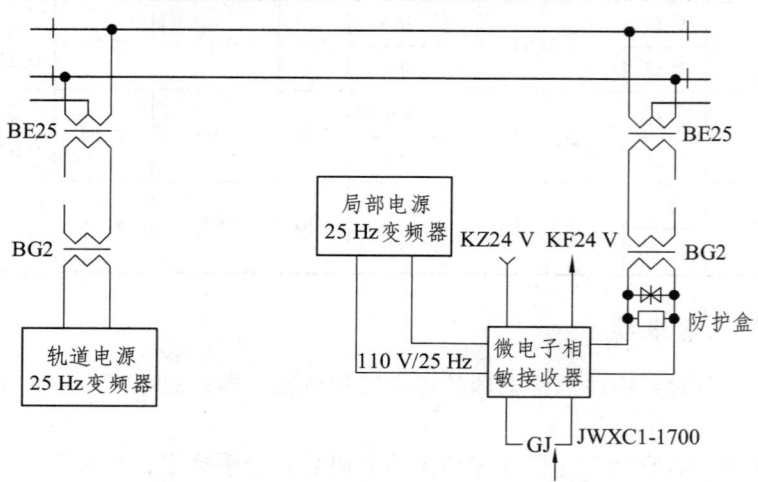

图 1-1-25　JXW-25A 型微电子相敏轨道接收器工作原理图

JXW-25B 型微电子相敏轨道电路接收器工作原理如图 1-1-26 所示。

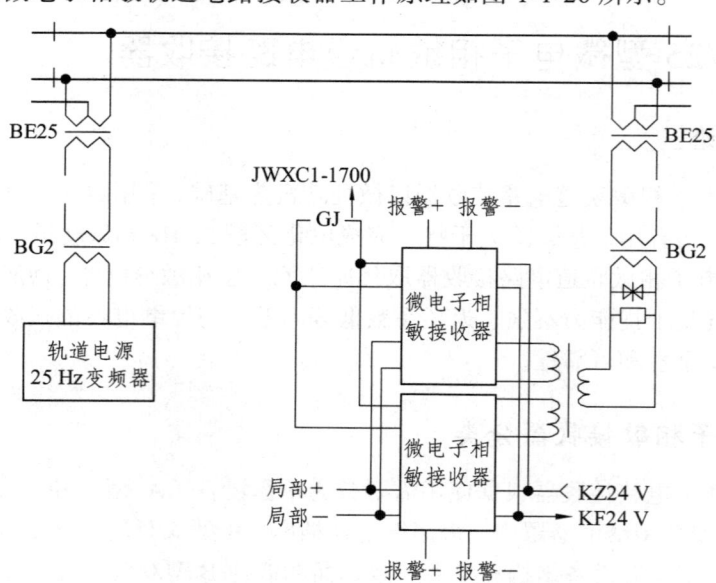

图 1-1-26　JXW-25B 型微电子相敏轨道接收器工作原理图

JXW-25A 型微电子相敏轨道电路接收器为安全型继电器形式，端子分配如图 1-1-27 所示。

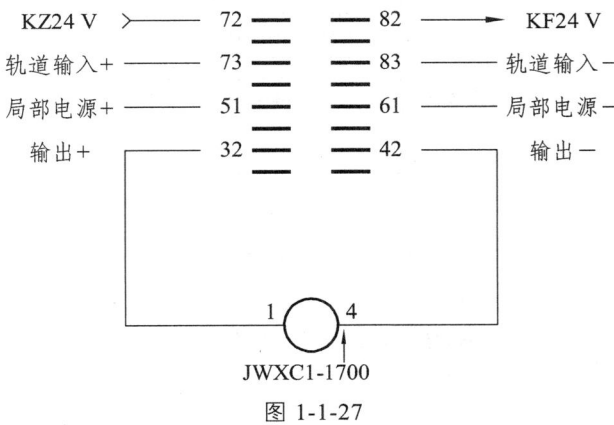

图 1-1-27

JXW-25B 型微电子相敏轨道电路接收器分为接收变压器盒和微电子接收器盒，都安装在安全型继电器罩内，JXW-25B 型微电子接收器盒端子配线图如图 1-1-28 所示，每个接收变压器盒安装 2 个轨道接收变压器，其端子配线图如图 1-1-30 所示。

JXW-25B 型微电子相敏轨道电路接收器是 JXW-25 A 型的双套化产品，其两套设备中只要有一套能正常工作，就能保障系统正常运行，进一步提高了系统的可靠性；如果其中一套发生故障，能及时报警，通知维修人员进行维修，而且对其中单套维修时，不影响系统使用，大大方便了现场维修。

JXW-25C 型微电子相敏轨道电路接收器为结构与单套一样的双套化产品，其功能、作用与 B 型双套接收器相同，其端子配线图如图 1-1-29 所示。

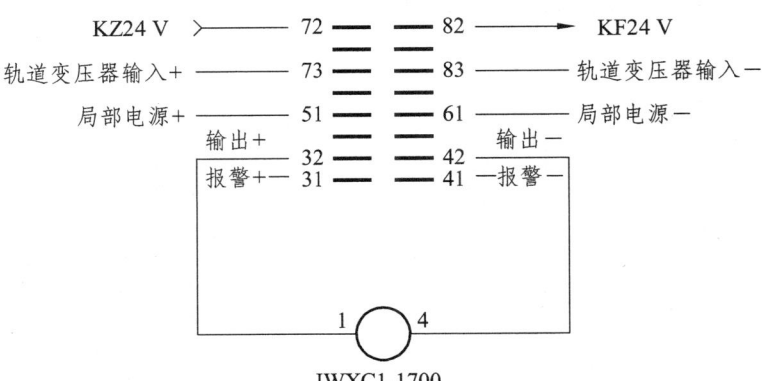

图 1-1-28　JXW-25B 型微电子相敏轨道电路接收器端子图

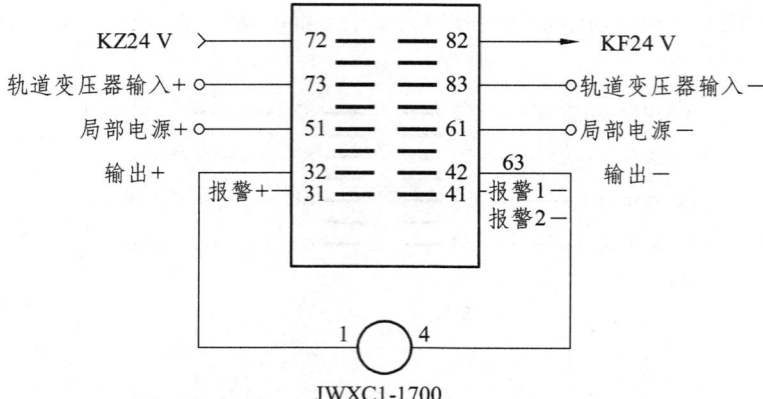

图 1-1-29 JXW-25C 型微电子相敏轨道电路接收器端子图

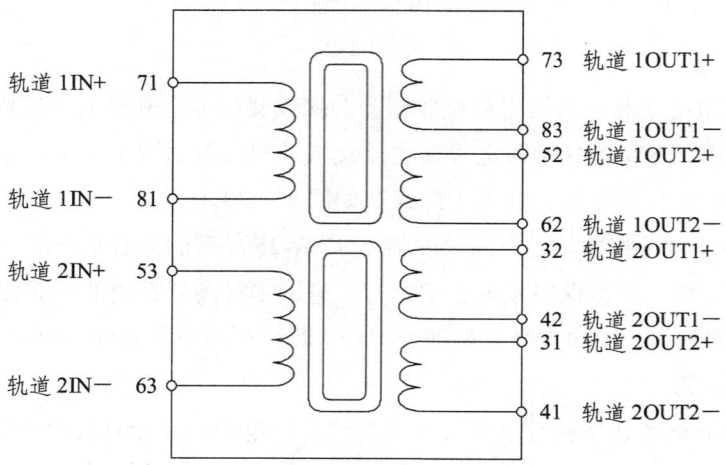

图 1-1-30 JXW-25B 型接收变压器端子图

JXW-25B 型报警器端子图如图 1-1-31 所示。

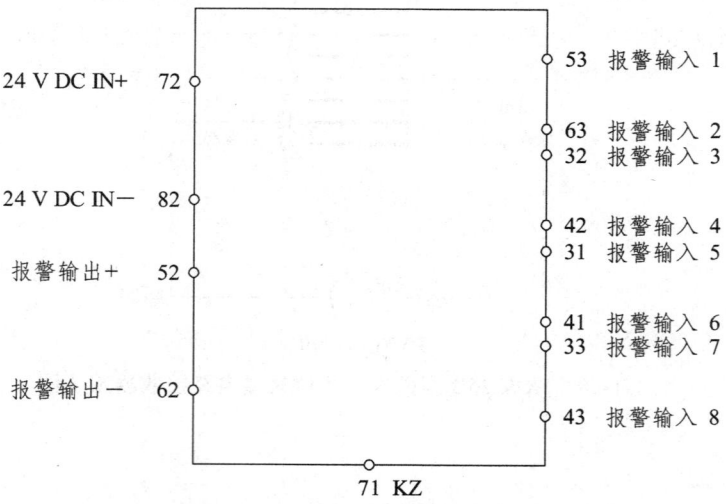

图 1-1-31 JXW-25B 型报警器端子图

（四）主要技术指标

（1）微电子相敏轨道接收器的返还系数大于 90%。
（2）JXW25 型微电子相敏接收器轨道输入信号与局部电源理想相位角为 $-90°$；
（3）微电子相敏轨道电路接收器的应变时间小于 0.5 s。
（4）微电子相敏接收器采用软、硬件多重防护措施，保证满足铁路信号故障安全要求。
（5）微电子相敏接收器具有良好的防雷电冲击能力。
（6）设备电源采用直流 24 V±15%。
（7）当环境温度为 $-25℃ \sim +60℃$ 时，设备工作可靠。

（五）工作环境

（1）工作电压：24 V±15%（纹波≤50 mV），电流≤100 mA。
（2）工作环境：温度：$-25℃ \sim +60℃$，
　　　　　　　湿度：≤90%（25 ℃），
　　　　　　　气压：70~106 kPa。
（3）轨道输入：12.5 V≤IN≤24 V，最佳为 20 V。
（4）输入阻抗：400 Ω±20 Ω。
（5）接收相位：$-90°±20°$。
（6）局部电源：110 V/25 Hz，电流≤4 mA。
（7）电源设计建议：根据空开的特性，设计必须考虑冗余，建议按照额定电流的 1.6~2 倍来设计。

（六）配置说明

单套的接收器盒不需要特别说明，但是双套的接收盒需要按表 1-1-7 所示来配置。

表 1-1-7　接收盒配置表

名称	数量	数量	数量	数量	名称	数量
接收盒（JXW-25B）	2	4	6	8	接收盒（JXW-25C）	4
变压器（HBJ）	1	1	2	2		
报警盒（HB）	1	1	1	1	报警盒（HB）	1

【考核标准】

1. 应知应会知识

采用闭卷方式考核。考试内容为：
（1）各类继电器的结构；
（2）各类继电器的功能；
（3）各类信号继电器的工作原理；

（4）继电器的电气特性参数。

2. 基本认知技能

能够正确认知信号继电器的各部件，考核时限 5 min。考核方式采用笔试加操作，笔试内容为最简单信号继电器的结构组成。评分标准如表 1-1-8 所示。

表 1-1-8　基本认知技能评分表

项目及配分		考核内容及评分标准	扣分因素及扣分	得分
认知技能	认知内容（8分）	（1）叙述信号继电器的类型		
		（2）继电器的插座接点的编号		
		（3）继电器的型号		
		（4）继电器个部件的名称及作用		
		（5）继电器的状态		
		每答错一项扣2分，扣完8分为止		
	质量（5分）	（1）回答问题应简明扼要，语言混乱扣2分		
		（2）动作规范正确，否则每次扣2分		
		（3）在 5 min 内完成。每超 30 s 扣 1 分，超时 2 min 停止考核		
		质量共计5分，上述内容按规定扣分，扣完5分为止		
安全及其他（2分）		（1）破坏认知设备，扣2分		
		（2）未按规定着装，扣1分		
		安全及其他共计2分，上述内容按规定扣分，扣完2分为止		
合计				

任务二　信号继电器的检修

【学习目标】

（1）掌握 JWXC 1700 型继电器的拆装顺序及方法；
（2）能对 JWXC 1700 型继电器进行测试及调整；
（3）能对偏极、整流、有极及时间继电器进行测试；
（4）能正确使用工具。

【相关知识】

一、继电器的测试

通过继电器的测试，掌握 JWXC-1700、JPXC-1000、JYJXC-135/220、JSBXC-850 型继电器的电气参数测试方法，熟悉继电器测试台的应用、测试标准以及测量时的注意事项。把测试数据与继电器电气特性参数进行对比，发现问题，为继电器检修提供依据。

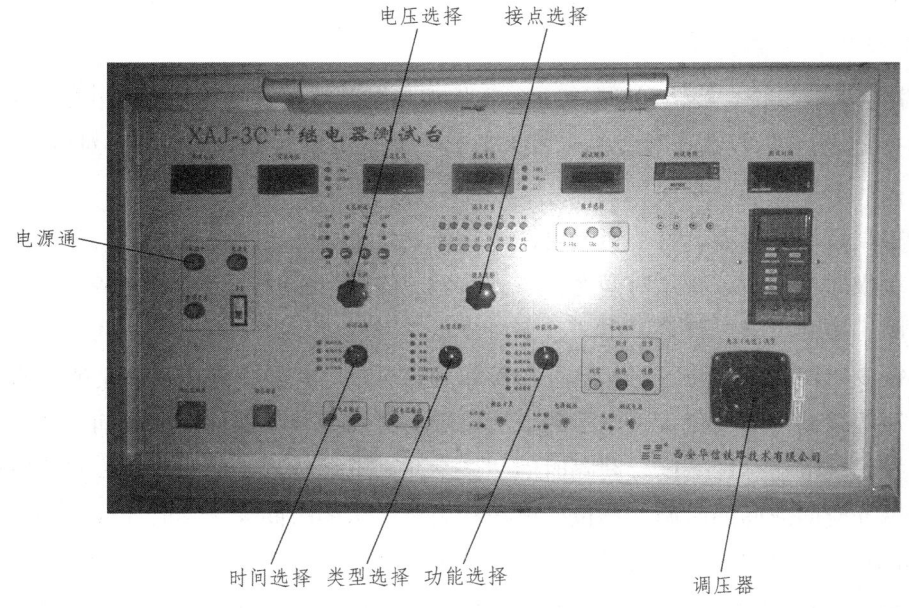

图 1-2-1　继电器测试台面板

（一）继电器测试台的使用说明

测试前工作准备：

图 1-2-1 所示为继电器测试台面板，将调压器旋转到零位置，按下"电源通"按钮。此时部分 LED 灯点亮及仪表点亮。根据被测 AX 继电器的型号选择对应的测试盒，将测试盒安装到测试架上，旋紧测试座紧固螺母。将被测继电器插在调试盘上对应的继电器插座上，根据"功能选择"旋钮所列功能逐步测试。

1. 线圈电阻测试步骤

（1）将"功能选择"旋钮旋转到"线圈电阻"测试挡位，对应指示灯点亮。

（2）将"类型选择"旋钮旋转到"前圈或后圈"挡位，对应指示灯点亮。

（3）根据被测继电器线圈电阻选择"电阻量程"（电阻量程范围：200 mΩ、2 Ω、20 Ω、200 Ω、2 kΩ、20 kΩ）；

（4）当前电阻表显示电阻值为"前圈或后圈"的电阻值。

2. 电气特性测试步骤

（1）将"功能选择"旋钮旋转到"电气特性"挡位，对应指示灯点亮。

（2）根据被测继电器，将继电器测试台上的"电压量程选择""电流量程选择"，以及"类型选择""极性选择"等开关旋转到对应位置，将"测试电源通断选择"开关拨到"通"位；

（3）缓慢调节调压器，升高或降低电压进行充磁值、工作值、释放值、反向工作值及不工作值、正向转极值、反向转极值以及临界不转极值等参数测试。同时借助测试盒、工作面板 LED 指示灯检测通断时前后接点闭合情况。

3. 时间特性测试步骤

（1）将"功能选择"旋转到"电气特性"挡位，根据被测继电器，将继电器测试台上"电压量程选择""电流量程选择"，以及"类型选择"等开关旋转到对应位置，对应指示灯点亮。

（2）极性选择拨到"正向"挡位。

（3）根据被测继电器，将电压或电流调到所规定电流、电压值。

（4）缓吸时间测试。将"时间选择"旋转到"缓吸"挡位，电子秒表清零，将测试电源选择由"断"拨到"通"位置，电子秒表所显示的时间为该继电器吸合时间。

（5）缓放时间测试。将"时间选择"旋转到"缓放"挡位，电子秒表清零，将测试电源选择由"通"拨到"断"位置，电子秒表所显示的时间为该继电器释放时间。

（6）发码继电器脉冲宽度及间隔时间测试。测试电源拨到"通"挡位，将"时间选择"旋转到"脉冲时间或间隔时间"挡位，电子秒表所显示的时间为脉冲时间或间隔时间。

（7）850、820、780 时间继电器时间测试，将"功能选择"旋转到"电气特性"挡位，"电压选择"旋转到"DC30 V"挡位，电流量程选择"5 A 或 500 mA"，"类型选择"旋转到"JSBXC-850"挡位，"时间选择"旋转到"缓吸"时间挡位，"测试电源"拨到"断"位置；将测试盒时间按钮按下，对应时间指示灯点亮，将电压调到 DC24 V，依次旋转测试盒时间选择旋钮选择 3 s、13 s、30 s、180 s，将测试电源由"断"拨到"通"位置，电子秒表显示的时间为时间继电器缓吸时间。

（8）JPXC-H270 时间测试。将"功能选择"旋转到"电气特性"挡位，"电压选择"旋转到"DC30 V"挡位，电流量程选择"5 A 或 500 mA"，"类型选择"旋转到"JPXC-H270"，"时间选择"旋转到"缓放"时间挡位，"测试电源"拨到"通"位置；将测试盒板键拨到"通"位置，将电压调到 DC24 V，将测试盒板键由"通"拨到"断"，电子秒表开始计时，当继电器完全释放，电子秒表显示的时间为 H270 缓放时间。

4. 接点电阻测试步骤

将"功能选择"旋钮打到"接点电阻"测试挡位，并将电阻量程选择打到"200 mΩ"量程，根据被测信号继电器的型号将"测试电压电流选择"打到所需挡位，"类型选择"旋钮打到相应位置，极性选择拨到"正向"，灯丝参数测试拨到"回路电压"挡位，电压调到规定值。

将测试电源开关拨到"断"位置，旋转 "接点选择开关"可依次对应测出后 8 组（1 H ~ 8 H）接点的电阻；测试电源拨到"通"位置，旋转 "接点选择开关"可依次测出前 8 组（1Q ~ 8Q）接点的电阻。

5. 绝缘测试方法

将调压器回到零位置，将功能选择旋转到"绝缘"，将绝缘两只表笔插好，用两只夹子夹好继电器线圈对地、接点对地、线圈对接点、接点对接点，将绝缘表旋钮打到 500 V 挡，按下红色按钮，绝缘表指示灯亮，表头显示的数值为其相对应的绝缘电阻值，再按以下红色按钮绝缘测试指示灯灭，绝缘电阻测试完毕。

注：不能将两只表头短路，不能对准人身，以免造成触电。

6. 外接测试方法

测试其他种类电器可通过外接输出交直流电压，测试电器电气特性，外接电阻测试时，将外接线连接好、量程选择好后进行电阻测试，测试步骤与 AX 型继电器相同。

7. 校准方法

为了保证测试台检测精度，测试台每年应进行一次校准工作，手动测试使用的"电压"表、"电流"表用 0.5 等级的指针表或 6 位半数字表，按该类型仪表通用标定方法进行标定，其电子秒表不需要标定。

测试注意事项：

（1）测试盒测试 JZXC-H0.14/0.14，扳键可进行"前圈"或"后圈"选择。

（2）开机前不允许插入被测继电器，且调压器处零位置。

（3）每次只允许插入一台被测继电器。

（4）测继电器只允许插入对应插座。

（5）试过程中不允许随意插拔继电器。

（6）关闭总电源之前，取下被测继电器。

（7）电流表不允许超量程使用，应根据维规要求进行量程选择。

（8）绝缘电阻外接测试，正负外接线决不能短接，绝缘电阻表测试端子不允许接触测试台或调试盘任何位置。

（9）低电阻外接测试连接必须牢固可靠。

（10）必须使用同等规格的保险丝，不允许随意增大保险容量。

（11）测试继电器时根据测试盒标注进行开关选择。

简单故障处理：

（1）在测试电气特性时，测试盒灯全亮或不亮。

① 首先检查各个开关位置是否正确。

② 若正确检测中接点对 – 12 V 电压是否为 12 V。

③ 若为 12 V 请检查与中接点有关继电器。

④ 测试时电压有显数而电流无显数，且被测继电器不动作。

⑤ 检查各个开关位置是否正确，继电器是否插在对应插座上。

⑥ 以上正确时，再检查对应输出保险是否熔断，注意：如果交流保险熔断，则对应直流电压挡无输出；同理，如果无直流输出，应该检查对应交流电压挡位保险；

（2）电阻表不能测试线圈电阻、接点电阻、显示数值不停变动。

检查电阻测试仪的 4 根线是否连接好。

（二）JWXC-1700 型继电器测试

继电器测试

（1）将测试台通电并打开电源开关。

（2）对照继电器型号，将继电器插入测试台相应的位置。

（3）将极性选择按钮置于"正"，将电压旋钮旋至最小。

（4）打开测试开关，缓慢调节电压升高，注意观察接点指示灯，待其全部变为绿灯时，显示器中电压读数即是其工作值。

（5）继续升高电压至工作值的 4 倍，该值即是充磁值。

（6）反向调低电压，注意观察接点指示灯，待其绿灯全部熄灭时，显示器中电压读数即是其释放值。

（三）JPXC-1000 型继电器测试

方法与步骤同 JWXC-1700 型继电器的测试，但当将极性选择按钮置于"负"时，电压的增加也不能使其处于吸起状态。

（四）JYJXC-135/220 型继电器测试

（1）对照继电器型号将继电器插入测试台相应的位置。

（2）将极性选择按钮置于"正"，将电压旋钮旋至最小。

（3）打开测试开关，缓慢调节电压升高，注意观察接点指示灯，待其全部变为绿灯时，显示器中电压读数即是反位向定位的转极值。

（4）关闭测试开关，将极性选择按钮置于"负"，将电压旋钮旋至最小。

（5）打开测试开关，缓慢调节电压升高，注意观察接点指示灯，待其全部变为红灯时，显示器中电压读数即是定位向反位的转极值。

（五）JSBXC-850 型继电器测试

（1）对照继电器型号，将继电器插入测试台相应的位置。

（2）将电压旋钮旋至电压为 24 V 的位置，并将选择开关置于测试的时间挡位。

（3）将秒表置"零"，打开测试开关，注意观察接点指示灯，待其全部变为绿灯时，秒表的读数即为其缓吸的时间。

（六）测试相关内容

根据表 1-2-1 测试继电器电气特性。

表 1-2-1 继电器电气特性测试记录表

型　号	额定值	充磁值	电气特性参数（V）			特　点
			释放值	工作值	转极值	
JWXC-1700						
JPXC-1000						
JYJXC-135/220						
JSBXC-850			时间特性（s）			
	3		13	30		180

（七）注意事项

（1）每次在测试台插座板中仅测试一个继电器。
（2）每测试完一个继电器必须关掉测试电源之后再进行更换。
（3）电压调节旋钮必须缓慢增加与降低。

二、继电器维修的条件

（一）技术条件

熟悉各类继电器的结构、工作原理和特点，明确每部分的功能作用，掌握继电器的拆装步骤和方法、继电器维修的基本方法和步骤、继电器故障的分析和判断方法，熟悉各类维修工具的性能，正确使用各类维修工具，掌握继电器的维修标准。

（二）物质条件

必要的技术资料，如继电器的拆装图、原理图、技术标准；必要的维修工具和检测台；备用的元器件和零部件。

三、继电器的维修主要工具

（1）通用工具：调簧钳、尖嘴钳、螺丝刀、活口扳手、套筒扳手、电烙铁、什锦锉、镊子、测牛（克）计、小手锤。

（2）专用工具：AX 型信号继电器综合测试台、启封螺丝刀、叉口螺丝刀、接点爪调整器、黄铜塞尺、卡簧塞尺等。

（3）检修用品：白布带、白稠带、银砂纸、水砂纸、橡皮、酒精、汽油等。

四、继电器的维修思路及方法

在检修与调整作业时，应始终贯彻"先磁路、后接点"的原则。

1. 直观法

（1）看。通过人眼观察继电器的外罩是否破损、裂纹，继电器能否吸起、落下，是否有卡阻现象，各动、静接点是否完全闭合接通，接通、断开的时机是否一致，接通和断开的瞬间是否有电火花，线圈是否破损龟裂，线圈引线与电源片是否焊接良好等。

（2）听。对继电器进行通断电，在吸起和落下时听是否有异声，判断发声的部位，为后续检查做准备。

（3）闻。闻闻继电器内部是否有异味，特别是烧焦味。

（4）摸。摸摸继电器内部各紧固部件是否松动，电源片是否虚焊，线圈通电是否过热，如果过热怀疑内部是否有短路；时间继电器和整流继电器中印刷电路板上各元器件通电是否过热，如过热就应该仔细检查电路是否有短路。

2. 继电器测试台检测法

通过 AX 型信号继电器综合测试台测试线圈电阻、接点电阻、绝缘电阻以及电气特性。观察其接点接通、断开的整齐度，在检测时一定要注意对照继电器型号，将继电器插入测试台相应的位置。在测试的过程中电压的调节速度一定要缓慢，时刻注意指示灯和显示器的数值变化。注意对继电器测试台的操作要领及规范。

3. 工具的检测法

用测牛（克）计测试动、静接点的接触压力，看看是否符合标准要求，用塞尺检测动、静接点的间距是否符合要求，用量角器测量衔铁的角度是否符合要求等。

五、继电器维修步骤

（一）维修前的准备工作

（1）准备好维修工具及用品。

（2）外部清扫、检查。

① 清扫外部尘土及污物。

② 检查外罩及各部有无破损、残缺。

③ 检查接点插片是否间隔均匀，伸出底座外应不小于 8 mm。
④ 检查封印是否完整。
（3）维修前的测试。
① 通过 AX 型信号继电器综合测试台测试线圈电阻、接点电阻、绝缘电阻、电气特性。
② 启封，打开外罩。

（二）继电器的维修

1. 电磁系统检查

1）线圈检查

线圈架应无破损和龟裂，核对线圈引线与电源片的连接是否符合要求，整流继电器的线圈引线与印刷电路板上二极管引线焊接是否牢固，极性是否正确，时间继电器的印刷电路板上个元器件是否焊接良好、有无虚焊等。用镊子检查线圈引线应无假焊、断股，发现断股应重新焊接。

2）磁路检修

（1）卸下钢丝卡检查，钢丝卡应无裂纹，弹力充足。

（2）检查轭铁时，轭铁转角处应无裂纹，衔铁安装处的刀刃应良好；检查铁芯时，铁芯安装应正直、牢固。

（3）检查衔铁。衔铁应无扭曲变形，吸合时应与铁芯面平行，以保证气隙均匀，导磁性能良好；衔铁上止片安装应不活动，止片转角处无硬伤；衔铁上的拉轴应平直不弯曲，无严重磨耗；衔铁安装在轭铁上，应保证 0.2 mm 的轴向游程，与铁芯闭合时应盖住极靴，不允许极靴边缘露出衔铁外缘，两者闭合时的间隙应符合要求。

（4）磁系统擦洗去污。

2. 接点系统的检修

（1）检查接点片及托片有无硬伤，镀层是否完好，有影响强度的钳伤时应更换接点单元。

（2）用镊子检查银接点（或碳接点）。银接点与接点片焊接应牢固，碳接点与碳杯紧固不活动，且碳头完整无缺损。

（3）检查动接点与银接点的接触位置。银接点位于动接点的中间，若偏离中心时，则接触处距动接点边缘不得少于 1 mm；银接点伸出动接点外也不得少于 1.5 mm。

（4）检查拉杆、动接点轴及绝缘轴。拉杆安装应平直，不允许过分的前倾与后仰。绝缘轴无破裂，应与拉杆靠紧，但不能磨卡别劲，绝缘轴应与拉杆相垂直。拉杆应处于轭铁中心，偏差不超过 0.5 mm；同时，拉杆应处于衔铁槽口中心，衔铁运动过程中与拉杆均有一定的间隙，不能产生磨卡和别劲现象。

（5）检查各种单元块的胶木绝缘，应无影响强度的裂纹和较大的破损残缺。

（6）检查接点组紧固螺丝，应有足够的紧固压力以保持接点组的稳固性。

（7）接点系统擦洗去污。

（8）装好防尘垫及底座，紧固底座螺丝，检查确认型别盖。

（9）检查继电器整体动作。

（三）继电器的调整

（1）用塞尺检查接点架与轭铁间隙。间隙应为 4 mm，达不到此标准值应从底座内取出继电器，松开接点架紧固螺丝，取出稳钉并调整安装高度或调整接点架角度，调整标准后，紧固螺丝并重新打眼安装稳钉，紧固继电器。

（2）检查衔铁角度α。去掉钢丝卡，取下衔铁，用量角器检查衔铁角度，α 应为 93°30′，但允许 α 值为 91°~94°30′，视接点架与轭铁间隙值而定。

（3）检查拉杆与轭铁的间隙，间隙值应符合标准。调整的方法是均匀地调整动接点片，使拉杆上升或下降。

（4）将动接点片调平直。用调簧钳调整动接点片，注意不要造成钳伤，并使动接点片无弯背、扭曲，达到平直一条线。

（5）调整动、后接点间隙δ_2与后接点位置。将衔铁上好，在衔铁与铁芯间夹上 1.3 mm 或 1.5 mm 的塞尺，将衔铁紧固。塞尺以放在铁芯中间止片处为标准。用调簧钳调整后接点托片，使所有后接点与动接点紧贴，两者吻合无间隙，但又无压力。

（6）调整后接点初压力。用调簧钳从根部调整后接点片对托片的压力（不能调托片），使初压力为 0.10~0.15 N。

（7）松开衔铁，取出塞尺，让衔铁自由落下，用塞尺检查后接点共同行程及衔铁动程，用测牛（克）计测量后接点压力，看是否符合标准。

（8）调整动、前间隙δ_1与前接点位置。在衔铁与铁芯间夹上 0.4~0.5 mm 的塞尺，将衔铁固定死。调整前接点托片，使所有前接点与动接点紧贴，两者吻合无间隙，但又无压力。

（9）调整前接点初压力。接点片与托片之间的压力为 0.20~0.25 N，各组接点间初压力不得差 0.03 N，调整方法与后接点同。

（10）松开衔铁，取出塞尺，用手推动衔铁至闭合位置，检查前接点共同行程，压力及前、后接点间隙，应符合标准。

（11）调整接点接触齐度。用调簧钳把前、后接点片调平直，用尖口调整器把接点爪调得上、下、左、右一致。各组接点应同时接触，不齐度应小于 0.2 mm，最好调到 0.1 mm。

（12）检查下止片与重锤片间的间隙，此间隙标准为 0.3~1 mm。

（13）电气特性测试。完成上述调整后，进行一次全面的电气特性测试，方法与检修前测试相同。

（四）验　　收

继电器检修后会进行验收，是保证检修质量必不可少的环节。验收员应做到：

（1）在综合验收测试台对验收的继电器进行全面的电气、机械特性检查与测试，并按部颁标准严格进行验收工作。

（2）将验收结果认真填入继电器检修卡片，存档。

（3）签发验收合格证。

（五）加　　封

由检修者将验收合格的继电器装上外罩，将验收合格证贴在外罩适当位置，紧固螺丝，保证继电器的密封，加上封印，等候送到现场使用。

六、继电器检修注意事项

（1）按图纸拆卸顺序进行拆卸。

（2）按图纸组装顺序进行组装。

（3）维修过程动作要轻，不要带来人为损害，如钳伤等。

（4）维修过程一定要细心，做到一丝不苟，实现零漏测。

（5）调整一定要符合继电器检修标准。

【考核标准】

1. 应知应会知识

采用闭卷方式考核。考试内容为：

（1）信号继电器的电气特性参数；

（2）信号继电器的检修步骤；

（3）信号继电器的检修标准；

（4）信号继电器测试台的使用规范。

2. 实作技能

（1）能够按操作规程使用继电器测试台；

（2）按照操作规程进行各类继电器测试。

考核时限 5 min。考核方式采用口试加操作，笔试内容为常见 JWXC-1700 型信号继电器的电气特性参数及操作规程、注意事项。评分标准如表 1-2-2 所示。

表 1-2-2　基本操作技能评分表

项目及配分		考核内容及评分标准	扣分因素及扣分	得分
操作技能	操作程序（10分）	（1）操作台准备，准备不当扣2分		
		（2）电气特性测试程序，程序错误扣4分		
		（3）时间特性测试程序，程序错误扣2分		
		（4）正确执行安全技术操作规程，错误扣2分		
	质量（15分）	（1）工具零部件摆放凌乱，扣2分		
		（2）电气特性测试数值，每个判断错误扣2分		
		（3）时间特性测试数值，每个判断错误扣2分		
		（4）作业在 5 min 内完成。每超 1 min 扣 2 分，超时 2 min 停止考核		
工具使用（5分）		（1）操作台使用不当，纠正一次，扣2分		
		（2）损坏设备，扣5分		
		（3）损坏工具、仪表，扣5分		
安全及其他（5分）		（1）未按规定着装，扣2分		
		（2）发生保险丝烧毁，每次扣2分		
		（3）因操作不当造成机件损坏的扣5分		
合计				

任务三　脉动偶继电器电路制作

【学习目标】

（1）会进行继电器电路分析；
（2）会按照设计目标选择继电器；
（3）会连接继电器电路图；
（4）能绘出继电器时间特性分析图；
（5）能分析、调试继电器电路。

【相关知识】

继电器可构成各种控制和表示电路，统称继电器电路。在具体的应用过程中，涉及如何识读继电器电路、如何分析继电器电路、如何选用继电器以及如何判断继电器故障等方面内容。掌握这些知识和技能，有利于正确运用继电器。

一、继电器的图形符号

（一）继电器的名称

继电器一般是根据它的主要用途和功能来命名的。例如，反映按钮动作的继电器称为按钮继电器，控制信号的继电器称为信号继电器。为了便于标记，继电器符号用汉语拼音字头来表示。例如，按钮继电器表示为 AJ，信号继电器表示为 XJ。在一个控制系统中会用到许多继电器，同一作用和功能的继电器也不止一个，它们的名称必须有所区别。例如，以 LZAJ 代表列车终端按钮继电器，DBJ 代表道岔定位表示继电器。

同一个继电器的线圈和接点必须用该继电器的名称符号来标记，以免互相混淆。同一个继电器的各接点组还需用其编号注明，以防重复使用。

（二）继电器的定位

继电器有两个状态：吸起状态和落下状态。在电路图中只能表达这两种状态中的一种，应该有所规定。电路图中继电器呈现的状态称为通常状态（简称常态），或称为定位状态。在城轨信号系统中遵循以下原则来规定定位状态。

（1）继电器的定位状态应与设备的定位状态相一致，信号布置图中所反映的设备状态约定为设备的定位状态。例如，一般信号机以关闭为定位状态，道岔以经常开通位置为定位状态，轨道电路以空闲为定位状态。

（2）根据"故障-安全"原则，继电器的落下状态必须与设备的安全侧相一致。例如，信号继电器的落下应与信号关闭相一致，轨道继电器落下应与轨道电路占用相一致。这样，才能实现电路发生断线故障时导向安全侧。

根据以上两条原则就可以确定继电器的定位状态了。例如，信号继电器 XJ 落下与信号关闭相对应，规定 XJ 落下为定位状态，道岔定位表示继电器 DBJ 吸起与道岔处于定位相对应，规定 DBJ 吸起为定位状态，而道岔反位表示继电器 FBJ 吸起应与道岔处于反位相对应，故规定 FBJ 落下为定位状态。轨道继电器 GJ 吸起与轨道电路空闲相对应，规定 GJ 吸起为定位状态。

在电路图中，凡以吸起为定位状态的继电器，其线圈和接点处均以"↑"符号标记；凡以落下为定位状态的继电器，其线圈和接点处均以"↓"符号标记。

（三）继电器图形符号

在继电器电路中，涉及继电器线圈和接点组，它们的图形符号分别如表 1-3-1 和表 1-3-2 所示。这些图形符号反映了继电器的某些特性，因此绘图时必须正确选用，以免混淆。表中的接点图形符号有工程图用和原理图用两种。工程图用的符号略为复杂，但能准确表达接点的状态，且不会因笔误而造成误解，所以工程图必须采用工程图用符号。原理图用的接点符号比较简单，但稍有笔误即易造成错误，仅限于设计草图和教学中使用。

继电器图形符号

对于初学者要注意的是，为了绘图方便，一个继电器的线圈符号和它的接点符号可以分别画在电路图的不同位置，也可以画在不同的图纸上，当然它们的名称符号要标记清楚。

在继电器线圈符号上要注明其定位状态的箭头和线圈端子号。

对于继电器的前接点和后接点，可以只标出其接点组号，而不必详细表明动接点、前接点、后接点号。因为从图 1-1-17 中可看出，每一组接点，其前接点编号为 2，后接点编号为 3，动接点编号为 1。例如，第一组接点，其动接点片为 11，前接点为 12，后接点为 13。

而对于有极继电器，因无法用箭头表示其状态，所以必须表明其接点号，如 111-112 表示定位接点，111-113 表示反位接点，百位数 1 是为了区别于其他继电器而增加的。

表 1-3-1 继电器线圈的图形符号

序号	符号	名称	说明
1		无极继电器	两线圈串接
			两线圈分接
2		无极缓放继电器	两线圈串接
3			两线圈分接，单线圈缓放
4		无极加强继电器	
5		有极继电器	
6		有极加强继电器	两线圈分接
7		偏极继电器	
8		整流继电器	
9		时间继电器	

项目一 信号继电器的维护

续表

序号	符号	名称	说明
10	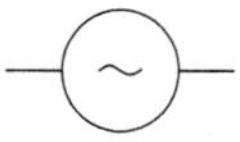 —(～)—	交流继电器	
11	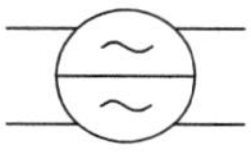 —(≈)—	交流二元继电器	
12	—(⊓⊔)— —(⊓⊔)—	动态继电器	两线圈分接

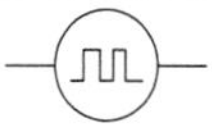

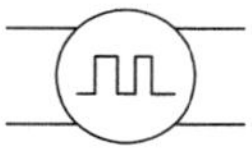

表 1-3-2 继电器接点的图形符号

序号	符号 标准图形	符号 简化图形	名称	说明
1	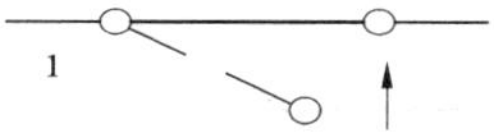		前接点闭合	
2	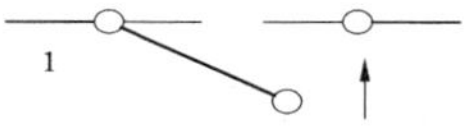	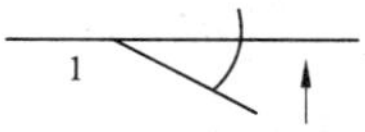	后接点断开	
3	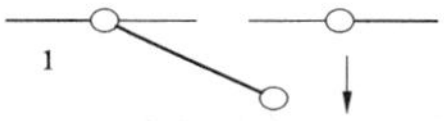	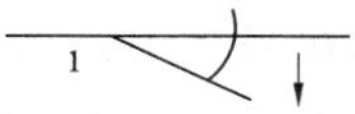	前接点断开	
4	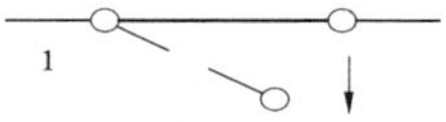		后接点闭合	
5	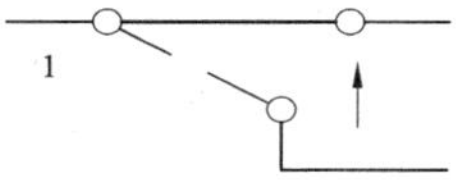	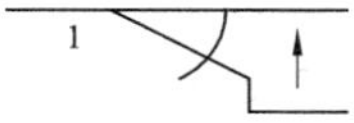	前、后接点组	前接点闭合；后接点断开
5	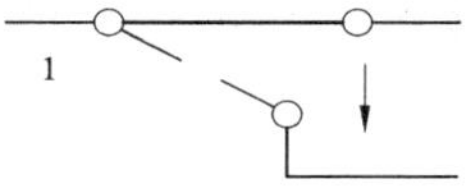	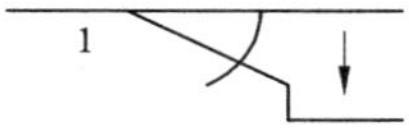	前、后接点组	前接点断开；后接点闭合
6	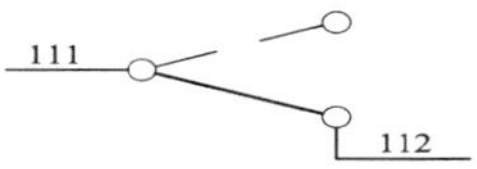	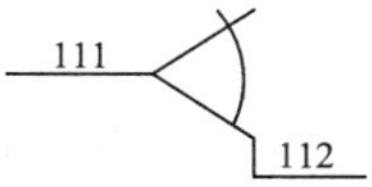	有极定位接点闭合	
7	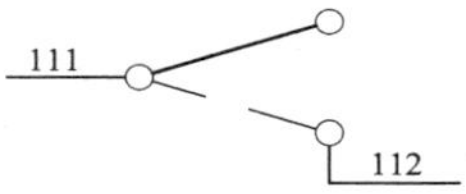	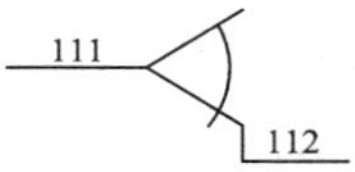	有极定位接点断开	

续表

序号	符号		名称	说明
	标准图形	简化图形		
8	111 —— 113	111 —— 113	有极反位接点闭合	
9	111 —— 113	111 —— 113	有极反位接点断开	
10	111 —— 113 / 112	111 —— 113 / 112	有极定、反位接点组	定位接点闭合；反位接点断开
	111 —— 113 / 112	111 —— 113 / 112		定位接点断开；反位接点闭合

（四）电路中选择继电器的一般原则

根据电路要求，按继电器的主要参数和指标进行选择，具体如下：

（1）继电器类型、线圈电阻应满足各种电路的具体要求。

（2）电路中串联使用继电器时，串联的继电器的数量应满足各继电器正常工作电压的要求。

（3）继电器的接点最大允许电流不应小于电路的工作电流，必要时可采用接点并联的方法。

（4）继电器的接点数量不能满足电路要求时，应设复示继电器，复示继电器应能及时反映主继电器的动作状态。

（5）电路中串联继电器接点时，要使串联继电器接点的接触电阻不影响电路的正常工作。

二、继电器线圈的使用

对于有两个线圈参数相同的继电器，它的线圈有多种使用方法：可以两个线圈串联使用，连接 2-3 电源片，使用 1-4 电源片；可以两个线圈并联使用，电源片 1-3 连接，2-4 连接，使用 1-2 或 3-4 电源片；也可以两个线圈分别使用或单线圈单独使用。无论哪一种使用方法，都要保证继电器的工作安匝和释放安匝，才能使继电器可靠工作。例如，对于 JWXC-1000 型继电器，它的前后线圈均为 8 000 匝，两个线圈串联使用时，工作电压不大于 14.4 V，故工作电流不大于 0.014 4 A，工作安匝不大于 $2 \times 8\,000 \times 0.014\,4 = 230.4$ 安匝。当单独使用一个线圈时,为了得到同样的安匝,在两线圈的工作电压为:230.4÷8 000×500 = 14.4(V)。当两线圈并联时,为获得同样的安匝,所需工作电压为:230.4÷16 000×500 = 7.2(V)。

可见,单独使用一个线圈时,为了保证得到与两线圈串联使用时同样的工作安匝,通过线圈的电流必须比串联时大一倍,所消耗功率也大一倍。此时,电源容量要大,线圈易发热。因此,继电器大多采用两线圈串联使用的方法。但当电路需要时,也采用分线圈使用的方法。两线圈并联使用时,所需电压比串联时低一半,一般使用在较低电压的电路中。

三、继电器基本电路

(一) 串联电路和并联电路

根据继电器接点在电路中的连接方式,继电器电路可分为串联、并联和串并联三种基本形式。

1. 串联电路

串联电路指继电器接点串联连接的电路,其功能是实现逻辑"与"的运算。图 1-3-1 所示为一串联电路,3 个接点必须同时闭合才能使继电器 DJ 吸起。从逻辑功能来看,接点在电路中的串接顺序可以是任意的,而且动接点是否接向电源也是任意的。但从工程角度出发,应考虑接点的有效使用,如 AJ 的后接点可用在别的电路中。

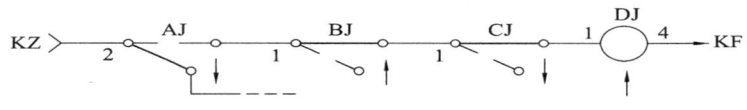

图 1-3-1　串联电路

2. 并联电路

由几个继电器接点并联连接的电路称为并联电路,它的功能是实现逻辑"或"运算。如图 1-3-2 所示为 3 个接点并联的电路,其中任一个接点闭合都会使继电器 DJ 吸起。从工程角度看,也要考虑接点组的有效利用。

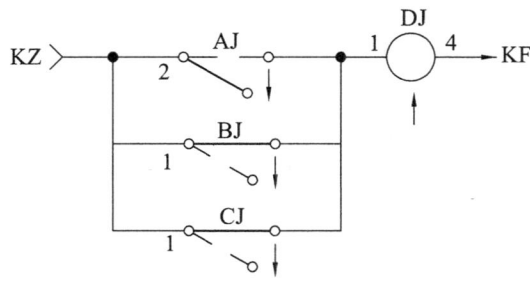

图 1-3-2　并联电路

3. 串并联电路

根据逻辑功能的要求，在电路中有些接点串联，有些是并联，这类电路称为串并联电路，如图 1-3-3 所示。

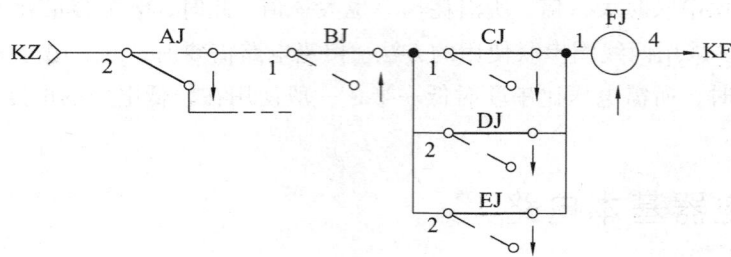

图 1-3-3 串并联电路

（二）自闭电路

继电器电路

在继电器构成的控制系统中，常需要将某一动作记录下来，为以后的过程做准备。如图 1-3-4 所示的按钮继电器电路，按下自复式按钮 A 后，继电器 AJ 经过励磁电路吸起。但松开按钮后，由于增加由自身前接点构成的电路，继电器不落下。这个由自身前接点构成的电路称为自闭电路。有了自闭电路后继电器就有了记忆功能。当然，当它完成任务后，就必须由表示该任务完成的继电器（BJ）接点使其复原。

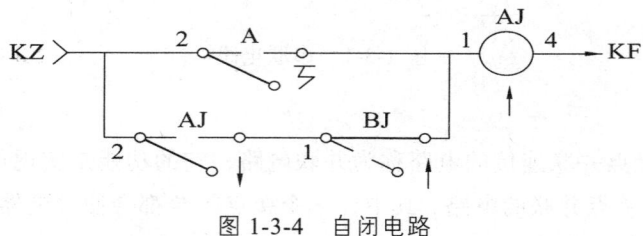

图 1-3-4 自闭电路

四、继电器电路的分析法

在设计和分析继电器电路时，为了便于认识和掌握继电器电路的逻辑功能、动作顺序、动作时机和励磁回路，需采用一些简便的分析方法，通常有动作程序法、时间图解法和接通径路法。

（一）动作程序法

动作程序法用来表示继电器的动作过程，着重反映继电器电路的时序关系和因果关系，但不能严格地表达逻辑功能。

用符号表示各继电器状态的变化,"↑"表示继电器吸起,"↓"表达继电器落下(这里表示继电器的动作,不要和电路图中表示继电器定位状态的↑、↓相混淆),"→"表示促使继电器吸起、落下,"∣"表示逻辑"与"。

例如,对于图 1-3-5(a)所示的脉动偶电路,可写出它的动作程序[见图 1-3-5(b)]:

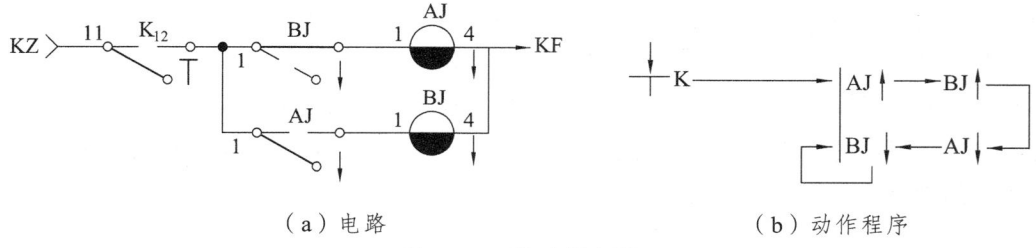

(a)电路　　　　　　　　　　(b)动作程序

图 1-3-5　脉动偶电路

(二)时间图解法

有些继电器电路的时间特性要求特别严格,整个电路动作过程与继电器的时间特性(如缓放时间的长短)密切相关。这时,可用时间图解法来较准确地进行分析。时间图解法能很清楚地表示出各继电器的工作情况、相互关系和时间特性,能正确地反映整个电路的动作过程。

时间图解法把继电器线圈通电、后接点断开、前接点闭合、线圈断电、前接点断开、后接点闭合等都在时间图上表示出来,如图 1-3-6 所示。继电器之间的互相关系,在时间图上用箭头表示。

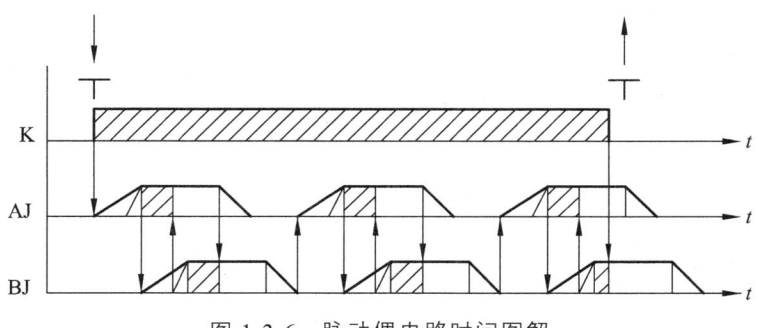

图 1-3-6　脉动偶电路时间图解

(三)接通径路法

接通径路法(也称接通公式法)用来描述继电器励磁电流的径路,即由电源正极经继电器接点、线圈及其他器件(按钮接点、二极管等)流向电源负极的回路,它是在分析继电器电路中常用的方法(俗称"跑电路",但不一定写下来)。

如图 1-3-5(a)所示的脉动偶电路,其励磁电路如下:

$$KZ - K_{11-12} - BJ_{11-13} - AJ_{1-4} - KF$$

$$KZ - K_{11-12} - AJ_{11-12} - BJ_{1-4} - KF$$

上面的径路中，各接点及器件的下标是它们在电路中具体连接的接点号或端子号，接点之间用"—"联系，它表示经"由"，而不用"→"，因为没有"促使"的含义，以避免和动作程序法中的"→"相混淆。

一个继电器可能有多条励磁电路，需分别写出接通径路予以描述。接通径路法仅表达了继电器电路的导通路径，而不能反映电路的逻辑功能。对于复杂的继电器电路，在对其逻辑功能不熟悉的情况下，可先用接通径路来加以描述。

在实际应用过程中，往往将动作程序法和接通径路法结合起来使用。一方面，在掌握继电器电路动作程序的情况下，能方便地运行电路；另一方面，在运行电路的过程中，加深对动作程序的理解。

五、继电器电路安全措施

城轨信号设备是保证城轨运输安全的重要设备，因此，对于信号设备的工作必须要求安全可靠。当设备的元件或系统一旦发生故障时仍能确保行车安全，这称之为故障倒向安全，也就是城轨信号的"故障-安全"原则。这一概念在前面已讲过，但这一原则在具体设计电路时如何实现呢？例如，对于信号灯电路，我们必须用信号继电器的前接点构成绿灯电路，用后接点构成红灯电路，一旦发生故障（线路断线或短路），继电器 XJ 失磁落下，信号灯光自动转换为红灯，这就满足了"故障-安全"的原则。

在继电器电路中常见故障有熔断器熔断、断路器脱扣、断线、脱焊、螺丝松脱、线圈烧坏、接点接触不良、器件失效、插接件接触不良、线间绝缘不良、线路混入电源等，故障种类很多。但就其对电路的影响可以归纳为两大类：一类使电路开路，称为断线故障；另一类使电路短路，称为混线故障。断线故障会导致吸起的继电器错误落下或使应吸起的继电器不能吸起，混线故障可能使不应吸起的继电器错误吸起或使已吸起的继电器不能及时落下，继电器电路的安全性主要是解决断线防护和混线防护问题。

（一）断线防护电路

电路的断线故障远多于混线故障，据此必须按闭合电路法（以电路断开对应安全侧，以电路闭合对应危险侧）设计继电器电路，即发生断线故障时使继电器落下以满足"故障-安全"原则的要求。图 1-3-7 所示的两个电路是等效的，即 AJF 是 AJ 的复示继电器，但两者结构不一样。图 1-3-7（a）是合闭合电路原理，无论何处发生断线故障都导致 AJF 处在落下状态，具有"故障-安全"性能。图 1-3-7（b）是利用 AJ 的后接点构成 AJF 线圈的旁路而使 AJF 落下，称为旁路控制电路，发生断线故障时 AJF 反而会错误吸起而导向危险侧，所以安全电路不能采用旁路控制电路。

按闭合电路原理设计的电路是断线保护的基本方法，它能对任何断线故障都有反应，故可认为它具有断线故障自检能力。

项目一　信号继电器的维护

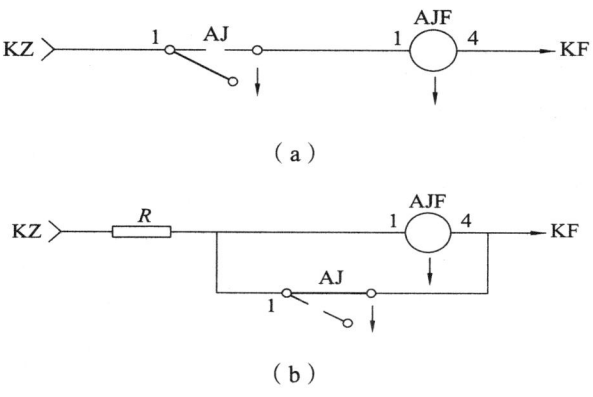

图 1-3-7　断线防护电路

（二）混线防护电路

继电器电路按闭合电路原理设计，在混线故障情况下就有可能使继电器错误吸起而导向危险侧。因此，尽管混线故障远少于断线故障，也必须慎重地采取防护措施。实际上，要使电路的各点都进行混线防护，是困难的，也是不可能的。室内环境较好，只要采取严格的施工工艺，电路极少发生混线故障，一般不采取防护措施，但室外电路必须要采用防护措施。

1. 位置法

位置法也称远端供电法，是针对室外电路之间混线而采取的措施。例如，在图 1-3-8 中两电路的逻辑功能是等同的，但电路结构不同。图 1-3-8（a）的继电器和电源均在电路的同一侧，发生混线故障时继电器将无条件地错误吸起，这十分危险；而在图 1-3-8（b）中，继电器和电源分别设在电路两侧，发生混线故障时，一方面使继电器短路，另一方面在接点 DB（转辙机表示接点）闭合的情况下使电源处的熔断器熔断，从而使继电器落下，导向了安全侧。因此，位置法的关键是继电器和电源必须分别设在可能混线位置的两侧。

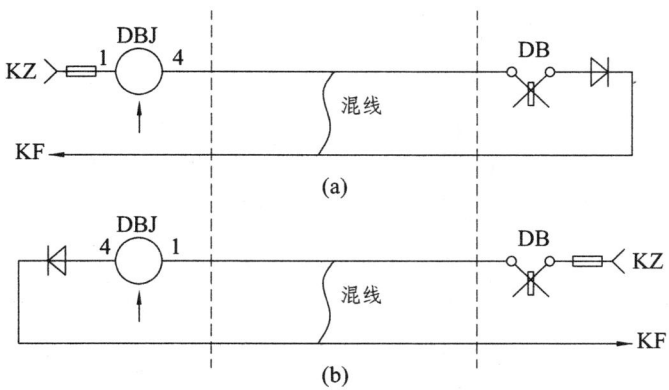

图 1-3-8　位置法混线防护电路

2. 极性法

极性法是针对室外电路混入电源而采取的措施。如图 1-3-9 所示，电路中采用偏极继电器。当 Q 线上混入正电时，与电源极性一致，则继电器 1JGJ 仍保持吸起；Q 线上混入负电时，则熔断器熔断，使继电器 1JGJ 落下导向安全侧。在 H 线上混入电源情况同样如此。如果在列车占用 1GJ 时，1GJ↓，导致 1JGJ↓，此时若在 Q 上混入负电，H 线上混入正电，则 1JGJ 因极性不符，不吸起，但如果采用无极继电器就不能达到此目的。

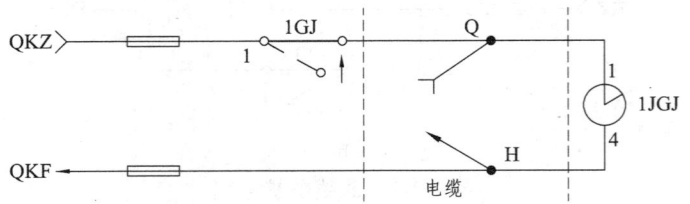

图 1-3-9 极性法混线防护电路

3. 双断法

双断法是在电路的 Q 线和 H 线上都接入同样的控制接点，来防止混线混电故障。如图 1-3-10 所示，如不采用双断，则当 a、b 两点同时发生接地或控制接点引出端子间发生短路等故障时，尽管控制接点未闭合，也能使继电器错误吸起。但若采用双断法，用 XJ 继电器的第一和第二组接点同时控制 Q 和 H 线，这种可能性就大大减小，即使 Q 线或 H 线混入电源，也可进行防护作用。

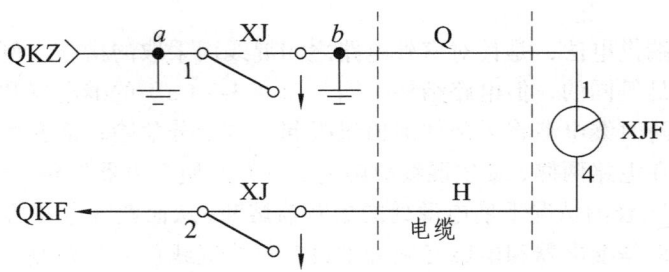

图 1-3-10 双断法混线防护

4. 分线法

重要的继电器电路，不要与其他继电器电路共用回线。因为一旦发生混线等故障时，共用回线会引起继电器错误励磁。如图 1-3-11 所示，本来 AJ 励磁前接点闭合控制 1XJ，使其励磁吸起，由于外线 1、2 间发生混线，同时也使 2XJ 错误励磁，造成事故。

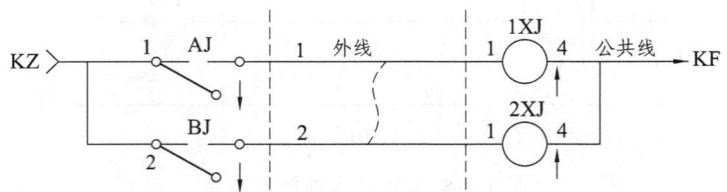

图 1-3-11 分线法混线防护

对于不甚重要的继电器电路，为了节省电线，可以合用公共回线，但也要尽量避免发生这种错误动作的可能性。另外，还有独立电源法（也称为电源隔离法），每个继电器电路都用独立的电源，防止一个故障引起其他故障。

【电路识读】

为便于更深入的理解和学习继电器轨道电路，掌握继电器轨道电路的应用，对以后学习其他课程有所帮助，现制作一个脉动偶继电器电路，让继电器来控制灯泡的闪烁，通过对该电路的分析、连接和通电试验，更好地掌握继电器的特性。下面先给出一个原理图，如图1-3-12所示，读者也可以自己通过对功能的分析，设计继电器电路，选用继电器。

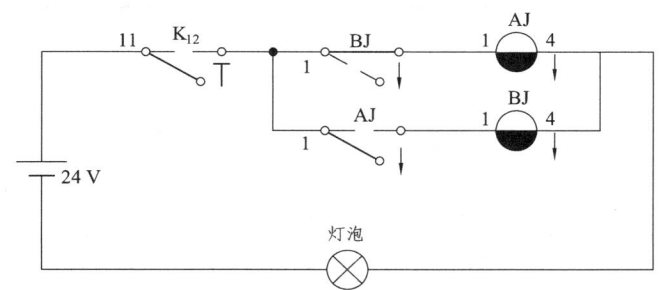

图1-3-12 脉动偶电路控制灯泡闪烁

1. 制作过程

电路中继电器暂时选用JWXC-H600型继电器，开关选用拨动开关或带自锁的按键开关，灯泡改用超亮发光二极管代替，想想为什么要这样做？

（1）对照插座接点编号，找出JWXC-H600型继电器的前后线圈及8组接点的位置。

（2）按照图1-3-12所示的原理图焊接电路，注意继电器的2、3端子要短接。

（3）接通电源，观察灯泡是否亮。

（4）按下开关K，观察灯泡是否闪烁。

2. 注意事项

（1）正确使用继电器接点组，注意其位置。

（2）用万用表测电路连接正确与否时要注意其挡位、功能选择。

（3）选择发光二极管时，参数要匹配，极性要连接正确。

（4）插接继电器时应注意用力技巧以及安全。

（5）注意正确使用工具，尤其是电烙铁，避免烫伤。

【考核标准】

1. 应知应会知识

采用闭卷方式考核。考试内容为：

（1）继电器符号；
（2）继电器电路分析方法；
（3）信号继电器的选用原则；
（4）继电器电路的安全措施。

2. 电路识图及焊接技能

能够读懂信号继电器电路原理图，明白每个元器件的作用，会分析继电器电路图，考核时限 10 min。考核方式采用笔试加操作，笔试内容为描述电路元器件的作用，画继电器的接通通路。评分标准如表 1-3-3 所示。

表 1-3-3　基本认知技能评分表

项目及配分	考核内容及评分标准	扣分因素及扣分	得分
电路识读（4分）	（1）继电器线圈端子识别不了，每项扣 2 分		
	（2）继电器接点识别不了，每项扣 2 分		
	（3）开关端子识别不了，每项扣 2 分		
	（4）发光二级管的极性识别不了，每项扣 2 分		
	电路识读共计 4 分，上述内容按规定扣分，扣完 4 分为止		
工作原理分析（5分）	（1）继电器的接通通路回答错误，每项扣 2 分		
	（2）继电器之间的逻辑关系回答错误，每项扣 2 分		
	（3）发光二极管（灯泡）的状态回答错误，每项扣 2 分		
	（4）继电器的动作过程回答错误，每项扣 2 分		
	工作原理分析共计 5 分，上述内容按规定扣分，扣完 5 分为止		
焊接项目（4分）	（1）电源端子焊接错误，每项扣 2 分		
	（2）接点端子错误，每项扣 2 分		
	（3）发光二极管端子焊接错误，每项扣 2 分		
	焊接项目共计 4 分，上述内容按规定扣分，扣完 4 分为止		
元器件选用（2分）	（1）继电器选用错误，每项扣 2 分		
	（2）发光二极管选用错误，每项扣 2 分		
	（3）开关及电源选用错误，每项扣 2 分		
	元器件选用共计 2 分，上述内容按规定扣分，扣完 2 分为止		
合计			

思考题

（1）简述继电器的基本原理。何谓继电特性？继电器在城轨信号中有哪些作用？
（2）信号继电器如何分类？
（3）识读表1-1-2中的常见AX系列安全型继电器型号。
（4）AX系列安全型继电器的插座编号、鉴别销和型别盖有什么作用？举例说明。
（5）简述无极继电器的结构和工作原理。由哪些主要部件组成？各起什么作用？
（6）无极加强继电器结构上有何特点？
（7）整流式继电器结构上有哪些特点？其与无极继电器有何异同点？
（8）有极继电器的磁路结构有何特点？简述其工作原理。
（9）偏极继电器的磁路结构有何特点？简述其工作原理。
（10）AX系列安全型继电器的电气特性主要包括哪些？各有什么含义？
（11）直流电磁无极继电器的吸起值为何比释放值大？
（12）什么叫返还系数？作为城轨信号用的继电器，返还系数选用大的好还是小的好？
（13）如何改变AX系列安全型继电器的时间特性？
（14）什么是AX系列安全型继电器的机械特性和牵引特性？它们应如何配合？
（15）简述时间继电器的结构。它们是如何获得延时的？
（16）交流二元继电器结构有何特点？用于何处？如何具有相位选择性和频率选择性？
（17）总结各类继电器的异同。
（18）电路中选择继电器有哪些原则？
（19）识读各种继电器的名称和图形符号。
（20）继电器线圈有哪些使用方法？各用于何种场合？
（21）有哪些基本继电器电路？什么是自闭电路？有何作用？
（22）继电器电路采用哪些分析电路的方式？各有什么特点？
（23）继电器电路如何进行断线防护？什么是闭路式原理？
（24）继电器电路如何进行混线防护？各种防护方法各有什么特点？

项目二 信号机的维护

【项目导引】

铁道信号用特定装置或设备（包括信号灯、仪表、音响等设备）的颜色、形状、位置和声音等向电务人员或铁路司机传达前方路况、机车车辆运行条件、行车设备状态以及行车命令等信息。

本项目主要内容包括铁路信号认知、色灯信号机认知、信号机显示意义及色灯信号机的维护。

任务一 铁路信号的认知

【学习目标】

（1）认知铁路信号及城轨信号的分类及设置；
（2）认知铁路信号及城轨信号的显示制度、显示方式及方法；
（3）认知铁路信号及城轨信号的显示距离。

【相关知识】

一、铁路信号分类

列车在线路上行驶，需要及时了解前方信息，根据铁路信号控制行驶速度。向列车传达行驶信息的方法有多种，因此，铁路信号可从各种角度进行分类。

（一）具体分类

1. 按接收信号的感官分类

按接收信号的感官分类，可分为视觉信号和听觉信号。

视觉信号是以物体或灯光的颜色、形状、位置及闪光等特征来表示的信号。例如，用信号机、机车信号、信号旗、信号牌、信号表示器、各种标志及火炬等显示的信号。

视觉信号的基本颜色是红色、黄色及绿色，辅助颜色是月白色及蓝色等。

听觉信号是以不同器具发出的声音的强度、频率和长短等特征来表示的信号。例如，用号角、口笛、响墩及机车鸣笛等发出的信号。

2. 按发出信号的机具能否移动分类

按发出信号的机具能否移动分类，可分为手信号、移动信号和固定信号。

手持信号旗或信号灯发出的信号，叫作手信号；在地面上临时设置的可以移动的信号牌，叫作移动信号，如为防护线路施工地点临时设置的方形红牌、圆形黄牌等；为防护一定目标，常设于固定地点的信号叫作固定信号，如设于地面的信号机和信号表示器等；在机车司机室内设置指示列车运行前方条件的信号，叫作机车信号，它对于机车是固定的，也属于固定信号。

固定信号是铁路信号设备的重要组成部分，铁路电务部门负责维护的信号只是固定信号，包括地面固定信号和机车信号，其他各种信号机具由使用部门负责使用和维护。平时所说的信号一般专指固定信号。

3. 按信号机具构造分类

按信号机具构造分类，可分为信号机和信号表示器等。

信号机是表达固定信号显示所用的机具，用来防护站内进路、区间、危险地点等，具有严格的防护意义。

信号表示器是对行车人员传达行车或调车意图的，或对信号进行某些补充说明所用的器具，没有防护意义。按用途又可分为发车表示器、调车表示器、进路表示器、发车线路表示器、道岔表示器及脱轨表示器等。

（二）信号机分类

1. 按信号机机构类型分类

地面信号机按照信号机机构类型可分为壁板信号机和色灯信号机。

壁板信号机是以壁板的形状、颜色、数目、位置表达信号含义的信号机。我国铁路规定壁板呈水平位置为关闭，与水平位置向下夹 45° 角为开放，夜间以壁板信号机上的灯光颜色与数目来显示。壁板信号机需通过机械装置由人工开放，也有通过电动机开放的，后者称为电动壁板信号机。壁板信号机存在较多缺点，难以自动化，不能构成现代化信号系统，正在被逐渐淘汰。

色灯信号机是用灯光的颜色、数目及亮灯状态表示信号含义的信号机，它昼夜显示一致，占用空间小。色灯信号机按信号机构的构造又可分为透镜式、组合式及 LED 式。

信号机分类

2. 按信号机用途分类

铁路信号机按用途分类，可分为进站、出站、进路、调车、通过、遮断、防护、预告、驼峰、复示及引导信号机等。其中，进站、出战、进路、调车、通过、遮断及防护信号机，都能独立的显示信号，指示列车运行的条件，属于主体信号机；预告及复示信号机，本身不能独立显示信号，而是从属于某种主体信号机，属于从属信号机。

城轨信号机按用途分类，可分为进段、出段、出站、阻挡、防护、调车及复示信号机等。其中复示信号机属于从属信号机，其他信号机属于主体信号机。

3. 按信号的显示数目分类

根据信号机的用途和需要指示的运行条件来确定为单显示、二显示、三显示或多显示。

出站信号机和进路信号机的复示信号机以及遮断信号机均为单显示的信号机，单显示信号机平时不点灯，没有显示。

城轨信号机按信号的显示数目可分为单显示、二显示、三显示和五显示。

4. 按禁止信号的显示意义分类

按禁止信号的显示意义分类，可分为绝对信号和容许信号。

绝对信号：当信号机显示禁止信号时，在没有引导信号的情况下，绝对禁止列车越过该架信号机，所有手动的或半自动的主体信号机，都属于此类。

容许信号：自动动作的主体信号机，如自动闭塞区间的通过信号机属于此类。当容许信号的信号机显示一个红色灯光时，列车停车两分钟后，可按照限定速度越过该架信号机，但必须随时准备停车。

5. 按信号机的动作方式分类

按信号机的动作方式分类，可分为手动信号机、半自动信号机和自动信号机。

手动信号机：开放信号和关闭信号都由人工操作，成为手动信号机。

半自动信号机：开放信号由人工操作，关闭信号除由人工操作外，还受列车本身的自动控制。

自动信号机：开放信号和关闭信号都受列车本身的自动控制。

6. 按信号机的高低分类

按信号机的高低分类，可分为高柱信号机和矮型信号机，高柱信号机显示距离比矮型信号机远。列车用的信号机一般均采用高柱的，站线上的出站、发车进路及复示信号机可选用矮型的，调车用的信号机一般采用矮型的，尽头型的调车信号机宜选用高柱的。

二、信号机设置及命名

（一）信号机设置原则

1. 设于线路一侧

我国铁路实行左侧行车制，机车上的司机的座位统一设在左侧，为便于瞭望，规定所

信号机设置及
信号显示制度

有信号机应设在行车线路的左侧。如果两线路之间距离不足以设置信号机时，可采用信号托架或信号桥，装在信号架和信号桥上的信号机，可设置于线路左侧，也可设于线路中心线的上方。在特殊情况下，如线路左侧没有装设信号机的条件或因曲线、隧道、桥梁等影响，装在线路左侧显示距离较远，在保证不会使司机误认的条件下，经铁路局批准，也可设于线路右侧。

城轨交通是右侧行车制，因此信号机通常设于行车方向线路的右侧，如因特殊情况，也可设于线路左侧。

2. 信号机柱的选择

高柱信号机具有显示距离远、观察位置明确等优点，因此色灯信号机应尽量选用高柱信号机，尤其是《铁路技术管理规程》规定的显示距离较远的信号机，更应选用高柱信号机。

铁路系统为了提高通过能力，进而提高运输效率，进站、接车进路、正线出站、通过、预告信号机应尽量采用高柱信号机，进站、预告、通过信号机采用矮型信号机时必须经有关部门批准才能采用。带容许信号的通过信号机、四显示自动闭塞区段的两方向出站信号机、两方向出站兼发车进路信号机、带调车信号的接车进路信号机、带调车信号的两方向出站信号机兼接车进路信号机、驼峰信号机、驼峰辅助信号机、驼峰辅助兼出站信号机、驼峰复示信号机、进站复示信号机、遮断信号机及其预告信号机必须采用高柱信号机。设在牵出线上的、岔线入口处的调车信号机以及驼峰调车场内指示机车上峰的线束调车信号机，也应采用高柱信号机。

城轨信号车辆段的进段、出段信号机（以及停车场的进场、出场信号机）均采用高柱信号机，其他信号机对显示距离要求不远，隧道内安装空间有限，一般采用矮型信号机。

3. 信号机限界

铁路系统中任何信号机不得侵入铁路建筑接近限界。《铁路技术管理规程》规定，对于正线信号机和通行超限货物列车的站线信号机，限界所属轨道中心至信号机突出边缘的距离为 2 440 mm，站线信号机为 2 150 mm。在曲线线路上，应按有关规定进行加宽。

城市轨道交通信号机不得侵入设备限界，设备限界是用于限制设备安装的控制线。直线地段的设备限界是在直线地段车辆限界外扩大一定安全间隙后形成的，曲线地段设备限界应在直线地段设备限界的基础上，按平面曲线不同半径过超高或欠超高引起的横向或竖向偏移量，以及车辆、轨道参数等因素计算确定。

4. 交流电力牵引区段的信号机设置

进站、预告、通过信号机与接触网支柱同侧设置时，信号显示距离不应受接触网设备影响。如影响显示时，信号机安装方式可做适当调整。在站内相邻两到发线（只有一条线路通行超限货物列车）的线间，设置高柱出站信号机时，两线间距离不得小于 5 300 mm。在相邻两条线路（均通行超限货物列车）的线间，设置高柱信号机时，两线间距离不得小于 5 530 mm。

（二）信号机的命名

铁路信号机可分为进站、出站、进路、调车、通过、遮断、防护、预告、驼峰、复示及引导信号机等。

城轨信号机可分为进段、出段、出站、阻挡、防护、调车及复示信号机等。

1. 进站信号机

进站信号机主要用来防护车站，具体来说，就是用来防护接车进路。进站信号机的显示明确了列车应该站外停车还是通过车站，是站内正线停车还是站内侧线停车。信号开放前检查进路上的道岔位置正确，进路上无车，没有建立敌对进路，所以能保证进路安全。

进站信号机的具体位置设置，应在列车进站时遇到的第一个道岔尖轨尖端（顺向时为警冲标）大于 50 m 的地点，若因调车作业或制动距离的需要，可以更大些，但不得超过 400 m，若因信号显示不良而外移时，最大不宜超过 600 m。

进站信号机的命名是按列车运行方向进行的，上行用 S 表示，下行用 X 表示。若在车站一端有多个方向的线路接入，则在 S 或 X 的右下角加上该信号机所属线路名的汉语拼音字头，如东郊方面的下行进站信号机编为 X_D。若在同一方向有几条线路引入，出现并置的进站信号机时，则应加缀区间线路名称（单方向可不加）或顺序号。如山海关方面的上行进站信号机编为 S_{S1}、S_{S4}，北京方面的下行进站信号机编为 X_{B1}、X_{B3}（上行用双数，下行用单数）。

2. 进段信号机

进段信号机用来指示列车从正线进段，设于城轨车辆段的入口处。

进段信号机的命名上行用 S 表示，下行用 X 表示，再组合以 J 或 JD。下缀编号方法：下行方向编为单号，上行方向编为双号，从段外向段内顺序编号。

3. 出站信号机

出站信号机主要是为了指示列车可否占用站外的第一个闭塞分区（包括发车进路），在进路和第一闭塞分区空闲，没有建立敌对进路的情况下，允许占用。

出站信号机设置于车站的每一发车线的警冲标内方（对向道岔为尖轨尖端外方）适当的地点。在编组站，必要时也可设置出站信号机。

出站信号机按列车运行方向命名，上行用 S 表示，下行用 X 表示，在名称的右下角加股道号，如 S_I、X_3 等。线群出站信号机应加所属线群的股道号，如 S_{5-8}。当有数个车场时，则先加车场号，再在右下角缀以股道号，如 S_{I2}、X_{II3}。

4. 出段信号机

出段信号机用来防护正线，指示列车从车辆段进入正线，设于车辆段的出口处。

进段信号机命名时，上行用 S 表示，下行用 X 表示，再组合以 C 或 CD。下缀编号方法：下行方向编为单号，上行方向编为双号，从段外向段内顺序编号。

5. 进路信号机

一个车站有几个车场时，需要设置进路信号机，以防护列车从一个车场转线到另一个车场时的转场进站用。进路信号机按用途分为接车进路信号机、发车进路信号机及接发车进路信号机，正线上的进路信号机和进站信号机一样，防护区段的长度应等于或大于 1 200 m。

接车进路信号机和接发车进路信号机的显示方式和方法应和进站信号机一样，发车进路信号机的显示方式和方法与出站信号机相同。接车进路信号机的位置设置与进站信号机的设置方法相同,发车进路信号机和接发车进路信号机的位置设置与出站信号机的设置方法相同。

接车进路信号机的命名按列车运行方向,上行为 SL,下行为 XL。当有并置或连续布置的接车进路信号机,则在其右下角加顺序号,如 SL_2、SL_4、XL_1、XL_3 等(上行用双数,下行用单数)。

发车进路信号机按列车运行方向命名,上行用 S,下行用 X 表示,并在 S 或 X 右下角先加车场号,再加股道号。如 I 场的上行 3 股道发车信号,信号机为 S_{I3};II 场下行 4 股道发车进路信号机为 X_{II4}。

6. 通过信号机

在一条铁路线上设有若干个车站。车站是根据列车的会让、越行和办理旅客及货物的需要而设置的。两个车站之间成为区间,每个区间的每条线路上只容许一列列车运行。行车密度大时,需采用自动闭塞,区间划分成若干个闭塞分区,在每个闭塞分区的入口处设置通过信号机防护。

通过信号机设置时,应避免设在列车停车后启动时容易断钩的地点,避免设置在停车后启动困难的上坡道上,不允许设置在隧道内及大型桥梁上。

自动闭塞区段的通过信号机的名称以该信号机所在地点坐标千米数和百米数,下行编为奇数,上行编为偶数,例如在 100 km+350 m 处的并置通过信号机,下行方向的编为 1003,上行方向的编为 1004。区间正线有分歧道岔的通过信号机,包括自动闭塞和非自动闭塞区段的,以 T 字命名,并在其右下角缀以运行方向,如 T_S、T_X,当有数架并存时,再加缀顺号,如 T_{S2}、T_{X3}(上行用双数,下行用单数)。

7. 遮断信号机

为防护道口、桥梁、隧道以及塌方落石等危险地点而设置的信号机,叫作遮断信号机。遮断信号机的设置位置,距离其防护地点不得少于 50 m。在自动闭塞区段,遮断信号机应与通过信号机有联系,当遮断信号机与前方相邻的通过信号机之间小于 800 m 时,则通过信号机应重复遮断信号机红灯显示;当遮断信号机与前方相邻的通过信号机之间大于 800 m 时,则通过信号机应为该遮断的预告信号。在自动闭塞区段,遮断信号机不应设在停车后启动困难的地点。

遮断信号机显示一个红色灯光时,不准列车越过该信号机,不亮灯时,不起信号作用。

8. 预告信号机

地面信号机常常受到当地条件和气象条件的影响,以致信号显示距离有时难以满足运营要求,因此,对于进站、通过、遮断和防护等绝对信号机,应根据实际需要,装设预告信号机,以防止冒进绝对信号。

自动闭塞区段的进站信号机,其前方的通过信号机即起到预告信号机的作用,在非自动闭塞区段装有机车信号时,由于机车信号也能复示进站信号机的显示,所以此条件下可免装预告信号机。预告信号机距其主体信号机的距离规定不得少于 800 m,以满足列车制动距离的要求。

预告信号机的编号,第一个字母为 Y,后面缀以主体信号机的编号,如 YX_D。接近信号机的编号，第一个字母为 J，后面缀以主体信号机的编号，如 JX 或 JS。

9. 调车信号机

为保证列车在站内的行车安全，凡影响列车作业的调车进路，均应设置调车信号机，调车信号机要根据调车作业的实际需要设置。

调车信号机一般为矮型信号机，蓝灯表示禁止调车，白灯表示允许调车。

调车信号机以 D 表示，在其右下角缀以顺序号。从列车到达方向顺序编号，上行咽喉用双号，如 D_2、D_4 等，下行咽喉用单号，如 D_1、D_3 等。若有数个车场时，则每个车场所属的调车信号机均用三位数字表示，以百位数表示车场，如 I 场的 D_{101}、D_{103}，Ⅱ场的 D_{201}、D_{203} 等。如同一咽喉区调车信号机超过 50 架时，则超出部分的调车信号机编为 D_{1101}、D_{1103}、D_{2100}、D_{2102} 等，此时千位数表示车场号。

10. 驼峰信号机

在驼峰调车场的峰顶上，用来指示调车车列能否向峰顶推送和用多少速度推送而设置的信号机，叫作驼峰信号机和驼峰辅助信号机。

驼峰信号机以 T 表示，在右下角缀以推送线的顺序号，如 T_1、T_2。驼峰辅助信号机以 T 表示，并在其右下角缀以到达场股道号，如 l 股道的驼峰辅助信号为 TF_1。

11. 阻挡信号机

城轨系统中阻挡信号机设于线路的终点，起阻挡列车的作用。

阻挡信号机以 Z 表示，并在右下角缀以方向，下行方向编为单号，上行方向编为双号，从站外向站内顺序编号。

12. 防护信号机

城市轨道交通系统中有的只有正线，有的还有道岔。防护信号机设于正线有道岔的地方，主要起防护正线上的道岔的作用。

防护信号机以 F 表示，并在右下角缀以方向，下行方向编为单号，上行方向编为双号，从站外向站内顺序编号。

13. 复示信号机

出站及发车进路信号机，因受地形、地物影响，达不到规定的显示距离时，应设置复示信号机。复示信号机显示一个绿色灯光时，表示出站或发车进路信号机在开放状态。复示信号机采用方形背板，以区别一般信号机。

在驼峰上调车时，主要是推送列车运行，不利于司机瞭望信号，所以规定驼峰信号机均应装设复示信号机。

进站及接车进路信号机均不设置复示信号机。

复示信号机的编号，第一个字母是 F，后缀以主体信号机的编号，如进站复示信号机 FX，出站复示信号机 $FS_{Ⅱ}$，调车复示信号机 FD_{103}，驼峰辅助信号机的复示信号机 FTF_1，驼峰复示信号机 FT_1。

三、信号显示规定

信号是指示行车和调车运行条件的命令。因此，从运营方面来说，对固定信号的显示有如下一些基本技术要求：

（1）信号显示应力求简单明了，使行车人员易于辨认。

（2）信号应有足够的显示数目和显示距离，以便于司机能准确及时地辨认信号，平稳地驾驶列车运行。

（3）信号设备应符合"故障—安全"原则，当信号设备发生故障时，信号机应能自动地给出最大限制的信号显示。

（4）信号显示应具有较高的抗干扰能力，尽量减少受风沙、雨雪、迷雾和背景及其他灯光的影响。

（一）显示制度

信号显示制度是指表达信号显示意义的体系。铁路信号显示制度通常可分为进路制和速差制，进路式信号显示制度表达的是进路意义，速差式信号显示制度表达的是速度意义。

进路制是指示列车进入不同进路为原则的显示制度，信号机指示的进路方向明确，但是没有明确的速度限制的含义，对于高速运行的列车，在没有明确的限速含义指示的情况下，列车要按照进站线的限制速度通过或进站，显然这样降低了运输效率，仅适用于低速运行的列车。另外，在同一地点或者同一架信号机上，会同时出现多个红灯或者一个红灯一个绿灯，这对信号显示来说也是不标准的。由于进路制存在显示复杂、适应能力差、显示意义不明确等缺点，发展受到限制。

速差制是根据需要限制的速度级别来规定显示数目和显示方法的制度。采用比较简单统一的显示方式指示列车通过本信号机的运行速度，或能指示列车通过下一架信号机的运行速度，成为信号显示的发展方向。速差制的速度级分为三级，可用禁止通行、减速及规定速度表示，地面信号机显示的是列车通过该信号机的速度，即进入所防护的进路或区间端的速度，称为始端速度，机车内部机车信号机或速度表配合来反映进路或区间的终端速度。

铁路上采用的信号显示制度，各个国家虽不相同，但基本都是由进路制向速差制发展。

城市轨道交通的信号显示制度采用的是进路制。列车的运行速度不取决于信号的显示，即信号为非速差信号，允许信号的绿灯、红灯、黄灯代表列车的运行进路是走道、岔直股还是弯股。

（二）显示方式和方法

我国铁路的色灯信号机主要利用颜色特征、数目特征及闪光特征来显示。

信号机颜色的选择，应能达到明确、辨认容易、便于记忆和具有足够的显示距离等基本要求。经过理论分析和长期实践，铁路信号的基本色为红、黄、绿三种，再辅以蓝、月白色，构成信号的基本显示系统。

将始端速度、终端速度和三个速度级组合起来形成的色灯信号机的显示方式和方法如表2-1-1所示。

表 2-1-1　速差制信号用进站信号机的显示方式与方法

信号显示	速度含义	
	三显示	四显示
绿	$V_规/V_规$	$V_规/V_规$
绿黄	$V_规/V_规$	$V_规/V_黄$
黄	$V_规/0$	$V_黄/0$ 或 $V_岔$
黄黄	$V_岔/0$ 或 $V_岔$ 或 $V_规$	$V_岔/0$ 或 $V_岔$ 或 $V_规$
黄闪黄	$V_大/V_规$ 或 $V_大$	$V_大/V_规$ 或 $V_大$
红	0	0
红白	$V_引/0$	$V_引/0$

注：$V_规$——规定速度（规定的允许最高速度）；
　　$V_大$——大号道岔侧向限速（18 号道岔侧向限速 80 km/h）；
　　$V_岔$——道岔侧向限速（50 km/h 或 45 km/h 或 30 km/h）；
　　$V_引$——引导限速（20 km/h 以下）；
　　$V_规/V_规$——始端速度/终端速度，其他的类同。

信号的灯光颜色符号如表 2-1-2 所示。

表 2-1-2　信号的灯光颜色符号

序号	符号	名称	说明
1	○	绿灯	
2	⊘	黄灯	
3	●	红灯	
4	⊙	蓝灯	
5	◎	月白灯	
6	ⓘ	白灯	
7	⊗	空位灯	
8	○	亮稳定灯光	
9	○	亮闪光	
10	⊘	双半黄灯	机车信号
11	⊙	半红半黄灯	机车信号

（三）显示距离

列车从开始制动到完全停止所需要的距离，叫作制动距离。我国铁路部门规定的制动距离为 800 m，信号的显示距离一般应大于 800 m。《铁路技术管理规程》中规定，各种信号机

及表示器,在正常情况下的显示距离如下:

(1)进站、通过、遮断、防护信号机,显示距离不得少于1 000 m。

(2)高柱出站、进站信号机,不得小于800 m。

(3)出站、进路、预告、驼峰信号机,不得少于400 m。

(4)调车、矮型出站、矮型进路、复示信号机、容许和引导信号以及各种表示器,均不得少于200 m。

城市轨道交通信号机的显示距离规定如下:

(1)行车信号和道岔防护信号应不小于400 m。

(2)调车信号和道岔状态表示器应不小于200 m。

(3)引导信号和道岔状态表示器以外的各种表示器应不小于100 m。

【考核标准】

应知应会知识考核,采用闭卷考试,考核内容为:

(1)铁路信号及城轨信号的分类及设置。

(2)铁路信号及城轨信号的显示制度、显示方式及方法。

(3)铁路信号及城轨信号的显示距离。

任务二　信号机的认知

【学习目标】

(1)掌握信号机的分类及设置;

(2)掌握透镜式色灯信号机的结构;

(3)掌握组合式色灯信号机的结构及发光原理;

(4)掌握LED色灯信号机的结构及特点;

(5)掌握信号点灯单元。

【相关知识】

一、透镜式色灯信号机认知

透镜式色灯信号机

透镜式色灯信号机结构简单,安全方便,控制电路所需电缆芯线少,因此应用较为广泛。透镜式色灯信号机有高柱和矮型两种类型,高柱信号机的机构安装在钢筋混凝土信号机柱上,矮型信号机的机构安装在信号机水泥基础上。

高柱透镜式色灯信号机如图 2-2-1 所示，它由机柱、机构、托架、梯子等部分组成。机柱用于安装机构和梯子。机构的每个灯位配备有相应的透镜组和单独点亮的灯泡，用来给出信号显示。托架用来将机构固定在机柱上，每一机构需上、下托架各一个。梯子用于给信号维修人员攀登及作业。

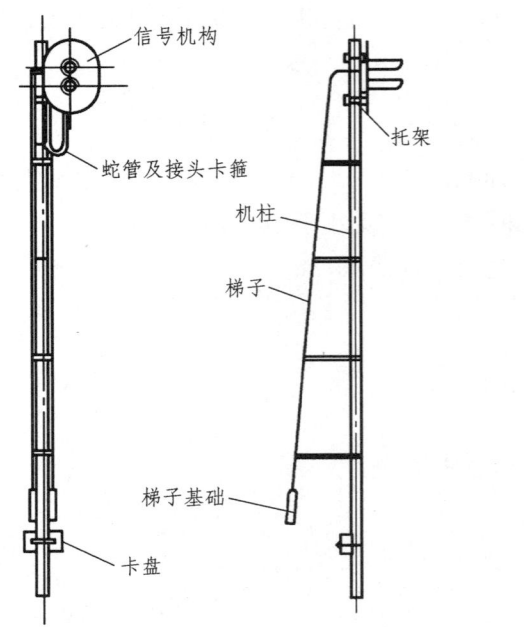 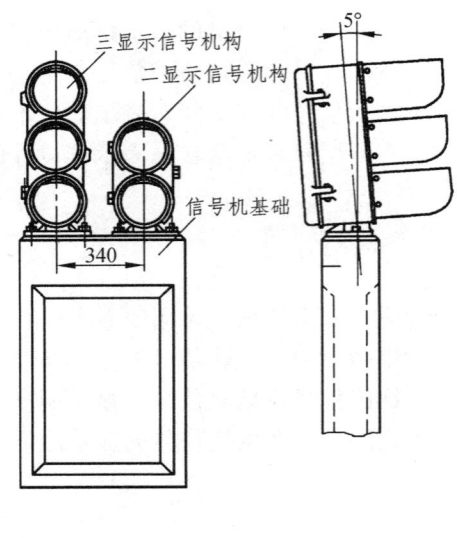

图 2-2-1　高柱透镜式色灯信号机　　　　图 2-2-2　矮型透镜式色灯信号机

矮型透镜式色灯信号机如图 2-2-2 所示。它用螺栓固定在信号机基础上，没有托架，更不需要梯子。

高柱和矮型透镜式色灯信号机又各有单机构和双机构之分。单机构只有一个机构，可构成单显示、二显示和三显示信号机，图 2-2-1 所示的高柱透镜式色灯信号机即为单机构二显示信号机。双机构色灯信号机可构成四显示、五显示信号机，图 2-2-2 所示的矮型透镜式色灯信号机即为双机构五显示信号机。

（一）透镜式色灯信号机构分类

透镜式色灯信号机构分为高柱、矮型两大类。高柱信号机构由一个背板及若干个灯室组成，矮型信号机构由若干个灯室组成。机构按结构又分为二显示、三显示两种。二显示机构有两个灯室，三显示机构有三个灯室。各种信号机可根据信号显示的需要选用机构，再按灯光配列对信号灯位颜色的规定选择颜色。

透镜式色灯信号机构的型号含义如图 2-2-3 所示。

图中除了用 G 表示高柱外，A 表示矮型，F 表示复示、发车；HL 表红、绿二色外，U 表示黄色，B 表示月白色，A 表示蓝色。

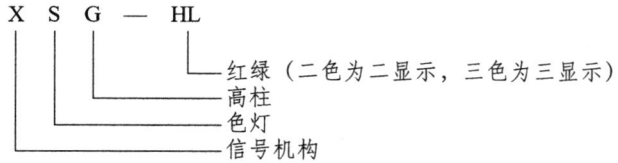

```
X  S  G  —  HL
│  │  │     └── 红绿（二色为二显示，三色为三显示）
│  │  └─────── 高柱
│  └────────── 色灯
└───────────── 信号机构
```

图 2-2-3　透镜式色灯信号机构的型号含义

常用透镜式色灯信号机构及主要参数如表 2-2-1 所示。

表 2-2-1　透镜式色灯信号机构及主要参数

序号	形式尺寸	图号	名称	规格
1	XSG-×× （φ212，300，1160，860）	X0121-00-00	色灯信号机构	高柱二显示，色别根据需要
2	XSG-××× （φ212，300，300，1460，860）	X0122-00-00	色灯信号机构	高柱三显示，色别根据需要
3	XSA-×× （266，215，483.5，φ163）	X0123-00-00	色灯信号机构	矮型二显示，色别根据需要

续表

序号	形式尺寸	图号	名称	规格
4	216，215，215，698.5，φ163	X0124-00-00	色灯信号机构	矮型三显示，色别根据需要
5	XSY φ500 φ163	X0125-00-00	引导信号机构	月白色

（二）透镜式色灯信号机构结构

1. 背 板

背板是黑色的，构成较暗的背景，可衬托信号灯光的亮度，改善瞭望条件。只有高柱信号机才有背板，一般信号机采用圆形背板，复示信号机采用方形背板，与主体信号机区别。

2. 灯 室

透镜式色灯信号机的机构灯室结构如图 2-2-4 所示。每个灯室内有一组透镜、一副灯座、一个灯泡和遮檐。灯座间用隔板分开，以防止相互串光并保证信号显示的正确。

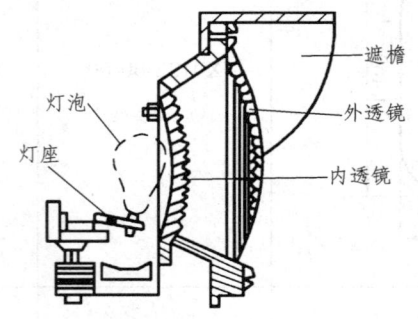

图 2-2-4 透镜式色灯信号机机构灯室结构

1）信号灯泡

信号灯泡是色灯信号机的光源，采用铁路直丝信号灯泡。其灯丝为双螺旋直丝，光衰小，显示距离长，维修工作量小。

透镜式色灯信号机用的直丝灯泡为 TX$\frac{12-25}{12-25}$A 和 TX$\frac{12-25}{12-25}$B 型，$\frac{12-25}{12-25}$ 表示双丝灯泡，均为 12 V，25 W；T 表示铁路；X 表示信号，其外形和主要尺寸如图 2-2-5 所示。

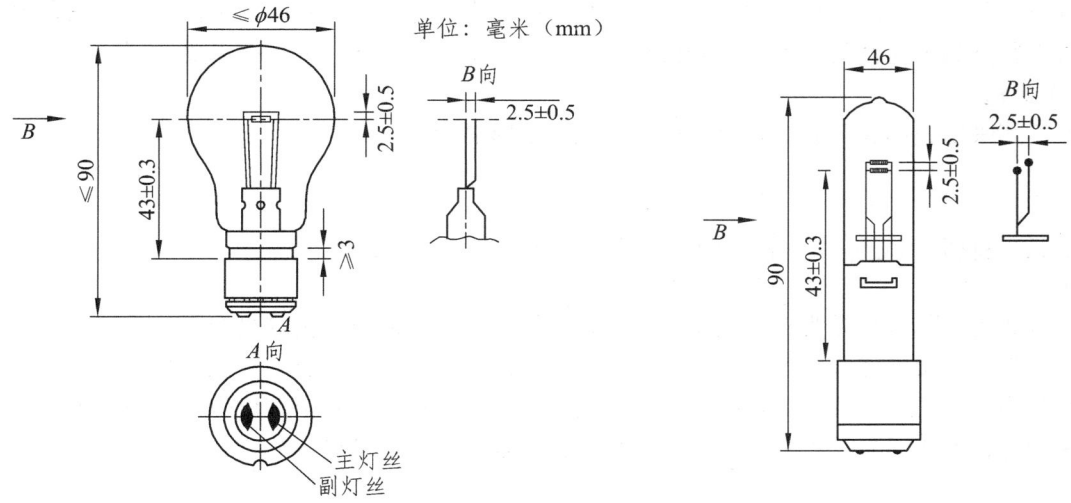

图 2-2-5　TX$\frac{12-25}{12-25}$型信号灯泡

主灯丝和副灯丝呈直线状且平行。主灯丝在下，其轴心线与灯头的中心线相垂直；副灯丝在上，其轴心线距离主灯丝轴心线(2.5±0.5)mm。主灯丝在前，副灯丝在后，间距为 2.5 mm，以防止副灯丝挡住主灯丝的光。主灯丝在下可避免主灯丝断丝时，灯丝落下碰到副灯丝，影响副灯丝正常工作，有利于安全使用。

TX$\frac{12-25}{12-25}$型信号灯泡的光电参数如下：

（1）额定电压 12 V/12 V。

（2）额定功率 25 W/25 W，最大功率 27.5 W/27.5 W。

（3）光通量 285 lm /285 lm，最小光通量 242 lm/242 lm，寿终光通量 218 lm/218 lm。

（4）最低寿命 1 000 h/200 h。

2）定焦盘式信号灯座

与直丝信号灯泡配套的灯座是定焦盘式信号灯座。定焦盘灯座上下、左右、前后可调，可调整光源位置，使主灯丝位于透镜组的焦点上，获得最佳显示效果。定焦盘灯座具有以下特点：

（1）灯泡和灯座是平面接触，可以基本上保证光中心高度的一致性。

（2）灯头冲压成翻边结构，一般不会变形，从而提高了灯泡和灯座的配合精度。

（3）防止电接触片受过压造成变形或弹力减小，从而避免电接触片与灯泡的接触不良或发热、熔化等故障。

（4）灯座与灯泡的连接，用内六方螺丝固定，灯口不易移位。

（5）更换灯泡时，一般不用重新调整显示，信号显示比较稳定。

因此，定焦盘灯座对提高信号显示的稳定性和减少维修工作量起着积极作用。

3）透镜组

透镜组装在镜架框上，由两块带棱的凸透镜组成，里面是有色带棱外凸透镜，外面是无色带棱内凸透镜。之所以采用两块透镜组成光学系统，是利用光的折射和反射原理，将光源发出的光线集中射向所需要的方向，即增强该方向的光强。这样，就能满足信号显示距离远而且具有很好的方向性的要求。信号机构的颜色取决于有色透镜，可根据需要选用。

4）遮檐

遮檐用来防止阳光等光线直射时产生错误的幻影显示。

二、组合式色灯信号机认知

组合式色灯信号机是为克服透镜式信号机的缺点而研制的新型信号机构。信号灯泡发出的光由反射镜会聚，经滤色片变成色光，再由非球面镜聚成平行光束，片散镜折射片散，能保证信号显示在曲线线段上的连续性。信号机构采用组合形式，一个灯位为一个独立单元，配一种颜色，使用时根据需要进行组合，故称为组合式色灯信号机。

（一）组合式色灯信号机结构

组合式信号机构由光系统、机构壳体、遮檐、瞄准镜插孔四部分组成，如图 2-2-6 所示。

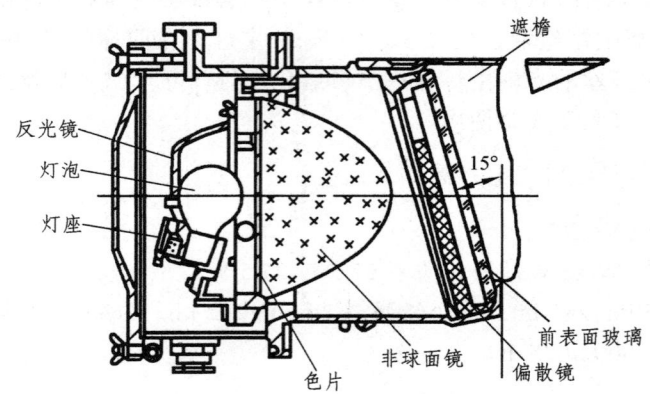

图 2-2-6 XSZ-135 型组合式信号机构

1. 光系统

组合式信号机构的光系统由反光镜、灯泡、色片、非球面镜、偏散镜及前表面玻璃组成。

（1）反光镜是椭球面镜，将光源发出的光反射后聚焦起来。

（2）灯泡采用 $TX\dfrac{12-30}{12-30}$ 型信号直丝灯泡。

（3）信号显示的颜色取决于色片颜色，按需配备。

（4）非球面镜用于聚光，它的通光孔径大，焦距短，球面像差小，光能利用率高。

（5）偏散镜全称偏散透镜，由多个棱镜及曲面镜组成，是使部分光线按所需方向偏散一定角度的光学元件。偏散镜有 4 种型号，分别为 1 型、2 型、3 型、4 型，应根据线路曲线半径范围选用正确偏散镜。偏散镜还能增强部分近距离能见度，使得在距信号机 5 m 处时也能看到信号显示。

（6）信号机的前表面玻璃罩设计成向后倾斜 15°，可防止信号机因反光造成的信号误认现象。

2. 机构壳体

机构的外壳用硅铝合金压铸而成。内外表面涂成无光黑漆，可防止光反射。壳体结构合理，密封性能好，且体积小、重量轻。

3. 遮　檐

机构的遮檐采用玻璃纤维增强不饱和聚酯制造，重量轻、耐腐蚀性能好、强度高。其几何形状设计成既能遮挡阳光，又能满足偏散光显示的需要。

4. 瞄准镜插孔

信号机构右下方有一个瞄准镜插孔，供调整信号机显示方向时使用。

（二）组合式信号机的光学原理

组合式信号机的光学原理如图 2-2-7 所示，由光源（信号灯泡）发出的光，通过滤色片变成色光，经过非球面透镜将散射的色光会聚成平行光，再经过偏散镜进行折射偏散，将其中的一部分光保持原方向射出，称为主光；另一部分光按偏散镜的偏散角度射出，称为偏光。主光主要用于远距离显示，光强较高；偏光主要用于曲线部分。随着列车的运行，逐渐接近信号机，对于光强的需要也逐渐减弱，所以偏光的光强也随着偏散角度的加大相应地逐渐减弱，从而充分有效地利用了光源，使得在曲线上各个位置看到的信号灯光亮度均匀一致。

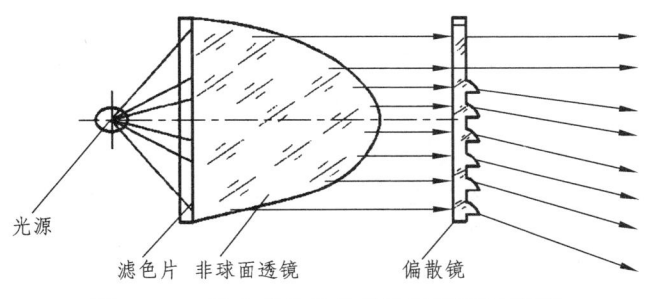

图 2-2-7　组合式信号机的光学原理示意图

三、LED 色灯信号机认知

LED 组合式色灯信号机的机构由铝合金材料构成，重量轻，便于进行施工安装，信号点灯单元由 LED 发光二极管构成，使用寿命长，免维护。LED 色灯控制系统，在与现有点灯控制电路兼容性、LED 驱动电路与二极管供电方式的设计方面取得突破，通过监测控制系统的电流，可监督信号显示系统的工作状态，预警异常情况，这有助于准确判断故障点，以便于及时处理。LED 信号显示系统作为一种节能、免维护的新型光源在城市轨道交通信号系统中得到广泛运用。

LED 色灯信号机主要由点灯变压器、超高亮度发光二极管矩阵（发光盘）、光学透镜、固定框架等组成。现以 XSL 型 LED 铁路色灯信号机为例进行介绍。

信号基础设备维护

XSL 型 LED 铁路信号机由铝合金信号机构、PFL-1 型 LED 发光盘和 FDZ 型发光盘专用点灯装置组成。

（一）铝合金信号机构

铝合金信号机构分为高柱机构和矮型机构。高柱信号机构由背板总成、箱体总成、遮檐和悬挂装置四部分组成。矮型机构分为二灯位矮型机构和三灯位矮型机构两种，其安装方法与透镜式信号机构相同，即厂家已按二灯位（或三灯位）组装成一个整体。

另外还有复示信号铝合金机构、灯列式进站复示信号铝合金机构。

（二）PFL-1 型铁路 LED 发光盘

PFL-1 型 LED 发光盘采用发光二极管制成的色灯信号机的新光源，发光盘的型号由汉语拼音字母和罗马数字组成，如图 2-2-8 所示。

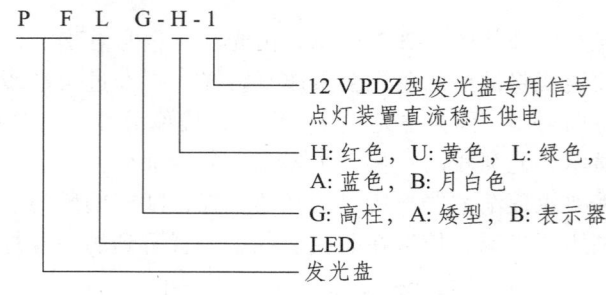

图 2-2-8　发光盘的型号

1. 发光盘的分类

发光盘分为高柱发光盘、矮型发光盘和表示器发光盘。高柱发光盘适用于高柱透镜式色灯信号机构，矮型发光盘适用于矮型透镜式色灯信号机构、引导信号机构、矮型复示信号机构和发车线路表示器机构。

2. 发光盘的结构

发光盘为圆形盘状结构，其上安装众多发光二极管，如图 2-2-9 所示。发光盘前罩上有鉴别销，以确认该灯位的颜色。只有发光盘的灯光颜色与该灯位灯箱玻璃卡圈上的鉴别槽相吻合，才能安装。

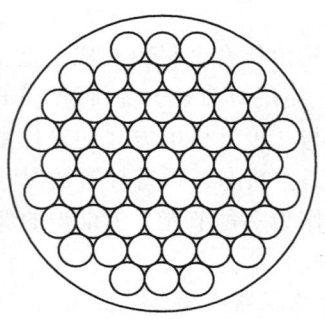

图 2-2-9　发光盘

为满足曲线轨道的信号显示，可根据现场实际需要，安装偏散镜片，安装在需要偏散的高柱发光盘的前面。为满足曲线信号显示的需要，可在发光盘灯罩前叠装偏散镜片，有10°、15°、20°三种偏散角。发光盘后面有一个凸起的防雷盒。

（三）LED色灯信号机机构的技术标准要求

（1）LED机构不能改变现有信号点灯电路和相关电路。

（2）机构发光二极管损坏数量达到30%时，不能影响规定距离内的信号显示，并能及时报警。

（3）遇强光、雷电、电磁干扰时，不应导致信号错误显示和发光盘损坏，发光盘及点灯电路短路、点灯装置损坏等造成信号机灭灯时，灯丝继电器应可靠落下。

（4）机构灯光之间不串光，机构门盖开启灵活。

（5）灯光颜色在寿命周期内符合TB/T 2081—2016《铁路信号灯光颜色》的规定。

（6）高柱信号机构的发光面直径180 mm，灯间距为300 mm；矮型机构的发光面直径为125 mm，灯间距为215 mm。

（7）高柱信号机构安装后，应能在左右各90°，前俯5°范围内任意调整；矮型机构的仰角应为3°~5°。

（8）额定电压：DC 12 V；额定电流：DC 700 mA。

（9）发光盘的驱动电源有为与其配套的FDZ型发光盘专用信号点灯装置。

（10）机构光轴方向的发光强度应不低于规定数据的90%。

（四）LED色灯信号机构的优点

LED色灯信号机构采用铝合金机构，组合灵活，安装简单，显示距离远且清晰，使用寿命长，安全可靠。用LED取代传统的双丝信号灯泡和透镜组，从而彻底消除灯泡断丝这一多发性的信号故障，结束了普通信号机定期更换信号灯泡的维修方式，减少维修工作量，节省维修费用。LED色灯信号机更适应于正线安装。

用发光盘取代信号灯泡具有以下的显著优点：

（1）寿命长。发光二极管理论寿命超过 105 h，是信号灯泡的100倍，可免除经常更换灯泡的麻烦，且有利于实现免维修，降低运营成本。

（2）可靠性高。发光盘是用上百只发光二极管和数十条支路并联工作的，在使用中即使个别发光二极管或支路发生故障也不会影响信号的正常显示，提高了信号显示的可靠性。

（3）节省能源。单灯LED光源功率小于8 W，不到传统25 W信号灯泡的1/3。

（4）聚焦稳定。发光盘的聚焦状态在产品设计与生产中已经确定，并能始终保持良好的聚焦状态，现场安装与使用不再需调整。

（5）显示效果好。发光盘除有轴向主光束外，还有多条副光束，有利于增强主光束散角之外以及近光显示效果。

（6）无冲击电流，有利于延长供电装置的使用寿命。

四、信号点灯单元

信号点灯和灯丝转换装置一般由信号变压器和灯丝转换继电器组成,后又出现了将点灯和灯丝转换结合为一体的多功能信号点灯装置和 DDXL-34 型点灯单元。

(一)信号变压器

信号变压器用于色灯信号机的点灯电源,设于信号机处的变压器箱内,用以将 220 V 交流电降压为 12 V。目前使用的信号变压器有 BX-40、BX-30、BXl-30、BXl-34 以及 BYD-60 型远程点灯信号变压器,其中使用最多的是 BXl-34 型,其结构和接线图如图 2-2-10 所示。BXl-34 型信号变压器的容量为 34 VA,一次线圈额定电压为 180 V(I1-I2)或 220 V(I1-I3),空载电流为 0.011 A;二次线圈电压为 13~16 V(II_1-$II_2$13 V,II_1-$II_3$14 V,II_1-$II_4$16 V),额定电流为 2.1 A。

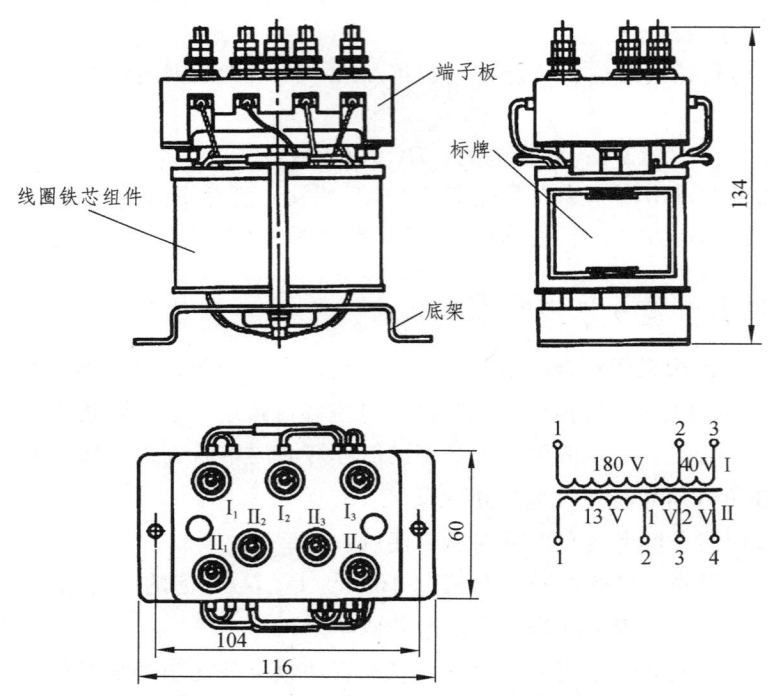

图 2-2-10 BX1-34 型变压器结构及接线图

(二)多功能信号点灯装置

多功能信号点灯装置用于信号点灯电路,把信号灯泡的点灯和灯丝转换结合成一体,以取代原信号变压器与灯丝转换继电器。目前使用的有 XDZ-B 型多功能信号点灯装置、DZD 多功能智能点灯单元和 ZXD 多功能智能点灯单元等多种。现以 XDZ-B 型多功能信号点灯装置为例予以介绍。

1. 功能和特点

（1）点灯装置是点灯与灯丝转换结合在一起的一体化结构，配线简单，施工方便。

（2）采用插入式安装方式，便于检修和更换，并且不需要现场调整。

（3）点灯装置采用新型高集成化开关稳压电源作为点灯电源，该电源具有许多线性电路无法比拟的优点，比如体积小、重量轻、稳压范围宽，同时设计考虑了电源初次级之间的隔离，确保安全。

（4）电路中具有软启动性能。当主灯丝或副灯丝刚点亮时，使冷丝冲击电流限制在 6 A 以下，从而大大延长了灯丝的寿命。

（5）具有主、副灯丝断丝告警接口，点灯装置增设了副丝断丝监测，当主灯丝完好而副丝断丝时，点灯装置亦能发出告警，因此无论主灯丝或副灯丝两者任一断丝都能及时告警。

（6）增设了防浪涌的保护功能。

2. 电路原理

图 2-2-11 所示为 XDZ-B 型点灯装置电路原理图。来自信号楼的电源由"输入"端进入输入变压器 T1 后分两路，主路以自耦方式由绕组 W_2 提供交流经 DC-DC 变换器转为直流供主灯丝点灯。DC-DC 变换器输出的直流电压 U_{oz} 具有稳压和软启动功能。副路以变压器降压方式由绕组 W3 提供交流经桥式整流器整流为全波直流电压 U_{of} 供副灯丝点灯。JZ 为电流型继电器，线圈电阻小，与主丝串联。JG 为电压型继电器，线圈电阻较大，与副丝串联。

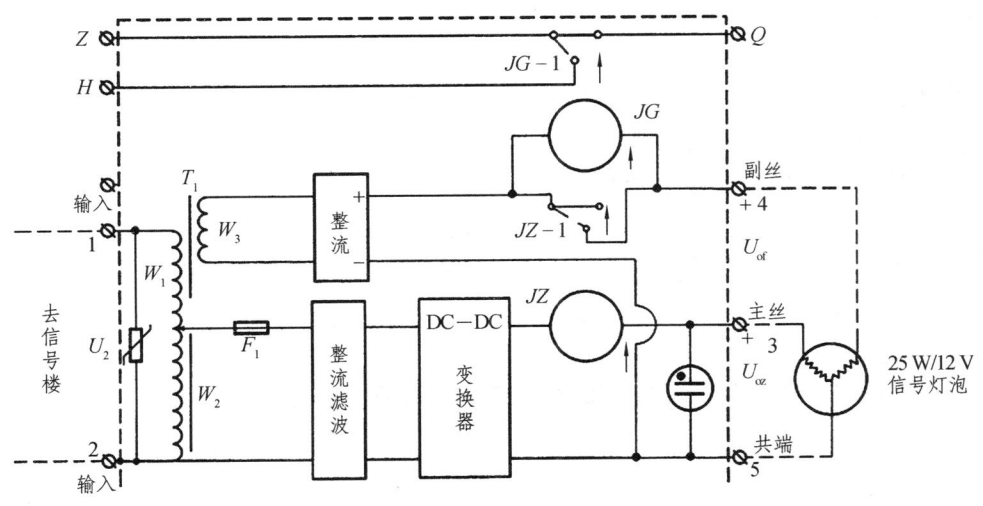

图 2-2-11　XDZ-B 型点灯装置电路原理

1）主丝正常点亮，副丝完好

此时 JZ 线圈中流过主丝正常点灯电流，JZ 励磁吸起，副路中 JZ-1 后接点断开，JG 线圈与副丝电路构通，JG 励磁吸起，因 JG 线圈电阻大，副丝的电压电流均达不到正常点亮要求，因此副丝此时未点亮。

2）主丝正常点亮，副丝断丝

主丝正常点亮且副丝未断丝情况下，JZ 励磁吸起，JG 励磁吸起。若副丝断丝，JG 失磁落下，利用 JG-1 后接点接通报警点 ZH，接通报警电路报警。

3）主丝断丝，副丝点亮

主丝正常点亮且副丝未断丝情况下，JZ 励磁吸起，JG 励磁吸起。若主丝断丝，JZ 失磁落下，利用 JZ-1 后接点将 JG 线圈短路，JG 失磁落下，同时，副丝的电压及电流均达到正常点亮要求，副丝点亮，从而完成灯丝转换。同时利用 JG-1 后接点接通报警点 ZH，接通报警电路报警。

公共端断路时信号灭灯，由于此时 U_{of} 与 U_{oz} 方向相反，JZ、JG 以及信号楼内的灯丝继电器均落下，导向安全。

用于高柱信号机的点灯装置的输出电压较用于矮型信号机的高 0.5 V，以抵消高柱信号机导线上的电压降，无其他区别。用于区间高柱信号机的点灯装置与用于车站高柱信号机的点灯装置的区别，仅是副灯丝电压不同。

点灯装置的底座通用。由点灯装置罩壳上标牌的颜色来区分高柱和矮型点灯装置，蓝色专用于车站高柱或区间高柱，黑色为矮型。

为区别起见，告警端子比其他端子短 5 mm。

3. 安装方式

可直立和侧放安装，两种安装方式都不影响点灯装置的电气性能。一般情况下，高柱点灯装置安装在变压器箱内，直立安装；矮型点灯装置安装在机构内，为侧放安装。

【考核标准】

应知应会知识考核，采用闭卷考试，考核内容为：
（1）透镜式色灯信号机的结构；
（2）组合式色灯信号机的结构及发光原理；
（3）LED 色灯信号机的结构及特点；
（4）信号点灯单元。

任务三　信号机灯光配列及显示意义

【学习目标】

（1）掌握信号显示基本要求；
（2）掌握铁道信号机灯光配列及显示意义；
（3）掌握城轨信号机灯光配列及显示意义。

【相关知识】

一、信号显示基本要求

（一）信号显示的原则要求

铁路沿线及站内，禁止设置妨碍确认信号的红、黄、绿色的装饰彩布、标语和灯光。如车站内已装有妨碍确认信号灯光的设备时，应改装或采取遮光措施。

在规定的信号显示距离内，禁止种植影响信号显示的树木。对已存在影响信号显示的树木，应予以处理。

（二）信号机定位

将信号机经常保持的显示状态作为信号机的定位。信号机定位的确定，一般是考虑保证行车安全，提高运输效率或信号显示自动化等因素。

进站、进路、出站信号机对行车安全起着极其重要的作用，故规定以显示停车信号红灯作为定位。双线单方向运行自动闭塞区段的车站（线路所）如将进站及正线出站信号机转为自动动作时，以显示进行信号为定位。

调车信号机以显示禁止调车信号蓝灯为定位。

驼峰信号机、驼峰辅助信号机用以指示溜放作业和下峰调车，以显示停止信号红灯为定位。

自动闭塞的每架通过信号机，都是其运行前方信号机的预告信号机，为提高区间通过能力，保证列车经常在绿灯下运行，规定通过信号机以显示进行信号为定位，即一般通过信号机显示绿灯为定位，进站信号机前方第一架通过信号机兼有预告信号机的作用，故以显示黄灯为定位，四显示自动闭塞的进站信号机前方第二架通过信号机则以显示绿黄灯为定位。双向运动的单线自动闭塞，当一个方向的通过信号机开放时，另一个方向的通过信号机灭灯。

线路所的通过信号机，兼有防护接车、发车的作用，故以显示红灯为定位。

预告信号机是附属于主体信号机的，仅能表示主体信号机的显示状态，故以显示注意信号黄灯为定位。

遮断信号机和各种复示信号机均以无显示为定位。

（三）信号机关闭时机

信号机的关闭时机规定如下：

（1）集中联锁车站的进站、进路、出站信号机，线路所通过信号机以及自动闭塞区段的通过信号机，当列车第一轮对越过该信号机后自动关闭。引导信号应在列车越过信号机后及时关闭。

（2）调车信号机在调车车列全部越过调车信号机后自动关闭；当调车信号机外方不设轨

道电路或虽设轨道电路而占用时，应在调车车列全部出清该调车信号机内方第一个轨道区段后自动关闭（对于调车车列，机车可能在前面牵引也可能在后面推送，调车车列一进入调车信号机内方就关闭，就会使得司机在见到蓝灯情况下进行调车）；根据需要也可在调车车列第一轮对进入调车信号机内方第一个轨道区段后自动关闭。

（四）视为停车信号

铁道进站、出站、进路和通过信号机的灯光熄灭、显示不明或显示不正确时，均视为停车信号。

（五）无效信号

新设尚未开始使用及应撤除但尚未撤掉的信号机，均应装设信号机无效标，并应熄灭灯光。

信号机无效标为白色的十字交叉板，装在色灯信号机柱上。

在新建铁路上，新设尚未开始使用的信号机（进站信号机暂用作防护车站时除外），可将色灯信号机构向线路外侧扭转90°，并熄灭灯光，作为无效。

（六）信号显示的有关原则

信号显示要求及配列原则

1. 信号机外形辅助区别特定的意义

鉴于信号显示方式尚不足以清楚表达信号显示的全部含义，还以信号机的外形区别一些特定的意义。

进站信号机和接车进路信号机能指示始端速度，它们有专门的外形：双机构加引导信号机构的高柱信号机。在自动闭塞区间，以信号机的外形来区别"绝对信号"与"绝对—容许信号"，所以有分歧道岔线路所的通过信号机专门采用进站信号机的外形，只是封闭其引导机构。

为区别于主体信号机，复示信号机均采用方形背板，其中进站复示信号机还采用灯列式。

遮断信号机及其预告信号机，不仅采用方形背板，而且机柱涂以黑白相间斜线，以明显区别于其他信号机。

在自动闭塞区段，进站信号机前方第一架通过信号机兼作预告信号机用，其机柱上涂以三条黑斜线，以区别于其他通过信号机。

2. 显示意义与信号机的用途有关

同样的信号显示在不同用途的信号机上有着不同的显示意义，司机必须根据信号机的显示、外形及用途综合判断，才能正确无误地确认信号显示的意义。

同样是点亮一个绿灯，对进站、出站、通过、复示等信号机来说却表达着各不相同的意义。

有些可通过信号机的外形来区分，如进站、复示信号机有着专门的外形，有些却要通过信号机的用途来区分，而用途又由信号机的设置位置所决定。有时出站与通过信号机的外形和显示是一样的，这时就要根据信号机的设置位置来决定其用途。

正线与侧线出站信号机的外形和显示是一样的，有时甚至其设置位置也难以区别，正线出站信号机还可能开通道岔直向与道岔侧向。这时它们的信号显示意义要靠前架信号机的显示来预告：前架信号机显示一个绿灯或绿黄灯，预告了正线出站信号机开通道岔直向进路；前架信号机显示一个黄灯，就预告了正线出站信号机关闭或开通道岔侧向进路；前架信号机显示两个黄灯，则预告了侧线出站信号机关闭或开放。

3. 信号显示方式一致性的要求

一个咽喉区有两个及以上发车方向时，其中有的出站信号机虽无某方向的发车进路，也应使其显示方式与该咽喉区其他出站信号机一致，包括信号机和信号表示器。

4. 区分运行方向的原则

出站信号机有两个及以上运行方向，而信号显示不能区分运行方向时，应在信号机上装设进路表示器。

进路表示器白灯尺寸小，显示距离仅达 200 m，且电路等级也较低，所以仅有两个运行方向且次要方向是非自动闭塞区间时，采用显示两个绿灯来表示向次要方向发车。两个及以上运行方向一般指去不同的车站，有几条线路去同一个车站时，一般可不区分。

二、灯光配列原则

《铁路信号设计规范》规定，色灯信号机灯光配列应符合下列原则：

（1）当根据实际情况需要减少灯位时，应以空位停用方式处理。减少灯位的处理方式可以维持信号机应有的外形，防止司机误认。如进站信号机没有绿灯和绿黄灯显示时，其绿灯可采用封闭方式处理，但不允许改变信号机外形。这是因为信号机的外形是识别信号机类型的重要标志。

（2）以两个基本灯光组成一种信号显示时，应在一条垂直线上（进站复示信号机除外），这是为了防止两个灯光被误认为是不同信号机的显示。但进站复示信号机是一组灯列式显示，所以可以不在一条垂直线上。

以两个基本灯光组成一种信号显示时，还应有一定的间隔距离，这是为了防止和减少两个同一颜色的灯光在远距离上被误认为是一个灯光而造成升级显示的危险。如进站信号机的双黄灯显示被误认为一个黄灯显示，将造成向侧线接车误认为向正线接车的危险；又如出站信号机的双绿灯显示，若误认为一个绿灯显示，将造成向次要线路发车误认为向主要线路发车，也不利于安全。

在高柱信号机上有足够的空间保证两个信号灯光之间的距离，而且一般采用高柱的信号机都有较远显示距离的要求。为了保证一定间隔，规定高柱信号机不得使用一个三显示机构的上下两个灯位显示同一颜色的灯光。但是矮型信号机由于结构上的原因，同时一般要求显示距离为不小于 200 m，所以允许采用三显示机构的上下两个灯位显示同一颜色的灯光。

当两种不同颜色的灯光组成一种信号显示时，例如通过信号机和出站信号机的绿、黄灯光显示，可允许采用同一个三显示机构的上下两灯位来显示，但其间必须间隔一个灯位。

（3）在以两个机构组成的矮型信号机上，应将最大限制信号设在靠近线路的机构上。其目的是为了防止和避免该信号机被误认为是邻线的信号机。

（4）双机构加引导信号是一种专门的信号机型式，唯有它能区分始端速度。具有接车性质的信号机，包括进站信号机、接车进路（含接发车进路）信号机、有分歧道岔线路所的通过信号机）都应采用此型式。

（5）一般情况下，站内高柱信号机的机构安装于机柱内侧，区间高柱信号机的机构安装于机柱的外侧，而在电气化区段，通过信号机的机构安装于机柱内侧。这项规定是根据限界、确认和改善维修条件而定的。

三、铁道信号机灯光配列及显示意义

（一）铁道信号机灯光配列

色灯信号机灯光配列由《铁路信号设计规范》《铁路信号站内联锁设计规范》统一规定，色灯信号机的机构、灯光配列和用途如表 2-3-1 所示。

表 2-3-1 色灯信号机机构、灯光配列和用途

序号		1	2	3	4	5	6	7	8
机构和灯光配列	高柱								
	矮型			—		—			
名称及用途		预告信号机（矮型用于桥隧）	三显示自动闭塞区段通过信号机（矮型用于桥隧）	三显示自动闭塞区段带容许信号的通过信号机	四显示自动闭塞区段通过信号机（矮型用于桥隧）	四显示自动闭塞区段带容许信号的通过信号机	非自动闭塞区段的出站或通过信号机	非自动闭塞区段带调车信号的出站信号机	非自动闭塞区段的两方向出站信号机

续表

序号	9	10	11	12	13	14	15	16
机构和灯光配列 高柱	（图）	（图）	（图）	（图）	（图）	（图）	（图）	（图）
机构和灯光配列 矮型	（图）	（图）	（图）	（图）	（图）	（图）	—	（图）
名称及用途	非自动闭塞区段带车两方向出站信号机	三显示自动闭塞区段的信号机	(1)三显示自动闭塞区段带车站或路的出站发信号机；(2)驼峰辅助信号机（高柱）；(3)驼峰辅助兼出站信号机（高柱）	三显示自动闭塞区段的两方向出站信号机	(1)四显示自动闭塞区段的出站信号机；(2)发车进路信号机	(1)四显示自动闭塞区段带车站或路的出站发信号机；(2)驼峰辅助信号机（高柱）；(3)驼峰辅助兼出站信号机（高柱）	(1)四显示自动闭塞区段的两方向出站信号机兼路发信号机	三显示自动闭塞区段带车两方向出站信号机

序号	17	18	19	20	21	22	23	24
机构和灯光配列 高柱	（图）	（图）	（图）	（图）	（图）	（图）	（图）	—
机构和灯光配列 矮型	—	（图）	—	—	—	—	（图）	（图）
名称及用途	四显示自动闭塞区段带调车信号的两方向出站信号机	(1)进站信号机；(2)接车进路信号机；(3)区间防护分歧线路的通过信号机（封月白灯）	带调车信号的接车进路信号机（可兼出站信号）	带调车信号的两方向出站信号机兼接车进路信号机	反面兼调车信号的进站信号机（用于调度集中区段的车站）	调车信号机	调车信号机（设置在岔线入口处）	尽头列车信号机

- 91 -

续表

序号	25	26	27	28	29	30	31	32	33
机构和灯光配列 高柱	◇	◇	◇	●	◇	◆	◇	—	✕
机构和灯光配列 矮型	◇	◇	—	—	—	—	—	ⓩ	—
名称及用途	出站或发车进路复示信号机	调车复示信号机	进站复示信号机（灯列式）	发车线路表示器	驼峰复示信号机	遮断信号机	遮断信号机的预告信号机	调车区电气集中溜放用道岔表示器	道口信号机

注：● 黄色； ○ 绿色； ● 红色； Ⓘ 白色； ● 蓝色； ◉ 月白； ⓩ 紫色； ⊗ 空位

1. 进站信号机

进站信号机一般采用高柱双机构（两个二显示机构），带引导信号机构，自上而下灯位为黄、绿、红、黄、月白。当采用矮型信号机时，例如双线双向自动闭塞区段的反方向进站信号机，采用一个三显示机构和一个二显示机构，三显示灯位为黄、绿、黄，二显示为红、月白，二显示靠近线路。但当该信号机有绿、黄显示时，该进站信号机不能用矮型。

2. 出站信号机

出站信号机的灯光配列有各种不同的情况：半自动闭塞区段的出站信号机、半自动闭塞区段双方向出站信号机、三显示自动闭塞区段的出站信号机、三显示自动闭塞区段的双方向出站信号机（又分为次要方向为半自动闭塞和两个方向均为自动闭塞两种情况）、四显示自动闭塞区段的出站信号机、四显示自动闭塞区段的双方向出站信号机以及两个以上方向的各种闭塞区段的出站信号机。集中联锁车站的出站信号机一般又兼作调车信号机。

半自动闭塞区段的出站信号机采用一个三显示机构，灯位自上而下为绿、红、月白。当有两个发车方向时，增加一个绿灯，高柱采用两个二显示机构，灯位自上而下为绿、红、绿、月白；矮型采用一个三显示机构和一个二显示机构（设于右侧靠近线路），二显示机构灯位自上而下是月白、红，对于三显示机构上、下两个均为绿灯，中间间隔一个空灯位，二显示机构为月白、红，近线路。

三显示自动闭塞区段的出站信号机高柱、矮型均采用两个二显示机构。高柱信号机自上而下是黄、绿、红、月白；矮型信号机的月白、红二显示机构靠近线路，另一个二显示机构为黄、绿。对于三显示自动闭塞区段的双方向出站信号机，当次要方向是半自动闭塞时，在上述基础上加一个绿灯，高柱信号机由一个三显示（在上面）和一个二显示机构组成，自上而下为黄、绿、红、绿、月白；矮型信号机将三显示机构置于左侧，自上而下为绿、黄、绿。当两个方向均为自动闭塞时，必须装设进路表示器。

四显示自动闭塞区段的出站信号机，高柱机构同三显示自动闭塞区段，但灯位自上而下是绿、红、黄、月白；矮型信号机将三显示机构设于左侧，上面为绿灯，下面为黄灯，中间间距一个空灯位，二显示机构为月白、红，靠近线路。对于四显示自动闭塞区段的双方向出站信号机，当次要方向为半自动闭塞时，高柱机构增加一个绿灯，上面为三显示机构，灯位自上而下为绿、红、黄绿、月白。矮型不能构成，只能装设进路表示器。当两个方向均为自动闭塞时，也只能装设进路表示器。

对于任何情况下的出站信号机，若发车方向在两个以上，只能装设进路表示器。

3．进路信号机

接车进路信号机的机构和灯光配列同进站信号机，但接车进路信号机通常兼作调车信号机。为避免与引导信号相混淆，应将调车机构设于信号机下部，也可单独设矮型调车信号机，两种情况下都要将蓝灯封闭。

发车进路信号机的机构和灯光配列与出站信号机相同，只是没有两方向发车的情况。有两方向发车的是出站兼发车进路信号机，它与双方向的出站信号机相同。

4．通过信号机

1）自动闭塞区段的通过信号机

三显示自动闭塞区段和四显示自动闭塞区段的通过信号机均采用三显示机构，只是灯光排列不同。三显示自上而下是黄、绿、红，四显示自上而下是绿、红、黄。因为四显示有绿、黄显示，中间必须间隔一个灯位。

设在上坡道启动困难的通过信号机，可带容许信号，方形背板，蓝灯。

2）非自动闭塞区段的通过信号机

非自动闭塞区段线路所的通过信号机，无分歧道岔时为二显示，自上而下是绿、红。防护分歧道岔的通过信号机采用与进站信号机相同的机构和灯光，但月白灯必须封闭，因不允许办理引导接车。

5．遮断信号机

遮断信号机为高柱，单机构，只有一个红灯，方形背板，机柱涂以黑白相间斜线。

6．预告信号机

预告信号机采用二显示机构，自上而下是绿、黄灯。矮型设于桥隧上，须经批准后才能采用。

遮断信号机的预告信号机为高柱型，和遮断信号机一样，机柱涂以黑白相间斜线，为一个单显示机构，方形背板，黄灯。

接近信号机采用三显示机构，由上而下接绿、封、黄灯位排列，分别显示绿、绿黄、黄，不设主灯位。

7. 调车信号机

调车信号机采用二显示机构，自上而下是月白、蓝灯。设于岔线入口处的调车信号机可以用红灯代替蓝灯。设在尽头式到发线上的尽头调车信号机，采用矮型三显示机构，外形同列车用的信号机，自上而下是空灯位、红灯、月白灯。

8. 驼峰信号机

驼峰信号机必须采用高柱信号机，两个二显示机构，自上而下是黄、绿、红、月白。

9. 驼峰辅助信号机

驼峰辅助信号机以及驼峰辅助兼出站信号机必须采用高柱信号机，机构和灯光同驼峰信号机。

10. 复示信号机

复示信号机均采用方形背板。进站复示信号机为灯列式结构，一个机构内有三个呈等边三角形的三个月白灯，是为了防止其显示与进站信号机的绿灯相混淆，它必须采用高柱信号机。出站、进路复示信号机为单显示机构，绿灯。调车复示信号机为单显示机构，白灯。驼峰复示信号器为高柱型，两个二显示机构，灯光排列同驼峰信号机。

（二）铁道信号机显示意义

各种信号机显示意义按照《铁路技术管理规程》（简称《技规》）规定，如表 2-3-2 所示。

表 2-3-2　信号机显示意义

			显示	意义
进站信号机	半自动闭塞、三显示自动闭塞		绿	准许列车按规定速度经正线通过车站，表示出站及进路信号机在开放状态，进路上的道岔均开通直向位置
			黄	准许列车经道岔直向位置，进入站内正线准备停车
			黄黄	准许列车经道岔侧向位置，进入站内准备停车
			绿黄	准许列车经过 18 号及其以上道岔侧向位置，进入站内越过次架已经开放的信号机，且该信号机所防护的进路，经道岔的直向位置或 18 号及其以上道岔的侧向位置
			红	不准列车越过该信号机
			白黄	准许列车经道岔直位置，进入站内越过次架已经开放的接车进路信号机，准备停车
			红黄	准许列车在该信号机前方不停车，以不超过 20 km/h 进站或通过接车进路，并随时准备停车

续表

信号机		显示	意义
进站信号机	四显示自动闭塞	🟢	准许列车按规定速度经道岔直向位置进入或通过车站,表示运行前方至少有三个闭塞分区空闲
		🟡	准许列车按限速要求越过该信号机,经道岔直向位置进入站内正线,准备停车
		🟡🟡	准许列车按限速要求越过该信号,经道岔侧向位置进入站内,准备停车
		🟢🟡	准许列车经过18号及其以上道岔侧向位置,进入站内越过次架已经开放的信号机,且该信号机所防护的进路,经道岔的直向位置或18号及其以上道岔的侧向位置
		🔴	不准列车越过该信号机
		🟡🟡	准许列车按规定速度越过该信号机,经道岔直向位置进入站内,表示次架已经开放一个黄灯
		🔴◎	准许列车在该信号机前方不停车,以不超过 20 km/h 速度进站或通过接车进路,并准备随时停车
出站信号机	三显示自动闭塞	🟢	准许列车由车站出发,表示运行前方至少有两个闭塞分区空闲
		🟡	准许列车由车站出发,表示运行前方至少有一个闭塞分区空闲
		🔴	不准列车越过该信号机
		🟢🟢	准许列车由车站出发,开往半自动闭塞区间
		◎	兼作调车信号机时,准许越过该信号机调车
	四显示自动闭塞	🟢	准许列车由车站出发,表示运行前方至少有三个闭塞分区空闲
		🟢🟡	准许列车由车站出发,表示运行前方有两个闭塞分区空闲
		🟡	准许列车由车站出发,表示运行前方一个闭塞分区空闲
		🔴	不准列车越过该信号机
		🟢🟢	准许列车由车站出发,开往半自动闭塞区间
		◎	兼作调车信号机时,准许越过该信号机调车
	半自动闭塞	🟢	准许列车由车站出发
		🔴	不准列车越过该信号机
		🟢🟢	准许列车由车站出发,开往次要线路
		◎	兼作调车信号机时,准许越过该信号机调车
进路信号机	接车进路信号机		显示与进站信号机相同,兼作调车信号机时,点亮一个月白色灯光,准许越过该信号机调车

续表

		显示	显示意义
进路信号机	发车进路信号机	绿	准许列车由车站经正线出发，表示出站和进路信号机均在开放状态
		黄	准许列车运行到次架信号机之前，准备停车
		黄黄	表示该信号机列车运行前方至少有一架进路信号机在开放状态
		红	不准列车越过该信号机
		月白	兼作调车信号机时，准许越过该信号机调车
通过信号机	三显示自动闭塞	绿	准许列车按规定速度运行，表示运行前方至少有两个闭塞分区空闲
		黄	要求列车注意运行，表示运行前方有一个闭塞分区空闲
		红	列车应在该信号机前停车
		红蓝	容许信号显示一个蓝灯，准许列车在通过信号机显示红灯的情况下不停车，以不超过 20 km/h 的速度通过，运行到次架通过信号机，并随时准备停车
	四显示自动闭塞	绿	准许列车按规定速度运行，表示运行前方至少有三个闭塞分区空闲
		绿黄	准许列车按规定速度运行，要求注意准备减速，表示运行前方有两个闭塞分区空闲
		黄	要求列车减速运行，按规定限速要求越过该信号机，表示运行前方有一个闭塞分区空闲
		红	列车应在该信号机前停车
		红蓝	容许信号显示一个蓝灯，准许列车在通过信号机显示红灯的情况下不停车，以不超过 20 km/h 的速度通过，运行到次架通过信号机，并随时准备停车
	半自动闭塞	绿	准许列车按规定速度运行
		红	不准列车越过该信号机
遮断信号		红	不准列车越过信号机
		无显示	不着灯时，不起信号作用
预告信号机		绿	表示主体信号机在开放状态
		黄	表示主体信号机在关闭状态
		黄	表示遮断信号机显示红色灯光
		无显示	不着灯时，不起信号作用
调车信号机		月白	准许越过该信号机调车
		月白	装有平面溜放调车区集中联锁设备时，准许溜放调车
		蓝	不准越过信号机调车

续表

驼峰信号机		⌾	准许机车车辆按规定速度向驼峰推进
		⌾	指示机车车辆加速向驼峰推进
		⌀	指示机车车辆减速向驼峰推进
		●	不准机车车辆越过该信号机或指示机车车辆停止作业
		●	指示机车车辆自驼峰退回
		◎	指示机车到峰下
		◎	指示机车车辆去禁溜线
驼峰辅助信号机		⌀	指示机车车辆向驼峰预先推送
		●	平时显示红色灯光,对到达列车起停车信号作用
			当办理驼峰送进路后,其灯光显示与驼峰色灯信号机显示相同
复示信号机	进站复示信号机	◎◎	两个月白色灯光与水平线构成60°角显示,表示进站信号机显示列车经道岔直向位置向正线接车信号
		◎◎	两个月白色灯光水平位置显示,表示进站信号机显示列车经道岔侧向位置接车信号
		无显示	表示进站信号机在关闭状态
	出站及进路复示信号机	⌾	表示出站或进路信号机在开放状态
		无显示	表示出站或进路信号机在关闭状态
	调车复示信号机	◎	表示调车信号机在开放状态
		无显示	表示调车信号机在关闭状态
	驼峰复示信号机		平时无显示,当办理驼峰推送或预先推送进路后,其显示方式与驼峰色灯辅助信号机相同

1. 进站信号机

1）半自动闭塞区段及三显示自动闭塞区段

（1）一个绿色灯光：准许列车按规定速度经正线通过车站，表示出站及进路信号机在开放状态，进路上的道岔均开通直向位置。

（2）一个黄色灯光：准许列车经道岔直向位置，进入站内正线准备停车。

（3）两个黄色灯光：准许列车经道岔侧向位置，进入站内准备停车。

（4）一个黄色闪光和一个黄色灯光：准许列车经过 18 号及其以上道岔侧向位置，进入站内越过下一架已经开放的信号机，且该信号机所防护的进路，经道岔的直向位置或 18 号及其以上道岔的侧向位置。

（5）一个红色灯光：不准列车越过该信号机。

（6）一个绿色灯光和一个黄色灯光：准许列车经道岔直向位置，进入站内越过下一架已经开放的接车进路信号机，准备停车。

（7）一个红色灯光和一个月白灯光：准许列车在该信号机前方不停车，以不超过 30 km/h 的速度进站或通过接车进路，并准备随时停车。

2）四显示自动闭塞区段

（1）一个绿色灯光：准许列车按规定速度经道岔直向位置进入或通过车站，表示运行前方至少有三个闭塞分区空闲。

（2）一个黄色灯光：准许列车按限速要求越过该信号机，经道岔直向位置进入站内正线，准备停车。

（3）两个黄色灯光：准许列车按限速要求越过该信号机，经道岔侧向位置进入站内，准备停车。

（4）一个黄色闪光和一个黄色灯光：准许列车经过 18 号及其以上道岔侧向位置，进入站内越过下一架已经开放的信号机，且该信号机所防护的进路，经道岔的直向位置或 18 号及其以上道岔的侧向位置。

（5）一个红色灯光：不准列车越过该信号机。

（6）一个绿色灯光和一个黄色灯光：准许列车按规定速度越过该信号机，经道岔直向位置进入站内，表示下一架信号机已经开放一个黄灯。

（7）一个红色灯光和一个月白灯光：准许列车在该信号机前方不停车，以不超过 30 km/h 的速度进站或通过接车进路，并准备随时停车。

进站及接车进路色灯信号机的引导信号显示一个红色灯光及一个月白色灯光，表示准许列车在该信号机前方不停车，以不超过 20 km/h 速度进站或通过接车进路，并准备随时停车。

2. 出站信号机

1）三显示自动闭塞区段

（1）一个绿色灯光：准许列车由车站出发，表示运行前方至少有两个闭塞分区空闲。

（2）一个黄色灯光：准许列车由车站出发，表示运行前方有一个闭塞分区空闲。

（3）一个红色灯光：不准列车越过该信号机。

（4）两个绿色灯光：准许列车由车站出发，开往半自动闭塞区。

（5）在兼作调车信号机时，一个月白色灯光：准许越过该信号机调车。

2）四显示自动闭塞区段

（1）一个绿色灯光：准许列车由车站出发，表示运行前方至少有三个闭塞分区空闲。

（2）一个绿色灯光和一个黄色灯光：准许列车由车站出发，表示运行前方有两个闭塞分区空闲。

（3）一个黄色灯光：准许列车由车站出发，表示运行前方有一个闭塞分区空闲。

（4）一个红色灯光：不准列车越过该信号机。

（5）两个绿色灯光：准许列车由车站出发，开往半自动闭塞区段。

（6）在兼作调车信号机时，一个月白色灯光：准许越过该信号机调车。

半自动闭塞区段：

（1）一个绿色灯光：准许列车由车站出发。

（2）一个红色灯光：不准列车越过该信号机。

（3）两个绿色灯光：准许列车由车站出发，开往次要线路。

（4）在兼作调车信号机时，一个月白色灯光：准许越过该信号机调车。

3．通过信号机

1）三显示自动闭塞区段

（1）一个绿色灯光：准许列车按规定速度运行，表示运行前方至少有两个闭塞分区空闲。

（2）一个黄色灯光：要求列车注意运行，表示运行前方有一个闭塞分区空闲。

（3）一个红色灯光：列车应在该信号机前停车。

2）四显示自动闭塞区段

（1）一个绿色灯光：准许列车按规定速度运行，表示运行前方至少有三个闭塞分区空闲。

（2）一个绿色灯光和一个黄色灯光：准许列车按规定速度运行，要求注意准备减速，表示运行前方有两个闭塞分区空闲。

（3）一个黄色灯光：要求列车减速运行，按规定限速要求越过该信号机，表示运行前方有一个闭塞分区空闲。

（4）一个红色灯光：列车应在该信号机前停车。

3）半自动闭塞区段

（1）一个绿色灯光：准许列车按规定速度运行。

（2）一个红色灯光：不准列车越过该信号机。

自动闭塞区段防护分歧道岔的线路所通过信号机，其机构外形和显示方式，应与进站信号机相同，引导灯光应予封闭。该信号机显示红色灯光时，不准列车越过该信号机。

4．遮断信号机

遮断色灯信号机显示一个红色灯光：不准列车越过该信号机，不着灯时，不起信号作用。遮断及其预告信号机采用方形背板，并在机柱上涂有黑白相间的斜线，以区别于一般信号机。

5．预告色灯信号机

（1）一个绿色灯光：表示主体信号机在开放状态。

（2）一个黄色灯光：表示主体信号机在关闭状态。

遮断信号机的预告信号机显示一个黄色灯光：表示遮断信号机显示红色灯光；不着灯时，不起信号作用。

6. 调车色灯信号机

（1）一个月白色灯光：准许越过该信号机调车。

（2）一个月白色闪光灯光：装有平面溜放调车区集中联锁设备时，准许溜放调车。

（3）一个蓝色灯光：不准越过该信号机调车。

不办理闭塞的站内岔线，在岔线入口处设置的调车信号机，可用红色灯光代替蓝色灯光。

在尽头式到发线上，设置的起阻挡列车运行作用的调车信号机，应采用矮型三显示机构，用红色灯光代替蓝色灯光。当该信号机的红色灯光熄灭、显示不明或显示不正确时，应视为列车的停车信号。

7. 驼峰色灯信号机

（1）一个绿色灯光：准许机车车辆按规定速度向驼峰推进。

（2）一个绿色闪光灯光：指示机车车辆加速向驼峰推进。

（3）一个黄色闪光灯光：指示机车车辆减速向驼峰推进。

（4）一个红色灯光：不准机车车辆越过该信号机或指示机车车辆停止作业。

（5）一个红色闪光灯光：指示机车车辆自驼峰退回。

（6）一个月白色灯光：指示机车到峰下。

（7）一个月白色闪光灯光：指示机车车辆去禁溜线。

8. 复示信号机

进站色灯复示信号机采用灯列式机构，显示下列信号：

（1）两个月白色灯光与水平线构成 60°角显示：表示进站信号机显示列车经道岔直向位置向正线接车信号。

（2）两个月白色灯光水平位置显示：表示进站信号机显示列车经道岔侧向位置接车信号。

（3）无显示：表示进站信号机在关闭状态。

四、城轨信号机灯光配列及显示意义

《地铁设计规范》对信号显示未做统一规定，各地对信号的显示也有所区别。

（一）城轨信号机灯光配列

城轨信号机一般采用 LED 色灯信号机，根据需要设置灯位数量，可组成单显示、双显示及三显示。信号机根据现场情况可使用高柱钢架支柱或用角铁架焊接固定于地铁涵洞侧面合适位置，如图 2-3-1 所示。

项目二 信号机的维护

（a）高柱钢架焊接

（b）角铁架焊接

图 2-3-1 城轨信号机

城轨信号机灯光配列及名称如表 2-3-3 所示。

表 2-3-3 城轨信号机灯光配列及名称

序号	1	2	3	4	5
灯光配列	黄/绿/红	红/绿/黄	红/绿/红	红/绿/红	黄/绿/红
名称	道岔防护信号机	道岔防护兼出站信号机	区间防护信号机	入线防护信号机	出站信号机
序号	6	7	8	9	10
灯光配列	空位/空位/红	绿白/红 ／ 白	红/红/红	红/红/红/月白	绿/红/白
名称	阻挡信号机	调车信号机	通过信号机	进段信号机	出段信号机

注：●黄色；○绿色；●红色；Ⓘ白色；●蓝色；◎月白；⊗空位

1. 防护信号机

防护信号机采用三显示机构，自上而下灯位为黄、绿、红。若设正线出站信号机，其灯光配列同防护信号机。

2. 阻挡信号机

阻挡信号机采用单显示机构，为一个红灯。

3. 进段（场）信号机

进段信号机灯光配列可同防护信号机，亦可采用双机构（两个二显示）带引导机构，自上而下灯位为黄、绿、红、黄、月白。

4. 出段（场）信号机

出段信号机采用三显示机构，红、绿、带调车白灯。

5. 调车信号机

调车信号机采用二显示机构，自上而下灯位为白、蓝（或红）。

6. 通过信号机

若区间设置通过信号机，采用三显示机构，自上而下为黄、绿、红。

（二）城轨信号机显示意义

信号机的显示，均应使其达到最远。曲线上的信号机，应使接近的列车能尽量不间断地看到显示。

《地铁设计规范》对信号显示未做统一规定，各地对信号的显示要求也有所区别。

一般情况下，信号机显示的意义如下：

红灯——禁止列车越过该信号机。

绿灯——进路空闲，允许列车越过该信号机，进路中道岔开通直股。

黄灯——进路空闲，列车越过该信号机，进路中道岔开通侧向。

黄灯＋红灯——引导信号，允许列车按规定模式越过该信号机。

各地可对信号显示做出有关规定，以上海地铁和郑州地铁为例。

1. 上海地铁一号线信号机的显示意义

红色：停车，禁止列车越过该信号机，ATP速度命令为零。

绿色：进路空闲，运行前方道岔在直股（定位），允许列车越过该信号机按ATP速度命令运行。

月白色（黄灯）：运行前方道岔在侧股（反位），按ATP速度命令运行，一般限制速度为30 km/h。

红色+月白色（黄灯）：引导信号，准许列车在该信号处继续运行，但需准备随时停车，仅对防护站台的信号机设引导信号。

站台还设有发车表示器，发车前 5 s 闪白光，发车时间到亮白色稳定光，列车出清后灭灯。

1）出段/场信号机

一个绿色灯光：前方进路开通并锁闭。

一个红色灯光：停车信号，严禁列车越过该信号机。

一个白色灯光：允许列车越过该信号机调车。

2）调车信号机

一个红色灯光或一个蓝色灯光：严禁列车越过该信号机调车。

一个白色灯光：允许列车越过该信号机调车。

3）阻挡信号机

一个红色灯光：表示前方已无线路，严禁列车越过该信号机。

4）入段/场信号机

一个红色灯光：禁止越过该信号机入场。

红色灯光＋白色灯光：为引导信号，允许以 20 km/h 速度越过该信号机入场，并随时准备停车。

两个黄色灯光：表示进路中至少有一副道岔开通侧向，允许列车侧股入段（场）。

一个黄色灯光：表示进路中所有道岔都开通直向，允许列车直股入段（场）。

（5）发车表示器

白色灯光闪烁：在 ATP 保护下允许司机关门。

白色灯光稳定：在 ATP 保护下允许司机凭收到的速度码发车。

2. 郑州地铁 1 号线正线信号机的显示意义

1）道岔防护信号机

一个绿色灯光：进路排列至下一架信号机，进路上所有的道岔都处于直向并锁闭。允许列车在线路限速条件下运行。

一个黄色灯光：进路开放至下一架信号机，进路上至少有一个道岔在侧向并锁闭，允许列车在道岔开通方向按规定的 35 km/h 限速条件下运行。

黄色灯光＋红色灯光：引导信号。准许列车以不大于 25 km/h 速度越过该信号机继续运行。

一个红色灯光：绝对停止信号，不允许列车越过此架信号机。

灭灯：CBTC 系统（基通信的列车的自动控制系统）正常，CBTC 列车可越过该信号机。

2）出站信号机

一个绿色灯光：进路排列至下一架信号机，允许列车在线路限速条件下运行。

一个红色灯光：绝对停止，表示此信号机前方站间区段被占用。

黄色灯光＋红色灯光：引导信号。准许列车以不大于 25 km/h 速度越过该信号机继续运行。

灭灯：CBTC 系统正常，CBTC 列车可越过该信号机。

3）区间防护信号机

一个绿色灯光：进路排列至下一架信号机，允许列车在线路限速条件下运行。

一个红色灯光：绝对停止，表示此信号机前方站间区段被占用。

黄色灯光＋红色灯光：引导信号。准许列车以不大于 25 km/h 速度越过该信号机继续运行。

灭灯：CBTC 系统正常，CBTC 列车可越过该信号机。

4）入线防护信号机

一个黄色灯光：进路排列至下一架信号机，允许列车在线路限速条件下运行。

一个红色灯光：绝对停止，表示此信号机前方站间区段被占用。

黄色灯光＋红色灯光：引导信号。准许列车以不大于 25 km/h 速度越过该信号机继续运行。

5）道岔防护兼出站信号机

一个绿色灯光：进路排列至下一架信号机，进路上所有的道岔都处于直向并锁闭，允许列车在线路限速条件下运行。

一个黄色灯光：进路开放至下一架信号机，进路上至少有一个道岔在侧向且锁闭，允许列车在道岔开通方向按规定的限速条件下运行。

黄色灯光＋红色灯光：引导信号。准许列车以不大于 25 km/h 速度越过该信号机继续运行。

一个红色灯光：绝对停止。不允许列车越过此信号机。

灭灯：CBTC 系统正常，CBTC 列车可越过该信号机。

6）阻挡信号机

一个红色灯光：所有列车在此信号机前方必须停车。

【考核标准】

应知应会知识考核，采用闭卷考试，考核内容如下：
（1）掌握信号显示基本要求；
（2）掌握铁道信号机灯光配列及显示意义；
（3）掌握城轨信号机灯光配列及显示意义。

任务四　色灯信号机的维护

【学习目标】

（1）掌握维护技术规范；
（2）掌握信号机的养护与维修程序。

【相关知识】

一、技术规范

设备技术指标是进行设备维护工作的基础和依据,其中设备检修标准、设备检修周期和检修内容等都要根据技术指标来制定。

(1)除调车信号机外所有色灯信号机主灯丝断丝时,应能自动转换到副灯丝,不应导致开放的信号关闭。

(2)信号机主灯丝断丝时,都应有断丝报警。

(3)Ⅰ次测额定电压为:AC 220/180 V±10%;灯端电压为额定值的 75%~90%;现场使用的点灯单元型号决定灯端电压是直流电还是交流电,其中 XDZ-B 型点灯单元输出的是直流电,DXL 系列点灯单元或 BX1-34＋DDX-Ⅱ输出的是交流电。

(4)信号机灯泡主灯丝断丝后应及时更换。

二、色灯信号机的养护与维修

(一)二级保养

1)信号机结构外观检查

机构良好无损,安装牢固;机柱完好,无裂纹,机顶封堵良好;基础稳固,无破损;梯子中心与机柱中心线应一致,牢固无过甚弯曲,无锈蚀;箱盒完好,无破损,加锁良好及机构加锁良好;基础或支持物无影响强度的裂纹,安设稳固,其倾斜度不得超过 10 mm,设备的周围应硬化,保持平整、不积水、无杂草。

2)各部位螺栓、螺丝检修、注油

螺丝扣不滑扣,螺母须拧固,螺杆应伸出螺母外,最少应与螺母平齐,弹簧垫圈等防松配件能起到应有的作用;连接销螺丝紧固、不旷动;各部螺丝无锈蚀,无污物堆积;螺丝、锁鼻、锁耳油润。

3)透镜清扫、检查

透镜内、外玻璃干净,无影响信号显示的斑痕、裂纹和剥落。

4)机构、箱盒内部清扫、检查。

机构、箱盒内部干净,无尘。清扫时注意:毛刷把导电部分需用绝缘胶布包好,以防短路、混线;端子号码牌固定良好、清晰;配线图清楚完整。

5)电器部分检查。

外罩完整、清洁、封闭良好;变压器安装牢固,无严重锈蚀;端子板无裂纹,线圈不过热。

可动部分和导电部分,不论在何种情况下,与外罩均须有 2 mm 以上的间隙;线圈引出线各部连接线应不影响接点动作,接点清洁平整,无严重的烧损;插片与插座插接牢固、平稳,防松装置良好;紧固时应注意套筒扳手等工具导电部分需用绝缘胶布包好,以防短路、混线。

接地线与接地端子接触良好，固定螺母紧固，不松动；地线无绝缘破损、裂纹、老化、脱落、断痕、断股及磨损现象；接头无锈蚀、打火痕迹；灯泡灯口端正、不松动。

6）电气测试

按《信号机电气特性测试记录表》对信号机的电气特性进行测试，做好记录，测试内容如表2-4-1所示。

（1）室内测试。

JZXC-H18型灯丝继电器端电压交流电压为3.2～5.0 V，直流电压为1.5～3.5 V，当灯丝端电压变化达0.2 V时进行分析查找。

JZXC-H18F型灯丝继电器的工作电流不小于145 mA。

信号电源对地电流测试，应不大于100 mA。

信号电缆绝缘测试，应不小于0.75 MΩ。

（2）室外测试。

信号机室外测试对象包括点灯变压器Ⅰ、Ⅱ次电压，灯端电压，点灯变压器Ⅱ次对地绝缘测试。

BX1-34型变压器Ⅱ次侧有4个端子，输出电压有13 V、14 V、16 V三挡。

色灯信号机灯泡的端子电压为额定值的85%～95%（调车信号为75%～95%，容许信号为65%～85%）。

表 2-4-1 信号机电气特性测试记录表

日期	灯位	变压器输入	主灯丝/LED点灯端电压	副灯丝点灯端电压	LED点灯电流	灯丝转换试验	灯泡更换日期	签名	备注

7）防水、防潮和防尘措施检查

对防水、防潮和防尘措施进行检查，盘根密封不进水；引线孔堵塞严密，绝缘胶灌注良好，不软化、不裂纹。

（二）小　修

（1）同二级保养内容1）。

（2）测量并调整灯光显示距离。

通过调整灯座，调整灯光显示距离，使信号显示距离符合标准；定焦盘不活动，挑簧接触良好，灯座安装牢固。

（3）机构、箱盒整治检查。

机柱正直不晃动，水泥机柱不得有裂通圆周的裂纹，裂纹超过半周的应采取加固措施；无纵向裂纹，钢筋不得外露。

地面站的机柱倾斜不大于 8 mm（在地面以上 1 000 mm 处测得）。

地面站机柱地面周围硬化，保持平整、不积水。地面破裂要及时修补、整治。

（4）设备除锈蚀、油饰。

对机构、梯子和箱盒内清扫，如出现锈蚀，铲除锈蚀部分，整机涂上防锈油及外漆。油漆油层应完整，无剥落现象并保持鲜明。防锈油干透后才能涂上外漆，漆膜不能太厚。

（5）配线、引入线、接地线检查。

配线整齐，不磨卡，不破皮，不老化，断股不超过 1/5，引入线固定良好。

车辆段内色灯信号机测量接地电阻，一般不大于 10 Ω。

用 500 V 的兆欧表测量绝缘电阻，对地绝缘电阻不小于 0.5 MΩ（车辆段全部测试，正线抽样不少于 10%）。

（6）设备整治，更换不良配件。

（三）信号机中修

地面线路中修修程为五年，地下线路中修修程为八年。

1. 更换配线

更换机内配线，注意更换后要进行一致性检查。

2. 重做电缆与配线和连接的配线端子

对线缆线头发黑的，要重做线头。

用 500 V 的兆欧表测量电缆线间的绝缘电阻，各线间电阻不小于 5 MΩ。

（四）信号机大修

根据评估结果，更换整组信号机（包括机柱、梯子和基础），不低于原设计标准。

三、信号机日常维修工作中应注意的问题

（1）注意观察信号机有无主丝断丝报警，发现报警应及时更换相应信号机的灯泡。

（2）观察信号机的显示情况，并及时调整显示不良的信号机灯光。

（3）注意检查信号机构的密封情况，防止机构进水。

（4）检修完信号机后，在关闭机构门时，要小心避免压伤信号机配线，以免造成绝缘性能下降。

【考核标准】

进行信号机的安装、调整及基本检修技能考核，按表 2-4-2 评分。

表 2-4-2 技能考核表

项目及配分		考核内容及评分标准	扣分因素及扣分	得分
操作技能	操作程序（10分）	（1）工具、小料准备齐全，检查工具、量具是否良好；必要工具缺一件扣2分		
		（2）在"行车设备检查登记簿"中登记		
		（3）按照作业程序标准进行设备安装、调整及检修		
		（4）按照作业程序标准测试设备各项指标		
		（5）复查试验		
		（6）销记，恢复设备使用		
		程序不对扣5分，每漏一项扣2分		
	质量（15分）	（1）未按照作业程序标准检修设备，每项扣2分		
		（2）未按照作业程序标准测试设备，每项扣2分		
		（3）测试值判断错误，每项扣2分		
		（4）作业在5 min内完成。每超30 s扣1分，超时3 min停止考核		
工具使用（5分）		（1）操作方法不对，纠正一次，扣2分		
		（2）损坏设备，扣2分		
		（3）损坏工具、仪表，扣2分		
安全及其他（5分）		（1）采用不正常手段操作，扣2分		
		（2）未按规定着装，扣1分		
合计				

思考题

（1）我国铁路视觉信号的基本颜色是什么？每种颜色代表的含义是什么？

（2）简述固定信号分类。

（3）简述透镜式色灯信号机的结构和各部分作用。

（4）简述 LED 信号机的优点。

（5）什么是容许信号？

（6）简述信号显示制度有哪些？分别具有什么含义？

（7）简述进站信号机的作用及设置方法。

（8）简述各种信号机的显示距离。

（9）简述阻挡信号机的机构、灯光配列及显示意义。

（10）举例说明通过信号机的命名方式。

（11）什么是预告信号机？它的背板是什么形状？

（12）遮断信号机的作用是什么？简述遮断信号机的灯光显示意义。

（13）简述信号机的关闭时机。

项目三 轨道电路的维护

【项目导引】

轨道电路和计轴设备是实现轨道区段空闲或占用检测的重要技术装备之一。轨道电路是比较传统的列车检测技术,在准移动闭塞系统中广泛采用音频无绝缘轨道电路实现列车检测。计轴设备的作用与轨道电路等效,但不受轨道道床的影响,具有一定的优势。另外轨道电路除具有检测列车是否占用的功能外,还有传输 ATP 信息的功能。通过本项目的学习,会理解轨道电路和计轴设备的作用及结构,并能掌握其维护的有关内容。

任务一 轨道电路的认知

【学习目标】

(1)理解轨道电路和计轴设备的作用;
(2)掌握最简单轨道电路结构、工作原理;
(3)熟悉轨道电路的分类;
(4)了解轨道电路的工作状态。

【相关知识】

一、轨道电路基本概念

轨道电路是以轨道线路的两根钢轨作为导体,两端加以机械绝缘(或电气绝缘)节,以及送电和受电设备构成的电路。轨道电路是轨道交通信号控制系统重要基础设备之一,它的性能直接影响行车安全和运输效率。

（一）轨道电路的作用

1. 监督列车的占用

利用轨道电路监督列车的占用，是最常用的方法。由轨道电路反映该区段是否空闲，为开放信号、建立进路或构成闭塞提供依据，把信号显示与轨道电路是否被占用结合起来。

2. 传递列车信息

数字编码式轨道电路传递行车信息，为 ATC 系统直接提供控制列车运行所需要的有关信息，以决定列车运行的目标速度，控制列车是否停车或减速。

（二）轨道电路的工作原理

1. 当轨道电路内钢轨完整，且没有列车占用时

电流由轨道电源流经轨道继电器 GJ 的线圈，构成闭合回路，轨道继电器吸起，表示轨道电路空闲。轨道电路被列车占用时，因为车的轮对电阻加上它的滚动电阻远小于轨道继电器线圈电阻，所以轨道电路几乎被短路，这时流经轨道继电器线圈的电流就剩下很少了，不足以使衔铁保持吸起，于是衔铁落下，前接点断开，后接点闭合，表示该区段有车占用。

2. 当轨道电路内有列车占用时

轨道电路经常处于闭路状态时，叫作闭路式轨道电路。其发送设备（电源）和接收设备（轨道继电器）分别装设在轨道电路的两端。有车占用时，因车辆分路，轨道继电器落下。信号设备故障时使其后果导向安全是信号设计很重要的一条原则，即"故障-安全"原则。所以几乎所有轨道电路都采用闭路式以保证安全。

（三）轨道电路的分类

1. 按所传送的电流特性分类

轨道电路可分为工频连续式轨道电路和音频轨道电路。

工频交流连续式轨道电路中传送的是工频 50 Hz 交流电流。这种轨道电路的功能单一，只有检测轨道区段有无列车占用的功能。

音频轨道电路主要是按频率范围来划分，将频段位于 20 Hz ~ 20 kHz 的交流轨道电路称为音频轨道电路。音频轨道电路可分为模拟式和数字编码式。模拟式音频轨道电路是用低频去调制载频，除具有检测轨道区段是否有车占用的功能外，也可以传输较多信息。

2. 按分割方式分类

轨道电路可分为有绝缘轨道电路和无绝缘轨道电路。

有绝缘轨道电路用钢轨绝缘将本轨道电路与相邻的轨道电路互相电气隔离。一般的轨道电路常指有绝缘轨道电路。

钢轨绝缘在车辆运行的冲击力、剪切力作用下很容易破损，使轨道电路的故障率较高。绝缘节的安装给无缝线路带来一定的麻烦，有时需锯轨，因而降低了线路的轨道强度，增加

了线路维护的复杂性。另外,为使钢轨中的牵引回流能绕过绝缘节,必须安装扼流变压器或回流线。因此,无缝线路和电气化线路希望采用无绝缘轨道电路。

3. 按轨道线路的类型数量分类

轨道电路分为单轨线路轨道电路和双轨线路轨道电路两种。一般的轨道电路均为双轨线路轨道电路。

单轨线路一般采用橡胶轮胎车辆,所以无法实现运行中的车辆轮对来短路轨道电路,单轨线路只能利用安装在轨道梁上的环线形成导电环路,构成可以工作的轨道电路。

4. 按轨道电路内有无道岔分类

轨道电路分为无岔区段轨道电路和道岔区段轨道电路。

无岔区段轨道电路构成较简单,区段内钢轨线路无分支,一般用于停车线、检车线以及两差置调车信号机之间、尽头调车信号机前方接近区段。

道岔区段的轨道电路内钢轨线路有分支,故此得名。在道岔区段,道岔处钢轨和杆件除需增设绝缘外,还要增加道岔连接线及跳线。

道岔区段轨道电路的连接方式有串联式和并联式两种。

串联式道岔区段轨道电路的电流要流经整个区段的所有钢轨,可以检查所有跳线和钢轨的完整性,较安全,但是结构比较复杂,给施工和维修带来不便,所以它在我国未被广泛采用。

并联式道岔区段轨道电路比较简单,直股或弯股有车占用时轨道继电器因分路均能落下。但因侧线只检查了电压,而没有检查电流,当跳线或连接线折断、列车进入弯股时,因弯股并没有设置继电器,GJ仍在吸起状态,这是不足的地方。另外,当弯股钢轨折断,或弯股钢轨表面不洁或分支线路过长,或列车占用时,轨道继电器也不落下,所以这种轨道电路不符合"故障-安全"的要求,鉴于这一缺陷,提出了一送多受轨道电路,使各分支线路都得到检查。

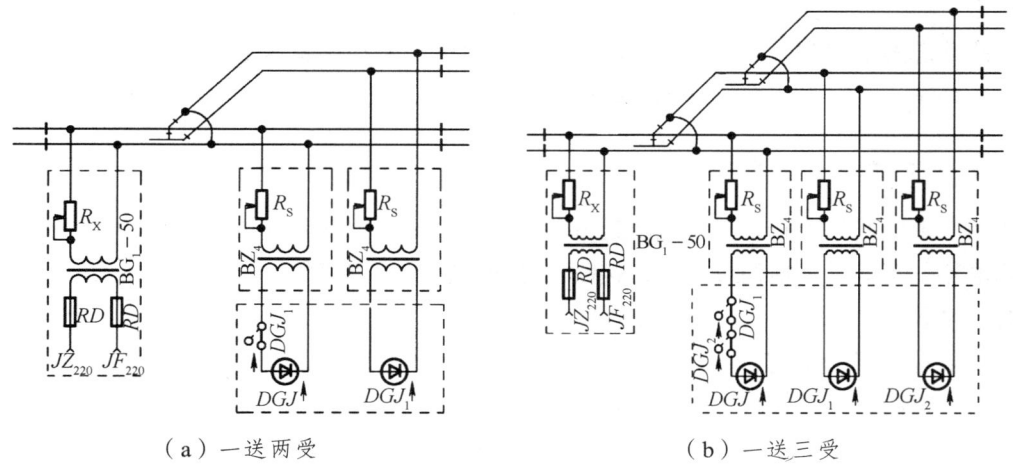

(a)一送两受　　　　　　　　(b)一送三受

图 3-1-1　一送多受轨道电路

一送多受轨道电路设有一个送电端，在每个分支轨道电路的另一端各设一受电端。各分支受电端轨道继电器的前接点，串联在主轨道继电器电路之中。当任一分支分路时，分支轨道继电器落下，其主轨道继电器也落下。使用时将主轨道继电器的接点用在联锁电路中。图 3-1-1 所示为一送两受和一送三受轨道电路。对于一送两受轨道电路，当分支轨道电路有车占用或跳线折断时，DGJ_1 落下，DGJ 也落下，就可监督轨道电路的状态；对于一送三受轨道电路，当 DGJ_1 或 DGJ_2 落下时，都使 DGJ 落下，以实现对整个轨道电路状态的检查。

在受电端均串接可调电阻器，是为了提高轨道电路的分路灵敏度，以及使同一轨道电路内各轨道继电器的电压基本平衡。

（四）轨道电路的基本工作状态

根据轨道电路处于不同的工作情况，将轨道电路的基本工作状态分为调整状态、分路状态和断轨状态三种。轨道电路在各种工作状态下，要受到许多外界因素的影响，其中受道床电阻、钢轨阻抗和电源电压的影响最大。由于这三个参数的影响，将对轨道电路各种工作状态造成不同程度的影响。

1. 轨道电路的调整状态

轨道电路的调整状态是指轨道电路完整和空闲，接收设备（例如轨道继电器）正常工作的状态。

调整状态的最不利因素：道床电阻最小、钢轨阻抗最大、发送电压最低、轨道电路长度为极限长度。

2. 轨道电路的分路状态

轨道电路的分路状态是指当轨道电路区段有列车占用时，接收设备被轮对分路而停止工作的状态。

分路状态的最不利因素：道床电阻最大、钢轨阻抗最小、发送电压最高、列车分路电阻也最大（轻车、轮对少、车轮与钢轨接触面不洁等）。

3. 轨道电路的断轨状态

所谓轨道电路的断轨状态是指轨道电路的钢轨在某处折断时的情况，此时钢轨虽已折断，但轨道电路仍可通过大地构成回路，接收设备中还会有一定值的电流流过。为了确保安全，断轨时，接收设备应不处于工作状态。

断轨状态除了与发送电压最大、钢轨阻抗模值最小有关外，断轨地点和道床电阻的大小对其也有一定的影响。有两个是接收设备中电流最大的最不利因素：临界断轨地点和临界道床电阻。

【电路识读】

为使对轨道电路设备理解简单明了，便于掌握，将最简单轨道电路的电路图加以标识。它由两根钢轨、机械绝缘（或电气绝缘）节、送电端和受电端构成，如图 3-1-2 所示。

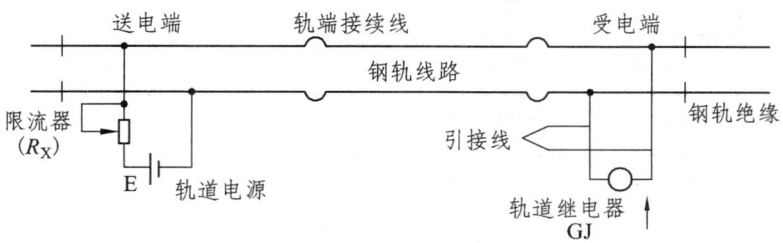

图 3-1-2　最简单的轨道电路

轨道电路的送电设备设在送电端，由轨道电源 E 和限流电阻 R_x 组成。限流电阻 R_x 的作用是保护电源不会因过载而损坏，使电压大部分降在 R_x 上，以保护轨道电源，同时保证列车占用轨道电路时，轨道继电器可靠落下。受电设备一般安装在接收端，一般采用继电器，称为轨道继电器 GJ，由它来接收轨道电路的信号电流，作为电路的负载部分。

送、受电设备一般放在轨道旁的变压器箱或电缆盒内，轨道继电器设在信号楼内。送、受电设备由引接线（钢丝绳）直接接向钢轨。

钢轨是轨道电路的导体，为减小钢轨接头的接触电阻，增设了轨端接续线，一般用镀锌铁线。钢轨绝缘是为分隔相邻轨道电路而装设的。两绝缘节之间的钢轨线路，称为轨道电路的长度。

【考核标准】

1. 应知应会知识

采用闭卷方式考核。考试内容为：
（1）轨道电路的定义；
（2）轨道电路的作用；
（3）轨道电路的工作原理。

2. 基本认知技能

能够正确认知轨道电路的各部件，考核时限 5 min。考核方式采用笔试加操作，笔试内容为最简单轨道电路的结构组成。评分标准如表 3-1-1 所示。

表 3-1-1 基本认知技能评分表

项目及配分		考核内容及评分标准	扣分因素及扣分	得分
认知技能	认知程序（3分）	（1）叙述轨道电路的定义		
		（2）认知前核对观察设备状态		
		（3）按照电路的工作过程叙述		
		（4）指出主要部件并叙述其作用		
		程序不对扣 3 分，每漏一项扣 2 分，扣完 3 分为止		
	质量（5分）	（1）认知错误，每次扣 2 分		
		（2）认知过程中，出现异常情况无法排除的扣 2 分		
		（3）在 5 min 内完成。每超 30 s 扣 1 分，超时 2 min 停止考核		
		质量共计 5 分，上述内容按规定扣分，扣完 5 分为止		
安全及其他（2分）		（1）认知错误，部件作用叙述不清，扣 1 分		
		（2）未按规定着装，扣 1 分		
		安全及其他共计 2 分，上述内容按规定扣分，扣完 2 分为止		
合计				

任务二　JZXC-480 型（工频交流连续式）轨道电路维护

【学习目标】

（1）理解工频交流连续式轨道电路的作用；
（2）掌握工频交流连续式轨道电路测试方法；
（3）了解工频交流连续式轨道电路调整表的使用；
（4）熟悉轨道箱设备检修的内容；
（5）理解工频交流连续式轨道电路故障处理方法。

项目三 轨道电路的维护

【电路识读】

为便于理解工频交流连续式轨道电路的相关内容，按电路认识、测试调整、箱设备检修及故障处理几个部分进行介绍。

一、工频交流连续式轨道电路识读

工频交流连续式轨道电路如图 3-2-1 所示。

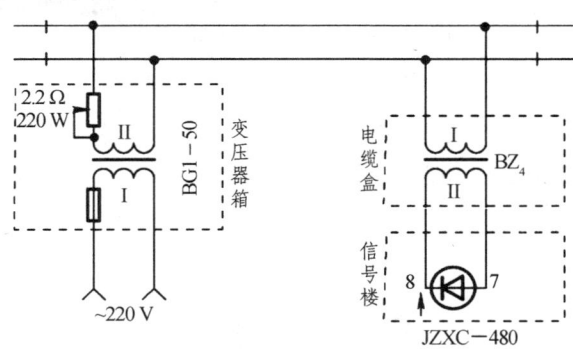

图 3-2-1　工频交流连续式轨道电路

（一）电路的组成

工频交流连续式轨道电路由送电端、受电端、钢轨绝缘、钢轨引接线、钢轨接续线以及钢轨组成。

送电端包括 BG1-50 型轨道变压器、R-2.2/220 型变阻器，轨道变压器和变阻器均安装在轨道变压器箱内，电源由室内经由信号电缆送至送电端。BG1-50 型轨道变压器如图 3-2-2 所示，R-2.2/220 型变阻器如图 3-2-3 所示。

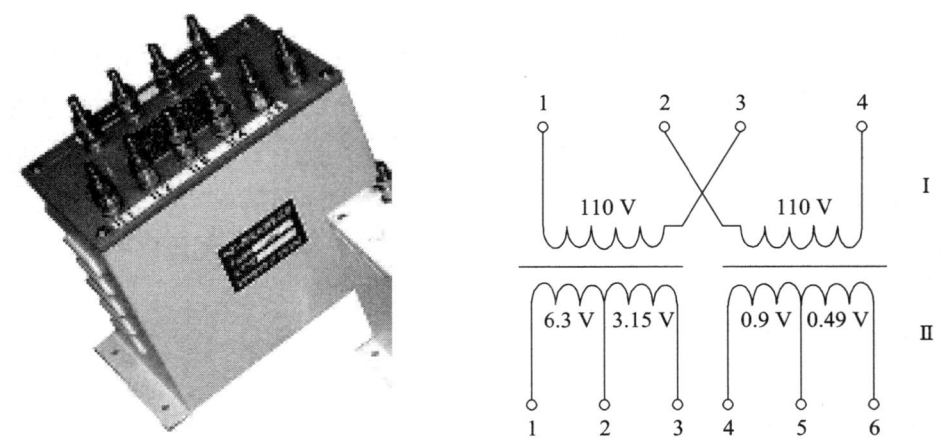

图 3-2-2　BG1-50 轨道变压器

- 115 -

信号基础设备维护

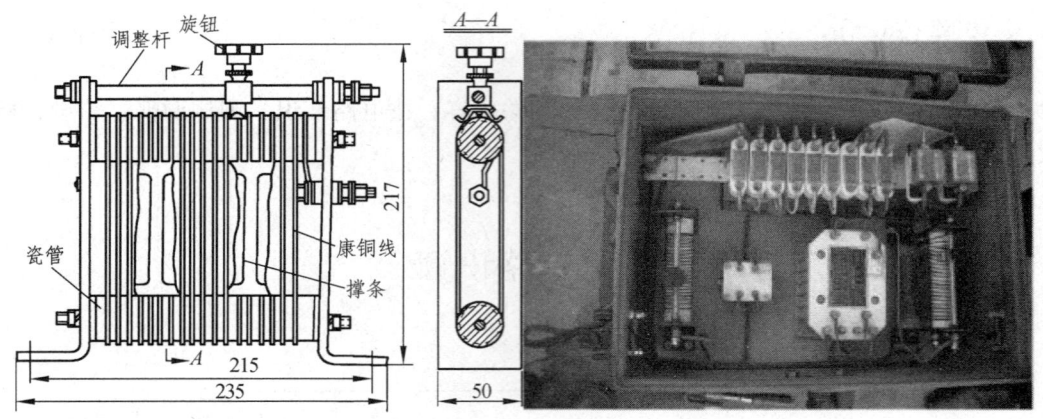

图 3-2-3　R-2.2/220 型变阻器

受电端包括 BZ4 型中继变压器及 JZXC-480 型轨道继电器。其中，中继变压器设在变压器箱或终端电缆盒内，轨道继电器设在室内组合架上。中继变压器如图 3-2-4 所示。

图 3-2-4　中继变压器

钢轨接续线用来连接相邻钢轨，用以减小钢轨接头处的接触电阻。
钢轨绝缘设于轨道电路分界处，用于隔离开相邻区段的轨道电路。
变压器箱或电缆盒用钢轨引接线接向钢轨。

（二）电路的工作原理

1. 当轨道电路完整，且无车占用时

交流电源由送电端经钢轨传输至受电端，GJ 吸起，表示本区段空闲。此时 GJ 的交流端电压应在 10.5~16 V 之间，即高于轨道继电器工作值（9.2 V）15%，保证 GJ 可靠励磁。

2. 当车占用轨道电路时

轨道区段有车占用，即轨道电路被车辆轮对分路，使 GJ 端电压低于其工作值，GJ 落下，表示本区段被列车占用。分路时，GJ 的交流残压值不得大于 2.7 V，保证轨道继电器可靠释放。

工频交流连续式
轨道电路原理

二、工频交流连续式轨道电路测试

（一）工频交流连续式轨道电路测试项目

（1）送电端：变压器的一次电压、变压器的二次电压、限流电阻电压、轨面电压。
（2）受电端：轨面电压、平衡电阻电压、变压器一次电压、变压器二次电压。
（3）轨道继电器：交流电压、直流电压。

（二）技术标准

1. 送电端

（1）变压器一次电压为 220 V。
（2）变压器二次电压为 0.45 ~ 10.5 V。
（3）限流电阻电压与轨面电压之和约等于变压器二次电压。

2. 受电端

轨面电压约等于平衡电阻电压与变压器一次电压之和。
变压器二次电压满足传输至室内后，GJ 端电压为 10.5 ~ 16 V，最大不能超过 18 V 的要求。

（三）测试方法

1. 送电端

（1）变压器一次电压：用万用表交流 250 V 挡，将两表笔分别与变压器一次侧 1、4 接线端子接触，读数。
（2）变压器二次电压：用万用表交流 25 V 挡，将两表笔分别与变压器二次实际使用端子接触，读数。
（3）限流电阻电压：用万用表交流 2.5 V 挡，将两表笔分别与电阻接线端子接触、读数。
（4）轨面电压：一送一受用万用表交流 2.5 V 挡，将两表笔分别与两钢轨接触、读数。一送多受用万用表交流 10 V 挡，将两表笔分别与两钢轨接触、读数。

2. 受电端

（1）轨面电压：同送电端。
（2）限流电阻电压：同送电端。
（3）BG5 型二次电压：用万用表交流 2.5 V 挡，将两表笔分别与变压器二次的 1、6 端子接触、读数。
（4）BZ4 型一次电压：用万用表交流 2.5 V 挡，将两表笔分别与变压器一次的 1、2 端子接触、读数。
（5）BG50 型一次电压：用万用表交流 25 V 挡，将两表笔分别与变压器一次的 1、4 端子接触、读数。
（6）BZ4 型二次电压：用万用表交流 25 V 挡，将两表笔分别与变压器二次的 1、2 端子接触、读数。

3. 轨道继电器

（1）交流电压

用万用表交流 25 V 档，将两表笔分别与轨道区段组合内 *DGJ* 插座的 73、83 端子接触、读数。

（2）直流电压

用万用表直流 25 V 档，将两表笔分别与轨道区段组合内 *DGJ* 插座的 2（-）、3（+）端子接触、读数。

（3）可用轨道测试盘测量。

三、工频交流连续式轨道电路的调整

（一）工频交流连续式轨道电路要求

（1）轨道电路在调整状态时，轨道继电器交流端电压应不小于 10.5 V，道岔区段一般不大于 16 V。

（2）送电端限流电阻（包括引接线电阻）在道岔区段，不小于 2 Ω；在道床不良的到发线上，不小于 1 Ω。

（3）在轨道电路分路不利处的轨面上，用 0.06 Ω 的标准分路电阻线分路时，轨道继电器的交流端电压不大于 2.7 V，继电器应可靠落下。

（二）工频交流连续式轨道电路调整方法

该类型轨道电路的调整可采用调整表方式，该调整表是按照满足调整、分路两种工作状态及送、受电端设备不过载的原则而编制的，目的是使制式技术能力范围内的轨道区段实现一次调整。本调整表适用于工频交流连续式轨道电路的站内到发线及与之相似的无岔区段。

本调整表的基本特性是：区别钢轨线路情况和区段长度，分别规定发送变压器的应调电压），并相应给出轨道继电器的最高参考电压。调整标准如表 3-2-1 所示。

（1）轨道电路的供电电压应该符合规定，其波动范围允许为 220 V ± 22 V。

（2）所使用的中继变压器 BZ4，其空载电流应在 220 ~ 300 mA。

（3）核准轨道区段长度 L，测定送电端总电阻 R_s（包括引接线电阻）及受电端引接线电阻 R_Y，使它们分别达到本调整表所规定的挡值。

（4）采用双塞钉或焊接式接续线的轨道区段及采用单节长 25 m 或无缝长轨线路的轨道区段，应选用调整表 $Z_g = 0.8e^{j60}$ Ω/km 的挡别；采用单塞钉接续线及单节长 12.5 m 钢轨线路的轨道区段，应选用调整表 $Z_g = 1.0e^{j46}$ Ω/km 的挡别。

（5）受端设备（BZ4）采用引接线直接连接钢轨的，应选用 $R_y = 0.06 ~ 0.1$ Ω 挡别；采用过道电缆连接钢轨的应选用 $R_y = 0.25 ~ 0.3$ Ω 挡别。

（6）调整表中所列的送电端总电阻（R_s）挡别，可任选其一，测定后应固定不变。

（7）使用本调整表还不能做到"一次调整"的轨道区段，可能原因有：

① 区段的实际最低道砟电阻值已经低于 $0.4\,\Omega\cdot km$；
② 区段的实际钢轨阻抗值远大于正常变化范围。

表 3-2-1 工频交流连续式轨道电路调整表
r_d:0.4～∞ $\Omega\cdot km$

L/m	Z_g									
	$0.8e^{j60°}\,\Omega/km$						$1.0e^{j46°}\,\Omega/km$			
	R_y						R_y			
	0.06～0.1 Ω		0.25～0.3 Ω				0.06～0.1 Ω		0.25～0.3 Ω	
	R_s						R_s			
	1.2 Ω		2.0 Ω		1.2 Ω	2.0 Ω	1.2 Ω	2.0 Ω	1.2 Ω	2.0 Ω
	U_T/V	U_{JM}/V	U_T/V	U_{JM}/V	U_T/V $\;$ U_{JM}/V	U_T/V $\;$ U_{JM}/V	U_T/V $\;$ U_{JM}/V	U_T/V $\;$ U_{JM}/V	U_T/V $\;$ U_{JM}/V	U_T/V $\;$ U_{JM}/V
400	2.37	19.7	3.36	20.7	2.60 19.7	3.68 21.1	2.53 19.7	3.56 20.7	2.77 20.2	3.89 21.1
450	2.53	20.2	3.61	21.1	2.76 20.7	3.96 22.0	2.73 20.7	3.86 21.6	3.00 21.1	4.23 22.0
500	2.71	21.1	3.88	22.0	2.98 21.6	4.26 22.9	2.95 21.6	4.18 22.5	3.24 22.0	4.58 23.3
550	2.89	22.0	4.16	22.9	3.18 22.5	4.56 23.7	3.18 22.5	4.53 23.7	3.49 22.9	4.96 24.0
600	3.09	22.9	4.45	24.0	3.40 22.9	4.89 21.4	3.44 23.3	4.89 24.4	3.77 23.7	5.36 25.0
650	3.29	23.3	4.76	24.7	3.62 23.7	5.23 25.0	3.70 24.0	5.29 25.3	4.06 24.4	5.80 25.6
700	3.51	24.0	5.08	25.3	3.86 24.4	5.58 25.9	3.99 24.7	5.71 25.9	4.38 25.0	6.26 26.4
750	3.74	24.7	5.42	26.1	4.11 25.3	5.96 26.4	4.30 25.6	6.16 26.6	4.72 25.9	6.75 27.0
800	3.98	25.6	5.78	26.6	4.38 25.9	6.36 27.0			5.08 26.6	

注：表中 Z_g 为钢轨阻抗，R_y 为引接线电阻，R_s 为送电端总电阻，U_T 为发送变压器应调电压，U_{JM} 为轨道继电器最高参考电压，L 为轨道区段长度。

四、轨道箱设备检修

（一）扼流变压器、变压器箱外部检查

（1）有电力机车运行的站内轨道电路尽头线的扼流变压器中心点，应与该轨道电路外侧的两根钢轨可靠连接。

（2）扼流变压器中心上下行等位连接线、回流线、中心连接板、送受端钢丝绳、牵引电流吸上线安装牢固、连接良好，有防混措施。

（3）各连接线端子、中心连接板螺丝紧固，连接良好。箱盒无裂纹、破损，门轴灵活，箱盖严密，防尘、防水良好，支架齐全，螺栓紧固、油润，设备加锁良好。

（4）各箱盒水泥基础表面光滑、平整、不歪斜、裂纹不超标，螺栓紧固、满帽，伸出部分不超过一个螺帽的厚度。箱盒引入电缆无外露。设备平台清洁、完整、无破损、排水良好。

（5）箱盒外部油饰良好（两年一次）。箱盖名称标识准确。

（二）扼流变压器、变压器箱内部检修

（1）断路器、调整电阻等不得松动，安装牢固，各种器材、器件无超期使用，箱内整洁无杂物。

（2）配线整齐，绑扎良好，留有余量，不破皮，不老化，无中间接头，线头无反扣，端子无氧化。焊头焊接牢固，无假焊、虚焊、折断、断股等，线头根部套以塑料管。箱盒内接线用螺栓、螺母、垫片应采用铜质镀镍材料，每个端子最多允许上 3 个线头，并用垫片隔开，用两个螺母紧固，端子上划防松动检查标志。

（3）电缆引入口堵塞良好，应有来、去向和用途标识，配线表图实相符。电缆应有备用芯线并有明显的标识。

五、工频交流连续式轨道电路故障处理

（一）处理故障方法

处理故障时，可按"一看、二试、三查、四测、五处理"的五步查找法处理。

看，就是认真观察控制台现象；试，就是办理与试验；查，就是核实与复查；测，就是测试；处理，就是查出故障原因后，采取相应的措施，尽快恢复设备使用。短时不能恢复，应采用应急措施；确实不能修复的，应及时停用故障设备。

（二）故障处理

1. 故障分析

（1）单个区段红光带，在分线盘上测电压区分。

（2）当电压高于 10.5 V 时，室内开路。

（3）当电压为 0 V 时，先拆下分线盘处的一根电缆，如果电压高于平时值，室内短路；仍为 0 V 室外故障。

（4）当电压低于 10.5 V 时，先拆下其中的一根电缆，电压仍低于 10.5 V，室外故障；电压高于 10.5 V，有两种可能，室外半短路和室内半短路，用模拟继电器试验。将一台好的 JZXC-480 型继电器的 2、3 端子封连起来，再从 73 和 83 端子上分别引出一根线，接在分线盘故障回路上（甩开室内部分），如果继电器能吸起，室内半短路；不吸起，室外半短路。

2. 实作演练故障点设置及处理

1）送端引接线开路红光带

处理方法：

打开送端轨道箱测试室内送出 GJZ、GJF220 V，依次检查测试送端 BG5 变压器 I、II 次侧电压及限流电阻压降，限流电阻上无电压，判断为开路故障，从送端逐段查找，即可找到故障点。

2）送电端 5、6 两端子短路红光带

处理方法：

（1）室内测试送回电压近似为 0 V，分线盘处拆下一根电缆测试回送电压，仍为 0 V，则室外故障。

（2）送端测试 BG5 变压器 I、II 次侧电压及限流电阻压降，限流电阻压降增大（比照平

常测试记录），判断为短路故障。

（3）拆下受端变压器Ⅱ次侧一端子（软线），变压器上测到送来电压，故Ⅱ次侧短路，继续查找即可找到短路点。

3）过道引接线擦轨面红光带

处理方法：

（1）送端限流电阻器压降变化，是区分轨道电路短路或开路故障的关键（压降为 0 V，为开路故障，压降比正常值明显增大，为短路故障）。

（2）轨道电路短路故障重点检查绝缘，绝缘破损是造成短路的主要原因，其他还有异物短路，"三线"混联等。

（3）造成轨道短路的原因多种多样，要根据实际情况（包括测试数据及外观发现异常等）逐一排除、确认，最终找到故障点。

【考核标准】

1. 应知应会知识

采用闭卷方式考核。考试内容为：
（1）工频交流连续式轨道电路的结构；
（2）工频交流连续式轨道电路的工作原理；
（3）工频交流连续式轨道电路的测试项目；
（4）轨道箱设备检修的内容。

2. 电路识读技能

熟悉工频交流连续式轨道电路，考核时限 5 min。考核方式采用口试加笔试方式，笔试内容为交流连续式轨道电路的组成、工作原理、测试项目等。评分标准如表3-2-2所示。

表 3-2-2　图纸识读技能评分表

项目及配分	考核内容及评分标准	扣分因素及扣分	得分
电路识读（4分）	（1）区段空闲时电路跑不通，每项扣2分		
	（2）区段占用时电路跑不通，每项扣2分		
	（3）控制台表示灯、电铃状态识别不清，每项扣2分		
	（4）故障时电路识别不清，每项扣2分		
	电路识读共计4分，上述内容按规定扣分，扣完4分为止		
工作原理分析（5分）	（1）空闲、占用继电器间逻辑关系不清楚，每项扣3分		
	（2）轨道继电器定位状态回答错误，每项扣2分		
	（3）轨道继电器复原时机回答错误，每项扣2分		

续表

项目及配分	考核内容及评分标准	扣分因素及扣分	得分
工作原理分析（5分）	（4）轨道继电器状态识别不清，每项扣2分		
	工作原理分析共计5分，上述内容按规定扣分，扣完5分为止		
测试检修项目（2分）	（1）测试项目回答错误，每项扣1分		
	（2）测试方法回答错误，每项扣2分		
	（3）检修内容不清，每项扣1分		
	测试检修项目共计2分，上述内容按规定扣分，扣完2分为止		
图物对照（4分）	（1）设备组成部件识别不清，每项扣2分		
	（2）端子配线识别不清，每项扣2分		
	（3）设备位置不清楚，每项扣2分		
	图物对照共计4分，上述内容按规定扣分，扣完4分为止		
合计			

任务三　25 Hz 相敏轨道电路维护

【学习目标】

（1）了解 25 Hz 相敏轨道电路的特点；
（2）熟悉 25 Hz 相敏轨道电路的结构组成；
（3）掌握 25 Hz 相敏轨道电路的工作原理；
（4）熟练掌握 25 Hz 相敏轨道电路的测试项目；
（5）熟悉轨道箱、扼流变压器设备检修内容；
（6）理解 25 Hz 相敏轨道电路典型故障处理的方法。

【相关知识】

一、25 Hz 相敏轨道电路基础知识

电气化牵引区段要求轨道电路必须采用非工频制式的轨道电路，因为钢轨既是牵引电流

的回流通道，又是轨道电路信号电流的传输通道。必须采用双轨条式轨道电路，用扼流变压器沟通牵引电流成双轨条回流，便于实现站内电码化；要求交叉渡线上两根直股都通过牵引电流时应增加绝缘节；钢轨接续线、道岔跳线和钢轨引接线的截面要加大。

（一）特　点

25 Hz 相敏轨道电路将 50 Hz 交流电变频为 25 Hz 交流电，对轨道电路有良好的传输特性；其采用集中调相方式，供使用的局部电源电压恒超前于轨道电源电压 90°，不需对每段轨道电路进行个别调相；接收端采用二元二位轨道继电器，局部线圈和轨道线圈分别供电，具有可靠的频率选择性和相位选择性，因而抗干扰能力强，有可靠的绝缘破损防护。

25 Hz 相敏轨道电路组成

（二）组成部件

25 Hz 相敏轨道电路的组成部件有交流 25 Hz 轨道电源和局部电源，两路电源均由 25 Hz 电源屏供出，送电端包括限流电阻 R_x、25 Hz 轨道变压器（见图 3-3-1）、25 Hz 扼流变压器 BE25（见图 3-3-2）、钢轨线路。

图 3-3-1　送电端轨道变压器箱的结构

（a）

（b）

图 3-3-2　扼流变压器的结构

受电端包括 25 Hz 扼流变压器（BE25）、25 Hz 轨道中继变压器（BG25），箱结构如图 3-3-3 所示。

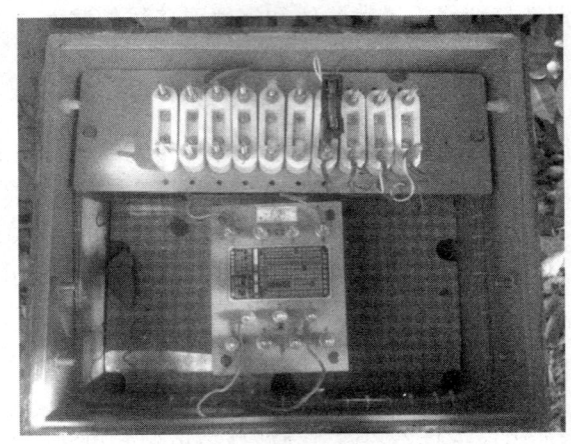

图 3-3-3　受电端轨道变压器箱的结构

室内的组成部件主要有防雷补偿器（Z）、25 Hz 防护盒（HF）、二元二位轨道继电器（GJ）。

（三）工作原理

1. 当轨道电路内钢轨完整，且没有列车占用时

轨道电源由室内供出，通过电缆供向室外，经送电端 BG25、限流电阻（R_x）、送电端 BE25、钢轨线路、受电端 BE25、受电端 BG25、电缆线路送回室内，经过防雷补偿器、防护盒给二元二位轨道继电器的轨道线圈供电。局部线圈的 25 Hz 电流由室内供出。当轨道线圈和局部线圈电源满足规定的相位和频率要求时，GJ 吸起，轨道电路处于调整状态，表示轨道电路空闲。

2. 当轨道电路内有列车占用时

列车占用时，轨道电源被分路，GJ 落下，若频率、相位不符合要求时，GJ 也落下。这样，25 Hz 相敏轨道电路就具有相位鉴别能力，即相敏特性，抗干扰性能较高。

二、相敏轨道电路检修测试

（一）调　整

（1）送电端限流电阻和受电端防护电阻的大小，应按原理图的规定进行确定，不应作为调整轨道电路的方法。若调小防护电阻将引起直流磁化电流的增加，导致轨道电路不能正常工作，若调小限流电阻，将恶化轨道电路的分路检查。因此在调整前，应首先检查送电端限流电阻和受电端防护电阻的阻值，是否符合原理图的规定，然后再调整送端变压器的二次电压，使之满足轨道电路的要求。

（2）相敏轨道电路具有相位选择性，即相敏特性。因此，具有可靠的绝缘破损防护功能。

在调整送端变压器的电压时,也应注意不要将同名端接错。如遇个别器材的同名端不符合规定时,则应予以更换,以免混乱后影响轨道电路的正常工作。在调整轨道电路前,对标有同名端的设备,应按设计图中要求,检查其间是否均已按同名端相连,以及和钢轨的连接是否符合相位要求。

(3)在施工和维修中对轨道电路的调整,可按调整参考值进行。实际调整时可与参考值有一定误差,允许上下浮动。

(二)测 试

完成调整后对轨道电路进行测试。用电压表对交流二元二位继电器进行测量,当读数符合要求时,轨道继电器应励磁吸起;若不吸起再用相位表对二元继电器进行测量,看其相位是否正确。具体分为室内和室外两方面测试。

1. 室内测试

(1)在室内利用轨道电路测试盘测量并记录空闲轨道电路的接收电压、相位角和继电器电压。

轨道电路的接收电压一般为 AC(24±4)V,对于特殊区段可调整为特殊值。例如,对长期不走车、轨面锈蚀比较严重、分路残压高的区段,应定期安排车辆进行压轨除锈,为保证其可靠分路,其接收电压可适当调低,最低不得低于 15 V。

(2)接收电压与局部电源相位角的范围为 0°±30°。

(3)轨道继电器电源范围为 DC(25±4)V,该电压为稳定电压,不随轨道接收电压的变化而变化。

2. 室外测试

(1)在室外测量并记录送、受端轨面电压。

(2)测量并记录送端变压器、受端变压器的Ⅰ次电压和Ⅱ次电压。其中送端变压器Ⅱ次电压范围为(5±3)V。受端变压器Ⅱ次电压范围与室内对应区段的电压相当,一般为AC(24±4)V。

(3)分路试验:用 0.15 Ω 的分路线在送端、受端以及分支线上分路,继电器落下,残压低于 3.5 V。

(4)相邻轨道电路必须做到极性交叉,因此应定期检查轨道电路极性交叉情况,特别是对于涉及相位维修作业的轨道电路区段,必须进行与相邻轨道电路的极性交叉测试。极性交叉测试可用轨道电路极性交叉测试仪进行测试。

(三)轨道箱、扼流变压器设备检修

按照 25 Hz 相敏轨道电路修程对其进行养护与检修,主要包括以下内容:
(1)轨旁设备箱盒内、外部检修。
(2)外部件检修。
(3)设备除锈、油漆。
(4)清扫、防尘防水检查。

(5)电气特性测试、调整。
(6)设备整治。

(四)25 Hz 相敏轨道电路故障处理

对于 25 Hz 相敏轨道电路来讲,从发生故障的现象来分,可分为控制台某一区段红光带,多个区段红光带,半个咽喉红光带,全站轨道区段红光带,它们的故障处理程序相同,但处理故障的具体思路略有不同。

1. 轨道电路故障处理的步骤

(1)观察控制台现象(一个区段、多个区段、半个咽喉、全站轨道区段红光带)。
(2)登记停用故障区段。
(3)在分线盘区分室内外故障。
对一个区段红光带故障,可先到分线盘测量其受电端电压是否正常,可分为:
① 若电压正常或高于正常值,则故障在室内。
② 若电压很低或几乎为零(甩掉受端电缆头,测量电缆头电压还很低),则故障在室外。
③ 若甩掉受端电缆头,测量电缆头电压,此时电压比正常值明显升高,则为室内短路故障。
(4)按现象进行查找处理。通过在送端或受端轨面测量电压,可迅速判断出是送端故障,还是通道故障或是受端故障。
(5)对多个区段红光带。
可在分线盘测量,一束送出 220 V 是否正常,若送出正常,则故障在室外,一般为一束电缆经路有故障;若送出无 220 V,则故障室内,一般为分线盘到 25 Hz 屏一束这一段有故障。
(6)对全站轨道区段红光带一般为 25 Hz 电源屏有故障,重点应检查测量 25 Hz 屏的输入、输出电压是否正常,屏内保险、各元件等均需检查。对智能屏而言,还要检查主、备模块是否同时发生故障。
(7)弄清不同现象后,按照正确的处理程序,迅速组织人力,进行处理。
(8)处理完毕,会同车务试验良好,销记销点,恢复设备正常使用。
(9)向电务段调度汇报处理故障的全过程及原因。

2. 故　　障

故障现象:25 Hz 相敏轨道电路某一区段红光带。

(1)值班信号工接到车站值班员某一区段红光带故障通知,立即到控制台询问、观察,确认是哪个区段红光带。
(2)登记停用该故障区段并及时向段调度汇报。
(3)到分线盘测量该故障区段受电端送回的两端子有无电压。
① 若测量有正常电压,一般不低于 16 V,则故障在室内,且室内为开路故障,重点检查二元二位继电器 3、4 线圈是否断线,配线是否有假焊、脱焊或二元二位继电器本身故障。

这是要注意防护盒断线或损坏时，受端电压比正常值大约降低一半左右。防雷硒堆断线，对轨道电路受电端电压影响不太大。

② 若测量受电端电压很低或几乎为零，此时应甩开电缆头测量，若受端电缆电压比正常值高，一般在 16～40 V。则为室内有混线或短路故障，重点检查防雷硒堆、配线、防护盒等；若甩电缆线头测量受电端电压还是很低或几乎为零，则故障在室外。

（4）故障在室外，立即赶赴故障区段，从送电端或受电端进行查找。若从送电端轨面测量电压正常，可沿通道往受电端测量查找。若测量送电端轨面电压很低或几乎为零，可打开送端 X B 箱测量变压器 I、II 电压、限流电阻电压、限流后电压等，此时测量限流电阻电压比正常值明显高，可判为限流后有短路故障，一般为引入线混线、扼流变压器线圈绝缘不良、线圈间短路、XB 箱配线混线等。测量限流电阻电压很低或为零，而限流后电压正常，则限流后有开路故障，从送端沿通道往受端逐段测量查找，找出故障点。

（5）处理完毕，会同车务试验良好，销记销点，恢复设备正常使用。向电务段调度汇报相关情况。

【 电路识读 】

为便于对 25 Hz 相敏轨道电路设备理解、掌握，将其电路原理图加以标识，如图 3-3-4 所示。

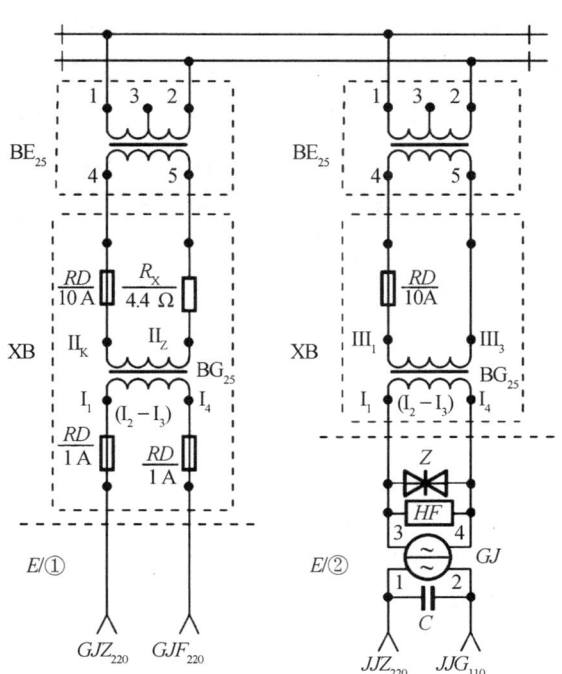

图 3-3-4　25 Hz 相敏轨道电路原理图

它由两根钢轨、机械绝缘（或电气绝缘）节、送电端 25 Hz 轨道电源和局部电源、25 Hz 轨道变压器（见图 3-3-5）、25 Hz 扼流变压器（见图 3-3-2）和受电端 25 Hz 扼流变压器（BE25）、

25 Hz 轨道中继变压器 BG25 以及室内防雷补偿器、25 Hz 防护盒、轨道继电器构成。

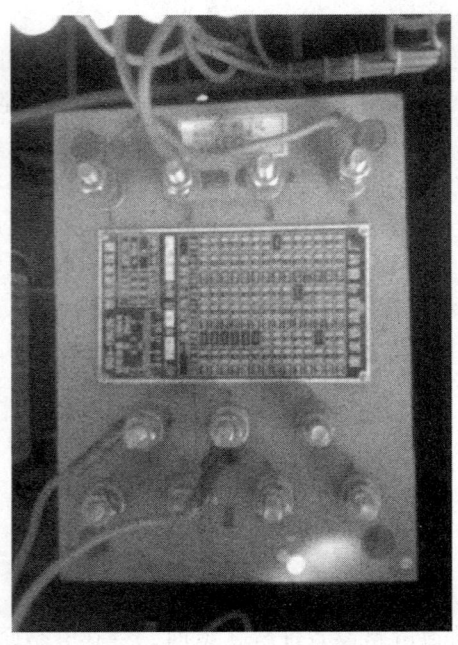

图 3-3-5　25 Hz 轨道变压器

防护盒 HF 由电感、电容串联而成。它并接在轨道继电器的轨道线圈上，对 50 Hz 呈串联谐振，相当于 15 Ω 电阻，以抑制干扰电流。对 25 Hz 信号电流相当于 16 μF 电容，对 25 Hz 信号电流的无功分量进行补偿，起着减小轨道电路传输衰耗盒相移的作用。

防雷补偿器 Z 内设防雷补偿单元，即为对接的硒片盒电容器。硒片用来防雷，电容器 C 用来提高轨道电路局部线圈电路的功率因数，以减小变频器输出电流。

【考核标准】

1. 应知应会知识

采用闭卷方式考核。考试内容为：
（1）25 Hz 相敏轨道电路的结构；
（2）25 Hz 相敏轨道电路的工作原理；
（3）25 Hz 相敏轨道电路的测试项目；
（4）轨道箱设备检修的内容。

2. 电路识读技能

熟悉 25 Hz 相敏轨道电路，考核时限 5 min。考核方式采用口试加笔试方式，笔试内容为 25 Hz 相敏轨道电路的组成、工作原理、测试项目等。评分标准如表 3-3-1 所示。

表 3-3-1　图纸识读技能评分表

项目及配分	考核内容及评分标准	扣分因素及扣分	得分
电路识读（4分）	（1）区段空闲时电路不通，每项扣2分		
	（2）区段占用时电路不通，每项扣2分		
	（3）控制台表示灯状态识别模糊，每项扣2分		
	（4）故障时电路分析不出，每项扣2分		
	电路识读共计4分，上述内容按规定扣分，扣完4分为止		
工作原理分析（5分）	（1）空闲、占用状态继电器分析不清楚，每项扣3分		
	（2）轨道继电器定位状态回答错误，每项扣2分		
	（3）轨道继电器复原时机回答错误，每项扣2分		
	（4）轨道继电器状态识别不清，每项扣2分		
	工作原理分析共计5分，上述内容按规定扣分，扣完5分为止		
测试检修项目（2分）	（1）测试项目回答错误，每项扣1分		
	（2）测试方法回答错误，每项扣2分		
	（3）检修内容不清，每项扣1分		
	测试检修项目共计2分，上述内容按规定扣分，扣完2分为止		
图物对照（4分）	设备组成部件识别不清，每项扣2分		
	端子使用配线表识别不清，每项扣2分		
	设备作用不清楚，每项扣2分		
	图物对照共计4分，上述内容按规定扣分，扣完4分为止		
合计			

任务四　FTGS 型数字编码式轨道电路维护

【学习目标】

（1）了解数字编码式轨道电路的特点；
（2）掌握 FTGS 型数字编码式轨道电路结构、工作原理；
（3）熟悉 FTGS 型数字编码式轨道电路电气绝缘节。

【相关知识】

一、FTGS 型数字编码式轨道电路基本组成认识

（一）FTGS 型数字编码式轨道电路的特点

FTGS 型数字轨道电路是德国西门子（Siemens）公司的产品，是目前世界上技术较为先进、应用范围比较广的数字型轨道电路系统。我国的广州地铁、上海地铁、南京地铁及深圳地铁等多家地铁公司均采用该轨道电路系统。其中 FTGS 是德文对西门子"遥供音频无绝缘轨道电路"的缩写。其中，F——远程供电；G——轨道电路；T——音频；S——西门子公司。FTGS 由调频电压远程馈电。FTGS 数字轨道电路实现了地铁正线钢轨铺设的无缝连接，使乘客乘坐地铁时感觉更加平稳舒适。更重要的是，它与其他系统的配合使用也非常方便，只需要在轨道区段内增设一些环线和相应的发送或接收设备即可。

（二）结构组成

数字轨道电路主要由室内设备和室外设备两部分组成，中间通过电缆联系。室外部分由连到钢轨内的棒和轨旁连接盒组成，轨旁连接盒内含有调谐单元和方向转换电路，棒及部分钢轨同连接盒内的元件构成谐振回路。室内发送部分包括发送、放大、滤波等电路，接收部分包括接收、解调、轨道继电器等电路。室内部分的发送和接收组成一个轨道电路组合，每一组合有一专用电源为它提供 +15 V 和 +5 V 电压。室外部分含有调谐单元、方向转换电路。允许室内到室外的最大传输距离为 6.5 km。FTGS 数字轨道电路的结构如图 3-4-1 所示。

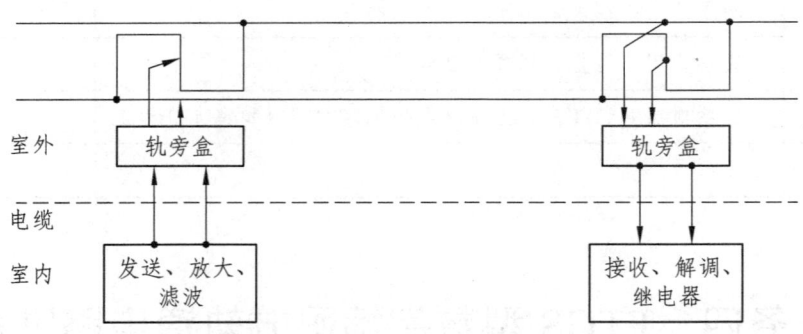

图 3-4-1　FTGS 数字轨道电路结构

（三）工作原理

FTGS 数字轨道电路工作原理框图如图 3-4-2 所示。

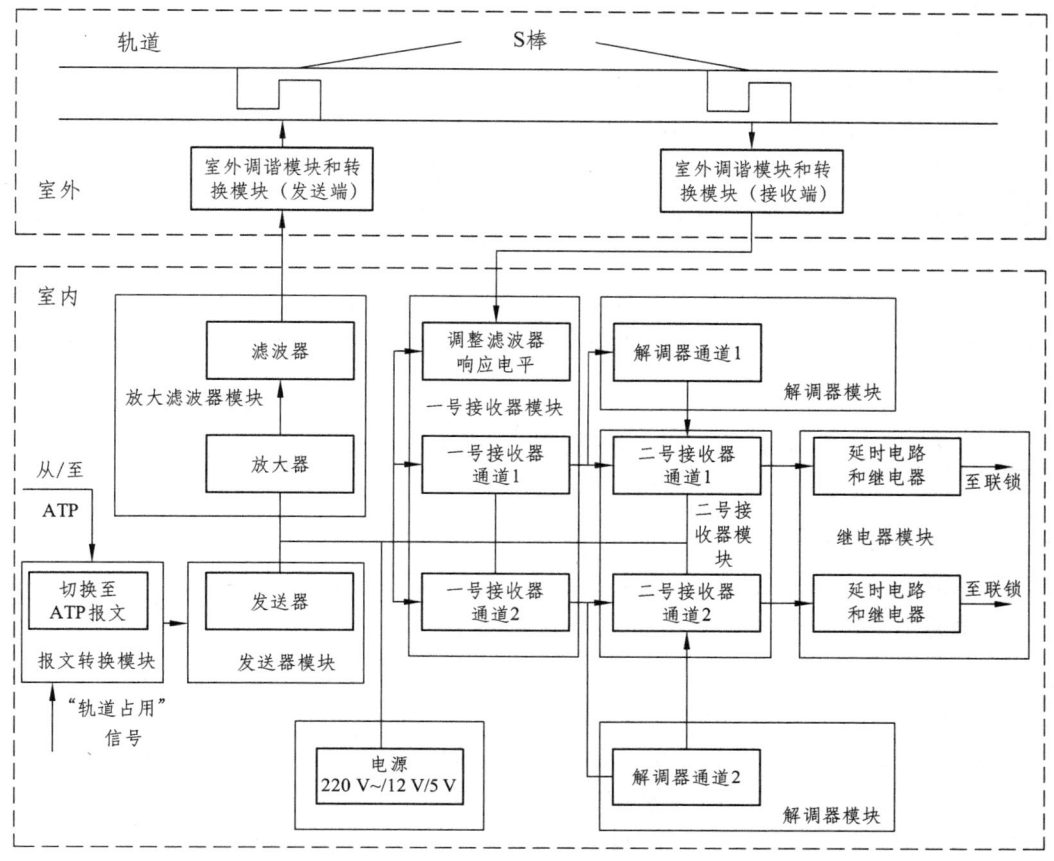

图 3-4-2　FTGS 轨道电路工作原理框图

FTGS 数字轨道电路的空闲检测过程分为三步：

（1）幅值计算：检测接收回来的电压幅值。

（2）调制检验：检测接收到的电压的中心频率是否正确。

FTGS 系列轨道电路有 12 种中心频率，分别分配给 FTGS-46 型和 FTGS-917 型。FTGS-46 型有 4 种中心频率（4.75 kHz、5.25 kHz、5.75 kHz、6.25 kHz），FTGS-917 型有 8 种中心频率（9.5 kHz、10.5 kHz、11.5 kHz、12.5 kHz、13.5 kHz、14.5 kHz、15.5 kHz、16.5 kHz）。

（3）编码检验：检测接收到的电压所携带的位模式是否正确。

位模式用 $X.Y$ 表示，把载频的一个周期分为 8 等份，先是 X 份时间的高电平，然后是 Y 份时间的低电平，且要求 $X+Y\leqslant 8$，这样就可以有 1.1、1.2、…、1.7；2.1、2.2、…、2.6；…；6.1、6.2；7.1 共 28 种位模式。

轨道电路由不同的位模式（数码组合）进行频率调制。相邻的轨道区段采用不同的中心频率和位模式，轨道电路只有接收到与本区段相同的中心频率及位模式的信息才会响应。

1. 当轨道电路内钢轨完整，且轨道区段空闲时

接收器先对幅值进行计算，当接收器计算出接收到的轨道电压幅值足够高，并且调制器鉴别到发送的编码调制是正确的时，接收器发送一个"轨道空闲"信号，这时轨道继电器吸起表示"轨道区段空闲"。

2. 当轨道电路内有列车占用时

当列车进入该区段时，由于车辆轮对的分路作用，造成该区段短路，使接收端的接收电压减小，轨道继电器达不到相应的响应值而落下。当电平监测模块一旦检测到电压低于门限值时，将产生一个触发信号送给报文转换控制器，该控制器的位置将发生翻转，使轨道电路传输 ATP 列车报文信息。传输 ATP 列车报文是 FTGS 数字轨道电路很重要的一项功能，也是它的主要工作方式之一。

在轨道电路占用时，室内发送器通过一个信号（报文）切换开关，关闭轨道电路的频率和位模式信号，接通由轨旁 ATP 设备传来的报文信号，开始发送 ATP 报文信号。

二、FTGS 型数字编码式轨道电路电气绝缘节认识

数字轨道电路的室外设备主要由电气绝缘节、轨旁盒和连接电缆组成。

音频轨道电路一般由电气绝缘节实现绝缘效果，电气绝缘节由钢轨间的棒和调谐单元组成，调谐单元位于轨旁盒内。

电气绝缘节（棒）有 S 棒、终端棒、短路棒、调整短路棒等类型。

一般情况下，尤其是在正线区间的轨道电路，都是通过 S 棒予以隔离，如图 3-4-3（a）所示。S 棒是镜像对称的，以 S 棒为中心线作为轨道区段的划分。S 棒长 7.8 m，模糊区段长度小于或等于 3.9 m。S 棒还起到平衡两个走行轨牵引电流的作用。在轨道电路空闲时，由室内发送器发送带有一定频率和位模式的交流音频信号至室外轨旁发送端设备，再馈送至 S 棒，经由钢轨至接收端 S 棒，再由室外接收端设备馈回室内接收器，形成一个闭合的信息回路。在这个过程中，如何避免干扰，保证信息按照正确的方向传送、接收很重要。FTGS 数字轨道电路系统在解决这个问题时，① 利用了 S 棒和轨旁设备在信息回路中形成一个谐振电路，使得对回路外方（相邻区段）相当于高阻状态，迫使信号电流按照预定的方向传输；② 相邻区段采用不同的频率和位模式信号，避免串频干扰。此外，S 棒还有平衡钢轨中的牵引回流的作用，能有效避免牵引回流对轨道电路信号的干扰，这一点对电气牵引区段的轨道电路，特别是地铁的轨道电路是很重要的。

终端棒型电气绝缘节一般由一根终端短路电缆（又称 O 棒）和一个机械绝缘节共同组成，棒长约 3.5 m，距机械绝缘节 0.3~0.6 m，如图 3-4-3（b）所示。该棒长度较短，安装时受位置限制影响较小，并且能起到平衡两钢轨间的牵引回流的作用，因此该棒主要应用于双轨条牵引回流区段和道岔区段。

短路棒形状如 I 形，又称为 I 棒，一般在相邻的两个不同制式的轨道电路之间设置短路棒，用于一端为轨道电路区段，另一端为非轨道电路区段的情况，棒长度约 4.2 m，如图 3-4-3（c）所示。

图 3-4-3（d）所示的短路棒为改进的调整棒，可以缩短 S 棒的重叠区，减小牵引电流的干扰，主要用于车站站台区段两端。

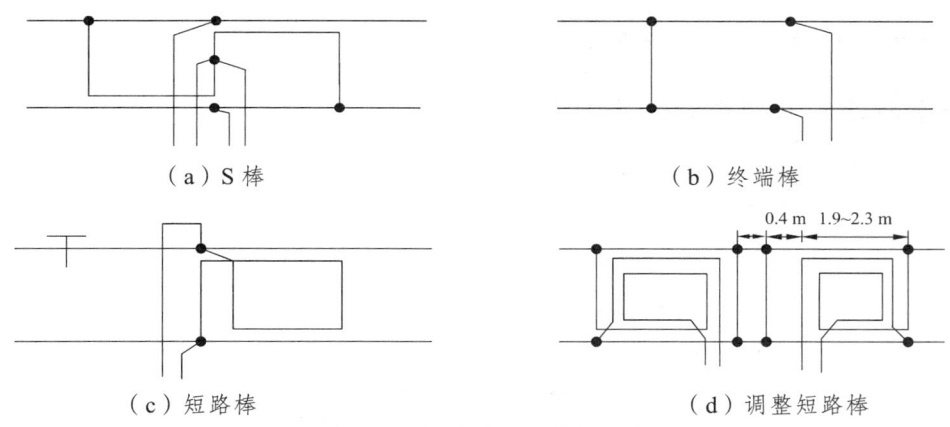

图 3-4-3　电气绝缘节（棒）的类型

【电路识读】

为使电路简单明了，便于掌握，将 FTGS 数字轨道电路按位置不同设计成独立的单元式组成。它由室内设备和室外设备两部分组成。

一、FTGS 数字轨道电路的室内设备组成

FTGS 轨道电路室内设备安装在信号机械室内，每一个轨道组合对应一个轨道区段，每个轨道区段组合由发送单元、接收单元、继电器单元组成，背面有一个独立的直流稳压电源。另外，组合上有多个状态及故障表示灯及测试孔，以便及时处理故障及进行日常检测。

每个标准的 PC 板组合框架可分为 A、B、C、D、E、F、G、H、J、K、L、M、N 共 13 层，如图 3-4-4 所示。

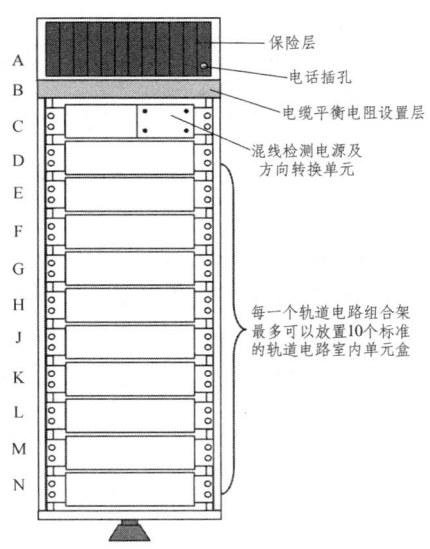

图 3-4-4　FTGS 数字轨道电路组合框架正视图

FTGS-917 数字轨道电路有标准型和道岔型两种结构。

（一）标准型轨道电路组合框架

标准型轨道电路的组合框架如图 3-4-5 所示。

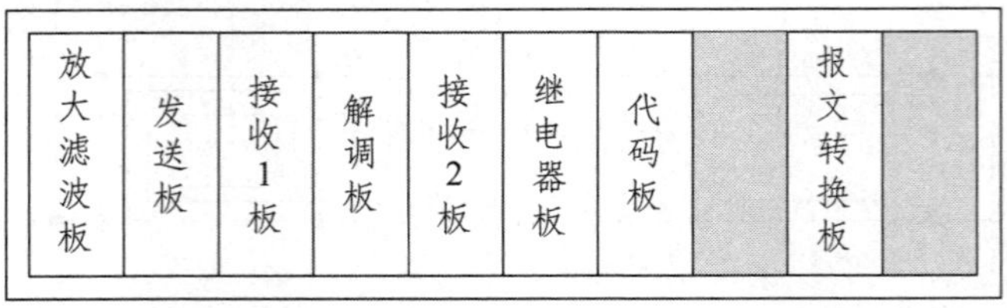

| 放大滤波板 | 发送板 | 接收1板 | 解调板 | 接收2板 | 继电器板 | 代码板 | | 报文转换板 | |

图 3-4-5　标准型轨道电路组合框架结构

每个标准型的组合框架可插接 10 块标准的 PC 板，不同板件之间是不能混插的，这可从两方面来保证：一是各个不同型号的板件的尺寸不同；二是对于尺寸基本相同的不同型号的板件可通过插接键的不同设置来识别（即相当于给每种不同型号的板件安装了一种硬性的"识别码"），以防止由于把板件插错位置而损坏设备。该框架从左至右数的第 8 块和第 10 块为空置。

（二）道岔型轨道电路组合框架

道岔型轨道电路的组合框架如图 3-4-6 所示。

每个道岔型的组合框架也可插接 10 块标准的 PC 板，不同板件之间也是不能混插的，可通过插接键的不同设置来识别，以防止插错而损坏设备。该框架从左至右数的第 10 块为空置。

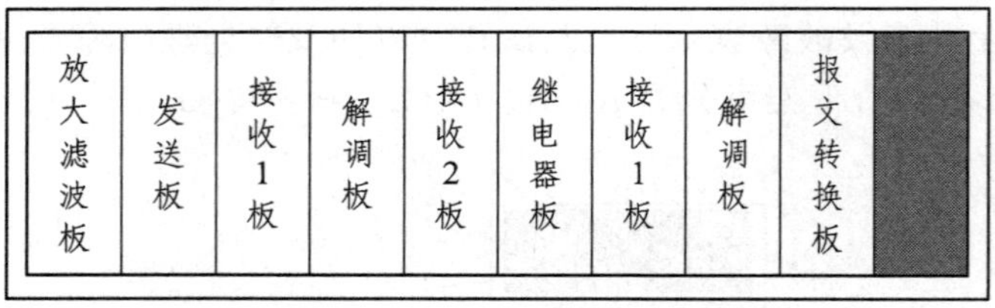

| 放大滤波板 | 发送板 | 接收1板 | 解调板 | 接收2板 | 继电器板 | 接收1板 | 解调板 | 报文转换板 | |

图 3-4-6　道岔型轨道电路组合框架结构

道岔型与标准型不同之处在于多了一块接收 1 板和一块解调板，这是因为标准型是"一送一受"型轨道电路，而道岔型是"一送二受"型轨道电路的缘故。只有少数道岔区段采用道岔型，在特殊情况下，道岔型可向标准型转换，即将道岔型中的第七块板和第八块板拔出，再将标准型中的代码板插入到道岔型中的第七块板位置处即可（按从左至右的顺序数）。这体现了该设备的可用性高的特点：当在某一方向的两个接收端中的一个出现故障而影响整个轨道电路的正常工作时，可以将故障的部分设备隔离掉，从而不影响整体设备的使用。

（三）各模块功能

1. 发送板

（1）产生各种频率的音频电压。

（2）位模式调制和 ATP 报文调制的切换。
（3）向接收 2 板提供 16.33 kHz 的驱动脉冲。
（4）在轨道占用时由报文转换板向发送板输入触发信号及报文。
（5）发送板将 FSK 信息送入放大滤波板。
（6）输出驱动脉冲至接收 2 板。
（7）将时钟脉冲送入报文转换板。

2. 放大滤波板

放大滤波板对发送板发来的调制音频电压进行放大,并滤除发送信号中的高次谐波,仅将本区段频率的信号馈入发送电缆中。

3. 接收 1 板

（1）检测接收回来的电压的中心频率及幅值。
（2）对接收回来的电压进行放大。
（3）轨道空闲时,向解调板提供脉冲电压。
（4）轨道空闲时向接收 2 板提供 14.8 V 的控制电压。
（5）轨道占用时向报文转换板提供"占用"信息。

4. 解调板

解调板检测接收回来的音频电压所携带的位模式,当位模式检测正确时向接收 2 板提供控制低电平。

5. 接收 2 板

将接收 1 板的输出信号和解调板送出的电平进行动态 AND 运算。如果接收 1 板输出 14.8 V 高电位且解调板输出低电位,则发送板输出 16.33 kHz 驱动脉冲并通过板上的安全触发电路形成 16 V 电压提供给继电器板。

6. 继电器板

继电器板接收 2 板输出的直流 16 V 电压,发送"轨道占用"或"空闲"信号到联锁和 LZB 列车速度控制系统。

7. 报文转换板

报文转换板负责 FTGS 的位模式和 ATP 报文之间的转换。列车占用轨道区段时,发送 ATP 报文,并使发送方向迎着列车方向;在有列车占用轨道区段时,FTGS 的位模式无效,同时,ATP 报文被激活;发送板执行一个报文转换信号进行开关切换,再通过一个光耦合器,ATP 报文就从报文转换板传送到发送板。

二、FTGS 数字轨道电路的室外设备组成

数字轨道电路的室外设备主要由电气绝缘节、轨旁盒和连接电缆组成。连接电缆主要起

连接电气绝缘节和轨旁盒以及连接室内外设备的作用。

(一) 电气绝缘节

数字轨道电路的轨道区段的划分是采用电气绝缘而非机械绝缘，一般情况下，都是通过 S 棒予以隔离。

(二) 轨旁盒

轨旁盒是连接电气绝缘节与室内设备的中间设备，是轨道电路室外的发送、接收设备，轨旁盒的实物图如图 3-4-7 所示。轨旁盒主要有两种不同的结构：一种是 S 棒结构（带调谐单元）；另一种是双轨条牵引回流区段的终端棒结构（不带调谐单元）。这里主要分析 S 棒结构的轨旁盒。

轨旁盒内一般分为两部分，成对称结构布置，每部分都有一个调谐单元和一个转换单元组成，整个采用模块化结构。由于它安装在轨旁，从外部看就是一个密封的盒子，因此称它为轨旁盒。当轨旁盒的一部分作为一个区段的发送端时，则另一部分作为相邻区段的接收端。当轨道电路的方向改变时，这两部分的发送端/接收端也将进行切换。每个轨旁盒用一根电缆与室内设备连接，用四根电缆与电气绝缘节相连，另有一根地线连接至钢轨或接地扁钢。

数字轨道电路的室外设备布置连接框图如图 3-4-8 所示。

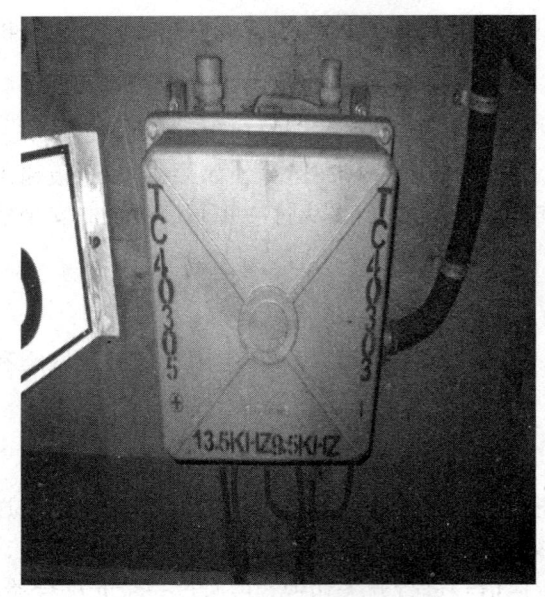 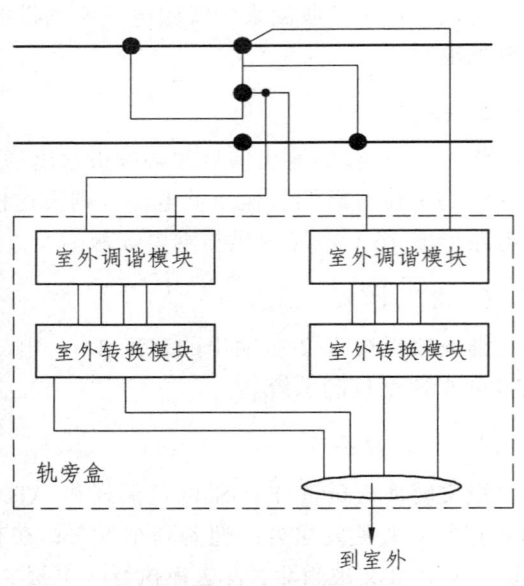

图 3-4-7 轨旁盒实物图　　图 3-4-8 数字轨道电路室外设备布置连接框图

调谐单元的作用就是调整谐振点。通过用内六角扳手调整可调电感器，使绝缘棒与调谐单元调谐部分达到谐振点，并使发到轨面上的电压最高，接收到的相应频率电压最高。另外，选择不同的端子可以选择变压器不同的抽头，调整引入室内的电压值。

转换单元的主要作用就是转换发送和接收模式。

调谐单元和转换单元根据频率的不同，型号是不一样的，也就是说相邻的两个轨旁盒里，两种单元的型号是不同的。如需更换时要保持型号一致。

【考核标准】

1. 应知应会知识

采用闭卷方式考核。考试内容为：

（1）数字编码式轨道电路的特点；

（2）FTGS 型数字编码式轨道电路结构；

（3）FTGS 型数字编码式轨道电路的工作原理；

（4）FTGS 型数字编码式轨道电路电气绝缘节的类型。

2. 电路识读技能

能够正确认知 FTGS 型数字编码式轨道电路的各部件，考核时限 5 min。考核方式采用笔试加操作，笔试内容为 FTGS 型数字编码式轨道电路的结构组成。评分标准如表 3-4-1 所示。

表 3-4-1　图纸识读技能评分表

项目及配分	考核内容及评分标准	扣分因素及扣分	得分
电路识读 （4分）	（1）区段空闲时电路不通，每项扣2分		
	（2）区段占用时电路不通，每项扣2分		
	（3）控制台表示灯状态识别模糊，每项扣2分		
	电路识读共计4分，上述内容按规定扣分，扣完4分为止		
工作原理 分析 （5分）	（1）空闲、占用状态继电器分析不清楚，每项扣3分		
	（2）轨道继电器定位状态回答错误，每项扣2分		
	（3）轨道继电器复原时机回答错误，每项扣2分		
	（4）轨道继电器状态识别不清，每项扣2分		
	工作原理分析共计5分，上述内容按规定扣分，扣完5分为止		
电气绝缘节 （2分）	（1）电气绝缘节的作用回答错误，扣1分		
	（2）电气绝缘节的类型回答错误，每项扣2分		
	（3）电气绝缘节的工作原理不清，每项扣1分		
	本项目共计2分，上述内容按规定扣分，扣完2分为止		
图物对照 （4分）	（1）设备组成部件识别不清，每项扣2分		
	（2）端子使用配线表识别不清，每项扣2分		
	（3）设备作用不清楚，每项扣2分		
	图物对照共计4分，上述内容按规定扣分，扣完4分为止		
合计			

任务五　AzLM 计轴器电路维护

【学习目标】

（1）了解计轴器的特点；
（2）掌握 AzLM 计轴系统的结构；
（3）掌握计轴器的工作原理；
（4）掌握计轴器电路测试方法；
（5）理解计轴器故障排查。

【相关知识】

一、计轴器电路认识

轨道电路设备虽具有检测列车是否进入轨道区段的功能，但其工作状态受道床状态影响，且日常养护工作量较大，所以用计轴器作为检测轨道区段占用的手段之一。该技术是以计算机为核心，利用计算车辆轴数来检测相应轨道区段占用或空闲状态。目前计轴器的技术已经比较成熟，机械稳定性较高，维护保养工作量较小，应用较多的产品主要有阿尔卡特公司（现泰雷兹）的 AzLM 计轴系统、西门子公司的 AzSM 计轴系统等，本任务介绍以 AzLM 计轴系统为例。

（一）AzLM 计轴系统的主要特点

（1）主机采用 2 取 2 的冗余方式，硬件开发符合 TAS 平台标准。主机具有一个以太网接口和一个串行接口，用来进行 ACE 和所连接检测点的诊断。

（2）适应列车速度最高 440 km/h 的线路条件。可根据现场实际情况和需要灵活选择 3 种不同配置的设备，以降低造价。

（3）符合最新的欧洲安全标准和电磁兼容标准，达到 SIL4 级。

（4）简单的电缆连接（WAGO 端子）。

（5）主机与各接口板之间采用工业标准的 CAN 总线。室内主机与检测点设备之间采用容错的 ISDN 通信方式。

（6）使该系统既可以用于站内，也可用于站间。

（7）系统容量有了很大扩展（每台主机最多可以检测 32 个计轴点、监控 32 个区段）。

（二）结构组成

AzLM 系统由室内信号处理及计数处理 ACE 主机和室外轨旁计轴点设备组成。室内部分如图 3-5-1 所示。轨旁计轴点设备包括 SK30 H 轨道磁头传感器和 ZP30 H 电子盒，如图 3-5-2 所示。

图 3-5-1 AzLM 系统室内设备

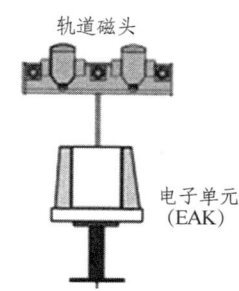

图 3-5-2 轨旁计轴点设备

室内主机与室外计轴点之间采用 ISDN 数据线进行通信，且电源与通信可以共线传输。每台主机最多可以检测 32 个计轴点、监控 32 个区段，适用于一般区段和复杂站场。AzLM 系统结构如图 3-5-3 所示。

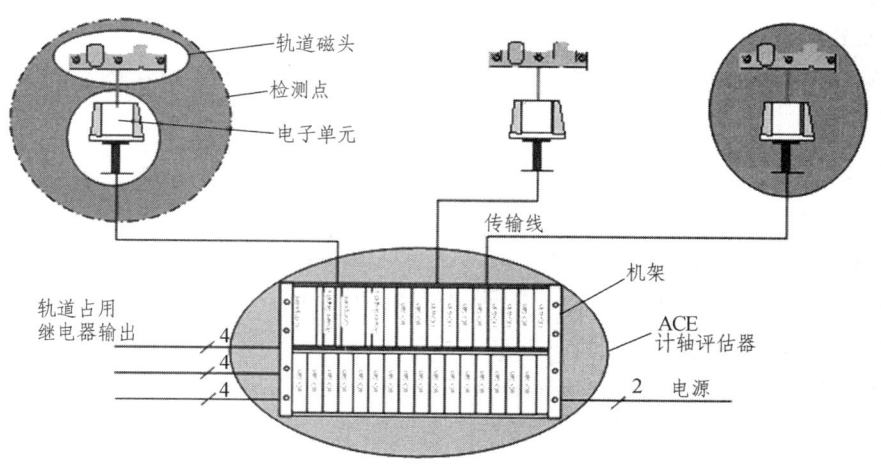

图 3-5-3 AzLM 系统结构

（三）工作原理

计轴器是利用轨道传感器、计数器来记录和比较驶入和驶出轨道区段的车轴数，以此来判断轨道区段的状态情况。计轴器基本原理是：

（1）当列车进入轨道区段时，轮对经过驶入端传感器磁头时，会产生计数脉冲，计数处理器先判定运行方向，之后对计数脉冲进行累加计数，并同时发出区段占用信息。

（2）当列车离开轨道区段，轮对经过驶出端传感器磁头时，其计数处理器进行减轴计算。

（3）最后对车轴数的计算结果比较判断，若进入轨道区段的车轴数等于离开的车轴数，就可以认为轨道区段空闲，发出空闲表示信息；否则，为轨道区段占用。

计轴器轨道电路的工作原理

二、计轴器的测试

计轴器的测试以 AzS（M）350 型计轴系统为例来说明。

（一）技术规范

（1）计轴设备应有可靠电源供电。

（2）计轴设备的设计应符合"故障-安全"原则，当发生任何故障，要持续显示占用状态；故障排除后未经人工办理，不得自动复位。

（3）计轴室外磁头应不受湿度和水的影响。

（二）电气测试

地面按季、地下站按半年进行如下电气测试：

（1）输入电压（标称值 90 V DC）（VTGL+ VTGL －，接线端子第 1、2 针脚），标记的电压值为 90 V DC，可接受的范围为 27～115 V DC。

（2）整流输出电压（+24 V_1，开关处于位置 3），电压范围应在 22～25 V DC，SV 模块左侧的红色 LED 处于"关闭"状态。

（3）整流输出电压（+24 V_2，开关处于位置 4），电压范围应在 22～25 V DC，SV 模块左侧的红色 LED 处于"灭灯"状态。

（4）检查'Last calculated MCON'数值，在"基线校准"±1%范围内。

（5）检查'Detector Scaling Factor'，标准参数值为 0.6。

（6）检测到/未检测到的轮轴数，标准参数值为 4。

每年进行的电气测试主要有磁头对钢轨的绝缘测试，不小于 5 MΩ。

室外维护测试设备为计轴测试箱，如图 3-5-4 所示，建议配备扭力扳手一把。

项目三 轨道电路的维护

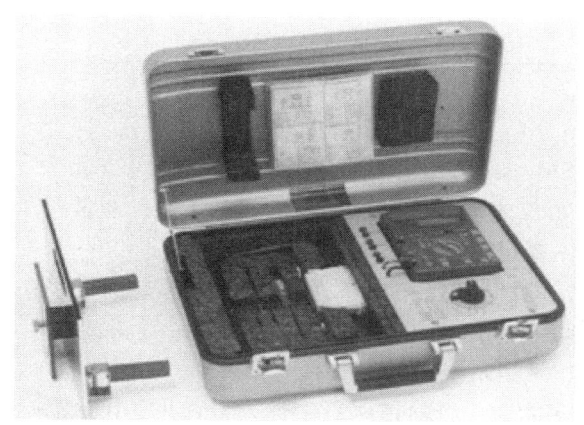

图 3-5-4 计轴测试箱

三、计轴器故障排查

本内容介绍以 A_ZLM 计轴系统为例。

（一）计数故障的种类

（1）计数点故障，从而不能形成计数脉冲，此时，该计数点应被"取消"。
（2）计数错误，该错误应该被纠正。
（3）不论是计数点"取消"，还是纠正计数错误，都绝不能影响安全。

（二）出现计数点故障时的校正

当计数点不再形成计数脉冲时，则视为计数点故障。在这种情况下，中央处理机将相邻两段轨道区段合并为一段"虚拟"轨道区段，如图 3-5-5 所示。

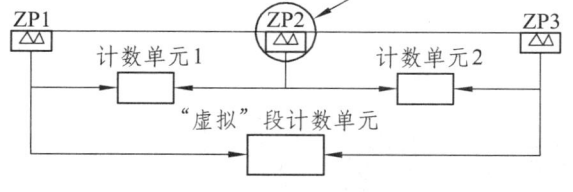

图 3-5-5 计轴点故障情况

（三）计数差错的纠正

若实际的车轴数与设备给出的轴数不符，则认为出现计数差错。对于现代的计轴设备而言，出现计数差错的概率仅为 10^{-8} 以下。尽管如此，这种情况的出现将导致出现不真实的"区段占用"。

图 3-5-6 所示表示四点式纠错原理。当 ZP3 计数差错，而其他四个计数点具有同样的计数状态，那么，可以纠正为与其他四个计数点相同。

信号基础设备维护

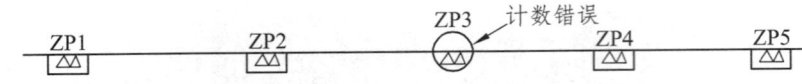

图 3-5-6 四点式纠错原理

由于计轴系统 AzSM 的极高可靠性与很强的自动纠错能力，所以用操作计轴按钮（AzGrT）方法恢复计轴定位的情况是极少遇到的。对于这种非常罕见的故障情况，值班员通过操作按钮使计数单元恢复定位。

复位前提均已满足，则计轴单元的计数状态再次为零。这样一来，相应的已给出空闲表示的轨道区段在一段时间内给出占用表示，直到这种用命令限速的运行按计入次序越过故障点。这时，计轴系统分担了值班员的检查责任。

计轴系统 AzSM 最多能在一个轨道区段中计入及计出 1 024 车轴。当轮轴在车轮识别装置上时，或者停在车轮识别装置上，不会产生错误计数。在列车倒车时，仍保留占用状态。

在计轴系统 AzSM 中有多个负荷，在一般情况下，出于可用性的考虑，在电网故障、电网转接或者备用发电机组启动时必须不中断供电。

【电路识读】

为便于理解计轴器的相关内容，将计轴器按位置不同设计成独立的单元式组成。AzLM 系统由室外轨旁计轴点设备和室内主机组成。

一、轨旁计轴点

（一）轨道磁头

轨道磁头由两个物理偏移线圈装置 SK1 和 SK2 组成，它们安装在同一根轨道上，如图 3-5-7 所示。轨道磁头安装在轨道上，轨道外侧圆柱形磁头能够发送电磁场，轨道内侧方形磁头负责接收该电磁场信号。当车轮经过磁头的时候，磁力线由于金属的介入而改变，接收端磁头接收到的磁场强度会发生变化。随着接收到的磁场强度变化，接收磁头发送回 EAK 箱的电压会跟着变化。每个计轴点有相邻的两对磁头，共四个。

图 3-5-7 轨道磁头

（二）车轮电子检测盒

箱内有接地板，接地板上有车轮电子检测盒，电子单元里有底板、模拟板以及评估板各一块。电子单元 E-Es30 H 为 Tx 磁头供电，检测并计算轮轴脉冲，监控磁头，进行自检并向 ACE 发送包含计数和监控信息的报文。计数、监控和报文生成功能由两个受计轴主机安全模块监控的独立微控制器执行。一般计轴点的车轮电子检测箱下共有六条电缆，其中四条电缆连接计轴磁头，一条电缆连接室内 CTF 分线盘，还有一条地线电缆。车轮电子检测盒如图 3-5-8 所示。

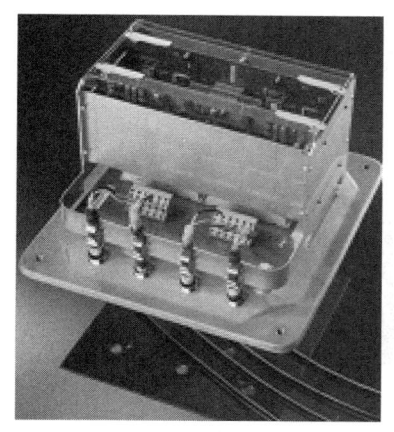 

（a）内部结构　　　　　　　　　　　　（b）外观

图 3-5-8　车轮电子检测盒

整个车轮电子检测盒内部设备可以从中间分为基本对称的两半，每一半对应一对计轴磁头。两半的工作原理相同。

1. 底　板

电子单元的底板类似于计算机的主板，整个电子单元的供电由此接入，评估板（核算器）和模拟板插在底板的插槽中。底板边缘还有一个测试插座，可以连接测试工具用来察看电路板的工作电压以及磁头发送回来的电信号等，如图 3-5-9 所示。

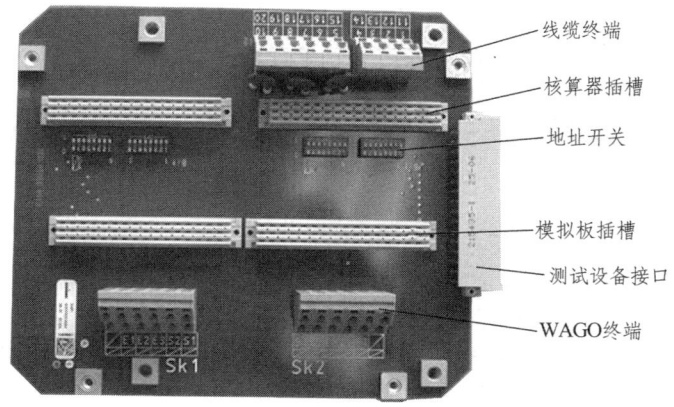

图 3-5-9　电子单元的底板

底板的线缆终端上连接的是沟通室内外的电缆，电缆另一头通过室内分线盘连接机架内对应的 PDCU，整个电子单元的 120 V 供电就是由 PDCU 提供的。计轴磁头所需要的 5 V 电源和板卡的 24 V 工作电源都由底板供电。

2. 模拟板

在车轮靠近和远离的过程中，计轴磁头的磁场变化是一个渐进的过程，所导致的接收端电压变化自然也是渐变的。模拟板的功能就是把这种渐变的信号转变成评估板能读懂的电脉冲信号。

模拟板卡灯位和电位器功能如图 3-5-10 所示。

部分	功能
R_1	SK1 参考电压电位计
R_2	SK1 调整电压电位计
R_3	SK2 参考电压电位计
R_4	SK2 调整电压电位计
H_1	SK1 磁头情况，红灯亮有车轮，绿灯闪烁调整电压正常
H_2	SK2 磁头情况，红灯亮有车轮，绿灯闪烁调整电压正常
H_3	板卡电源，绿灯亮 5 V 电源正常，红灯亮 24 V 电源故障

图 3-5-10　电子单元的模拟板

参考电压和调整电压是模拟板工作的两个重要数据，将测试工具箱连接到底板的测试工具插头上，通过相应的挡位就可以读出 SK1 和 SK2 的这两个数值。

调整电压（MESSAB）就是磁头发送回 EAK 的电压。当车轮靠近磁头上方，该电压会急剧变小，当车轮在磁头正上方时，电压值最小。

参考电压（PEGUE）是一个定值，其作用就是作为一个参考值。参考电压的调整一般在完成调整电压后。改变测试工具挡位测量参考电压，旋转电位器 R_1/R_3，使参考电压值等于没有车轮时的调整电压值。

3. 评估板

评估板的功能就是计数和向室内发送数据。核算器板有自检功能，一旦发现本身 CPU 有故障就会停止向室内发送错误数据。评估板如图 3-5-11 所示。

图 3-5-11　电子单元的评估板

二、ACE 主机

ACE 主机是室内计轴设备的核心，一个 ACE 子架分为 3 层，每层有 16 个板卡位。第 1 层 2 块电源板和 2 块 CPU 板占掉 6 个板卡位，其余板卡位则是并行和串行 I/O 板，没有板卡的位置用盖板盖住，如图 3-5-12 所示。

图 3-5-12　ACE 主机

ACE 子架的串行 I/O 接收到来自 PDCU 的计轴点数据输入，将数据送到 CPU 板，CPU 通过各个计轴点之间的逻辑关系，将来自计轴点的数据经过运算转化为各区段的状态信息后送到并口板，并口板将区段状态数据输出给联锁系统作为联锁条件。

计轴区段有 3 种状态：空闲、占用和受扰。空闲区段即区段内轮对数为零的区段；当该区段两头任何一个计轴磁头上有车轮滑向区段内，区段内轮对数变成正数就会成为占用状态；当该区段两头任何一个计轴磁头上有车轮滑出区段，区段内轮对数变成负数就成为受扰状态。

1. 电源板

电源板从电源屏获得 60 V 交流电输入，然后分配给串行和并行 I/O 板使用，如图 3-5-13 所示。

图 3-5-13　电源板

2. 串口板和并口板

一块串口板负责 2 个计轴点的输入，如图 3-5-14 所示。一块并口板负责 1 个区段状态的输出，如图 3-5-15 所示。并口板有许多 LED 灯位，可以通过这些 LED 看出计轴区段的一些简单情况。

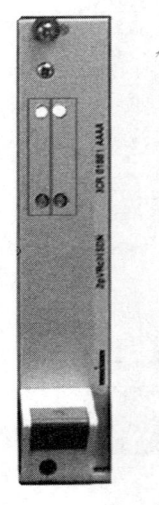 

图 3-5-14　串口板　　　　　图 3-5-15　并口板

3. CPU 板

CPU 板是整个计轴系统的神经中枢,它的程序里烧录着计轴点和计轴区段之间的关系,它控制着系统并行 I/O 的输出,与联锁系统的安全密切相关,如图 3-5-16 所示。

图 3-5-16　CPU 板

4. PDCU 电源/数据调谐单元

PDCU 是电源/数据调谐单元的简称,安装在室内 ACE 机架背面,一头通过 CTF 分线盘连接轨旁设备,另一头连接着机架内的串口板。正如设备名所述,PDCU 就是起到对电源和数据的通道进行合理分配的作用,对室外的 120 V 供电和 EAK 发回的数据使用的是同一对线。

【考核标准】

1. 应知应会知识

采用闭卷方式考核。考试内容为:
（1）计轴器的作用;
（2）AzLM 计轴系统的结构;
（3）计轴器的工作原理;
（4）计轴器电路测试方法;
（5）计轴器故障排查方法。

2. 电路识读技能

能够正确认知 AzLM 计轴系统的各部件,考核时限 5 min。考核方式采用笔试加操作,笔试内容为计轴器的工作原理。评分标准如表 3-5-1 所示。

表 3-5-1　图纸识读技能评分表

项目及配分	考核内容及评分标准	扣分因素及扣分	得分
电路识读 （4分）	（1）轨道磁头的结构、特点叙述不清楚，每项扣2分		
	（2）车轮电子检测箱的部件认识不准，每项扣2分		
	（3）ACE主机构成部件识别模糊，每项扣2分		
	电路识读共计4分，上述内容按规定扣分，扣完4分为止		
工作原理 分析 （5分）	（1）轨道磁头工作原理分析不清楚，每项扣3分		
	（2）车轮电子检测箱的工作原理回答错误，每项扣2分		
	（3）计轴器的工作原理回答错误，每项扣2分		
	工作原理分析共计5分，上述内容按规定扣分，扣完5分为止		
计轴器测试 （2分）	（1）计轴器的技术规范回答错误，扣1分		
	（2）计轴器的电气特性测试项目回答错误，每项扣2分		
	（3）计轴器的电气特性测试方法不清，每项扣1分		
	本项目共计2分，上述内容按规定扣分，扣完2分为止		
计轴器故障 排查 （4分）	（1）计轴器故障的类型不清楚，每项扣2分		
	（2）计数点故障时的校正处理不清楚，每项扣2分		
	（3）计数差错处理不清楚，每项扣2分		
	故障排查共计4分，上述内容按规定扣分，扣完4分为止		
合计			

任务六　高压脉冲轨道电路维护

【学习目标】

（1）了解高压脉冲轨道电路的特点；
（2）掌握高压脉冲轨道电路原理；
（3）掌握高压脉冲轨道电路的工作原理；
（4）掌握高压脉冲轨道电路的测试方法。

【相关知识】

一、高压脉冲轨道电路的特点

为了进一步提高轨道电路的分路灵敏度，解决高阻轮对造成的分路不良问题，研制出了高压脉冲轨道电路。高阻轮对是由车轮本身的结构和材质及轮面锈蚀等原因造成的，车上散落下来的油污、沙子、煤屑等经车轮碾压形成导电不良的薄层，再加上雨雾水气使轨面生锈，这些都会导致分路不良，甚至分路失效，造成严重后果。高压脉冲轨道电路具有分路灵敏度高、钢轨绝缘破损防护功能强、抗干扰能力强、设备简单、维修方便等诸多优点。

二、高压脉冲轨道电路原理

高压脉冲轨道电路是针对提高分路灵敏度和快速动作的目标设计的。其电路原理如图 3-6-1 所示。

1. 发码电源变压器

室内轨道电源经电缆送至高压脉冲发码电源变压器的 Ⅰ 次侧，变压器 Ⅱ 次侧可提供 300 V、400 V、500 V 的交流电压，可以根据轨面的生锈程度及轨道电路的长度选择合适的电压。

2. 发码盒

变压器次级电压给高压脉冲发码盒提供工作电源，发码盒输出经过调整电阻在高压脉冲扼流变压器的信号侧放电，产生头部和尾部不对称的高压脉冲（见图 3-6-1），该脉冲经过扼流变压器传送至轨道。

3. 译码器

通过变换分别把高压脉冲中的正脉冲和负脉冲分别输出（输出波形见图 3-6-1），供给二元差动继电器工作。

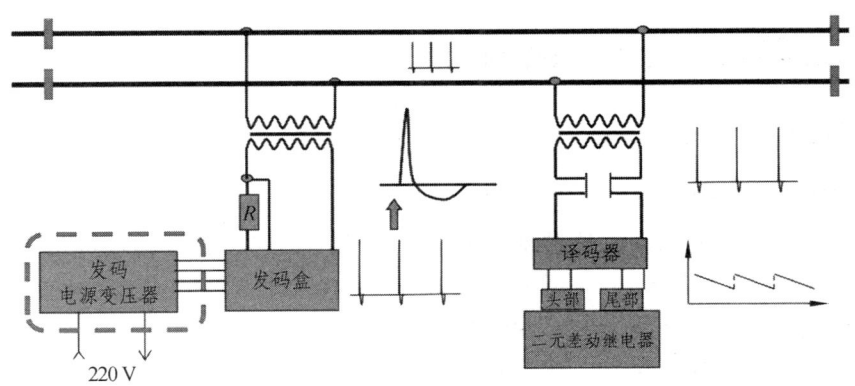

图 3-6-1　高压脉冲轨道电路原理

4. 二元差动继电器

仅头部有电,继电器落下;仅尾部有电,继电器落下;头、尾部均有电,继电器吸起;头、尾部均无电,继电器落下。

三、高压脉冲轨道电路的工作原理

主要由高压脉冲发生器、脉冲接收器、单闭磁轨道继电器组成。脉冲接收器和轨道继电器设在室内,脉冲发生器可分散设在现场变压器箱内,也可集中设于室内。高压脉冲轨道电路工作原理如图 3-6-2 所示。

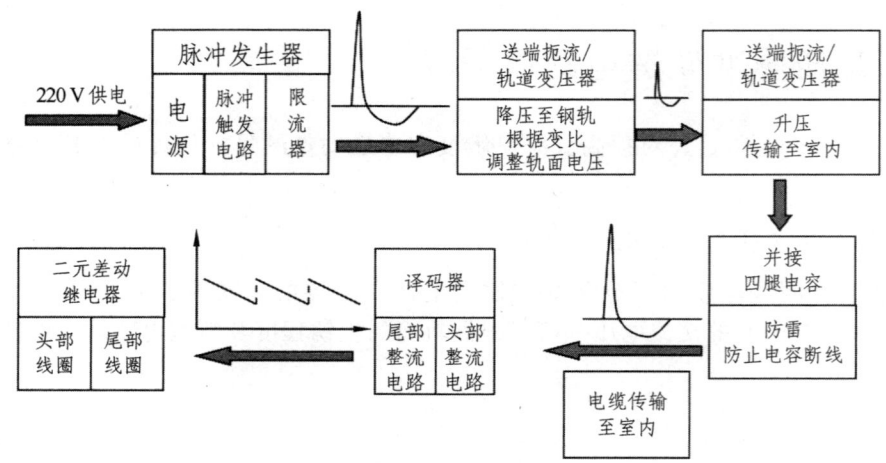

图 3-6-2　高压脉冲轨道电路工作原理

高压脉冲可击穿导电不良的薄层,该脉冲由轨道电路发送端经钢轨传至接收端。区段无车占用时,接收器接收到脉冲。相邻区段都为高压脉冲轨道电路时,采用极性交叉的办法防护轨端绝缘的破损。由于脉冲接收器是有极性的,当轨端绝缘双破时,因相邻轨道电路送来的脉冲极性相反,不被接收。

四、高压脉冲轨道电路的检修

(一)绝缘、钢轨接续线、道岔跳线等的检查

(1)装有钢轨绝缘处的轨缝应保持在 6~10 mm;两钢轨的头部应在同一水平,高低相差不超过 2 mm;槽型绝缘、轨端绝缘无破损,绝缘良好;各种扣件等均不得与鱼尾板接触。

(2)道岔装置 L 铁、尖端铁、角钢的各种绝缘应齐全,螺栓紧固,绝缘良好。

(3)桥梁护轮轨绝缘应齐全,螺栓紧固,绝缘良好。

（4）塞钉式接续线应采用ϕ5 mm 镀锌铁线两根，两根铁线水平低于轨面，铁线应无影响强度的伤痕，焊接牢固，打入深度最少与轨腰平，露出不超过 5 mm。

（5）焊接式接续线，电化区段需采用截面积不小于 50 mm^2 的多股镀锌钢绞线，焊接接头外观应光滑饱满，焊接牢固，导线无损伤，无漏焊、假焊。

（6）道岔跳线应采用双跳线。

（7）道岔跳线电化区段须采用截面积不小于 42 mm^2 的多股镀锌钢绞线（非电化区段不小于 15 mm^2）。

（8）跳线和引接线处不得有防爬器和轨距杆等物。

（9）跳线和引接线穿越钢轨处，距轨底不小于 30 mm。

（二）调　整

（1）调整时应根据轨道电路的实际情况，依据设备厂家技术要求进行。

（2）通电前根据轨道电路的类型、区段的长度选择适合的调整表。根据调整表确定各器材的调整参数，确保施工配接线的正确。

（3）通电后，确保钢轨线路脉冲信号的极性正确，保证二元差动继电器吸起。根据轨面的锈层情况适当调整轨面峰值电压，锈层越厚，轨道变压器（扼流变压器）应选用的变比越小，发码变压器的Ⅱ次输出电压选用应越高，调整时送、受端轨道变压器（扼流变压器）变比选择最好应一致。

（4）在最不利条件下，调整状态应满足轨道继电器头部电压有效值不小于 27 V，轨道继电器尾部电压有效值不小于 19 V；分路状态应满足轨道继电器头部电压有效值不大于 13.5 V，轨道继电器尾部电压有效值不大于 10 V。最高轨面脉冲峰值电压不大于 200 V。

【电路识读】

为使高压脉冲轨道电路便于理解，将其主要部件加以标识说明。

根据图 3-6-3 所示，脉冲接收器将从轨道接收的高压脉冲经 C_1 隔直，B_1 降压，再由 D_1 整流 C_3 滤波成为较平滑的直流，作为轨道电源送至轨道继电器（JCRC 型二元差动继电器，见图 3-6-4）的控制线圈 1-2；另一路驱动电子开关（DZK-1 型）产生局部电源，供给轨道继电器的局部线圈 3-4。轨道继电器 GJ 的两个线圈得到同极性电源即吸起。当轨道电路被分路或其他原因使 GJ 的任一线圈失去供电时，GJ 落下。

发送设备的 R_3 和接收设备 R_1 采用热敏电阻，进行温度调节。

由于电子开关具有很高的返还系数和开关速度，就使脉冲接收具有高返还系数和高分路灵敏度（50 m 以下区段不小于 3 Ω，其他区段不小于 0.2 Ω），以及应变速度快（50 m 以下的区段不大于 0.2 s，其他区段不大于 0.5 s）的特点。

在发送器、接收器内部分别接有压敏电阻，做横向防雷保护；在发送端、接收端与轨道连接处设有压敏电阻做纵向防护。

信号基础设备维护

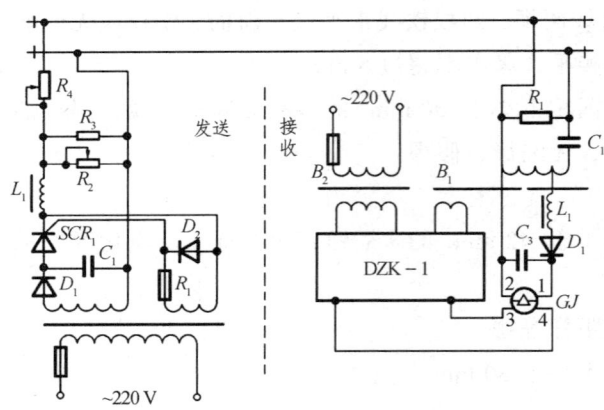

图 3-6-3 高压脉冲轨道电路

图 3-6-4 JCRC 型二元差动继电器

【考核标准】

1. 应知应会知识

采用闭卷方式考核。考试内容为：
（1）高压脉冲轨道电路的特点；
（2）高压脉冲轨道电路的结构；
（3）高压脉冲轨道电路的工作原理；
（4）高压脉冲轨道电路检修内容。

2. 电路识读技能

能够正确认知高压脉冲轨道电路的各部件，考核时限 5 min。考核方式采用笔试加操作，笔试内容为高压脉冲轨道电路的工作原理。评分标准如表 3-6-1 所示。

表 3-6-1 图纸识读技能评分表

项目及配分	考核内容及评分标准	扣分因素及扣分	得分
电路识读（4分）	（1）高压脉冲轨道电路的结构、特点叙述不清，每项扣 2 分		
	（2）高压脉冲轨道电路的部件认识不准，每项扣 2 分		
	（3）高压脉冲轨道电路送电端构成部件识别不清，每项扣 2 分		
	电路识读共计 4 分，上述内容按规定扣分，扣完 4 分为止		
工作原理分析（5分）	（1）高压脉冲轨道电路工作原理分析不清楚，每项扣 3 分		
	（2）轨道继电器的工作原理回答错误，每项扣 2 分		
	工作原理分析共计 5 分，上述内容按规定扣分，扣完 5 分为止		

项目及配分	考核内容及评分标准	扣分因素及扣分	得分
高压脉冲轨道电路测试、调整（2分）	（1）高压脉冲轨道电路的技术规范回答错误，扣1分		
	（2）高压脉冲轨道电路的电气特性测试项目回答错误，每项扣2分		
	（3）高压脉冲轨道电路的调整方法叙述不清，每项扣1分		
	本项目共计2分，上述内容按规定扣分，扣完2分为止		
	故障排查共计4分，上述内容按规定扣分，扣完4分为止		
合计			

思考题

（1）简述轨道电路的基本原理。它有哪两个作用？

（2）轨道电路如何分类？各种轨道电路在城轨信号中有哪些应用？

（3）何谓轨道电路的三种基本工作状态？各种最不利工作状态是什么？

（4）轨道电路有哪些基本技术要求？

（5）什么是轨道电路的极性交叉？有何作用？

（6）音频轨道电路有什么特点？如何分类？

（7）简述音频轨道电路的工作原理。

（8）交流二元继电器结构有何特点？它如何具有相位选择性和频率选择性？

（9）50 Hz 相敏轨道电路如何组成？并简述其工作原理。

（10）分析交流二元继电器有哪些问题？

（11）简述微电子相敏接收器的工作原理。

（12）简述 50 Hz 微电子相敏轨道电路的组成。它有何特点？

（13）叙述 50 Hz 微电子相敏轨道电路如何进行调整与测试？

（14）简述 50 Hz 微电子相敏轨道电路组合的构成。

（15）叙述数字轨道电路的类型和基本组成。

（16）简述 FTGS 数字轨道电路如何划分？

（17）叙述 FTGS 数字轨道电路的硬件组成。

（18）叙述 FTGS 数字轨道电路的工作原理。

（19）简述 AF-904 型数字轨道电路的硬件组成。

（20）简述 AF-904 型数字轨道电路的工作原理。

（21）AF-904 型数字轨道电路处理的 ATP 信息包括哪些？

（22）AF-904 型数字轨道电路有哪些信号处理能力？

（23）简述 DTC921 型轨道电路的组成。

（24）DTC921 型轨道电路的频率是如何配置的？为什么要这样配置？

（25）说明 DTC921 型轨道电路室内处理单元的功能原理以及 SACEM 报文的基本形式。

（26）DTC921 型轨道电路如何处理模糊区段？

（27）简述 AzLM 计轴设备的组成。

（28）叙述计轴系统进行列车检测的原理。

（29）说明 ACE 各面板指示灯的含义。

（30）为什么一个计轴点要设置两套轨道磁头？

（31）试比较计轴设备与轨道电路的优缺点。

项目四　道岔转辙设备的维护

【项目导引】

转辙机是重要的信号基础设备，它对于提高运输效率、保证行车安全均起着非常重要的作用。转辙机是道岔控制系统的执行机构，具有转换道岔、锁闭道岔、反映道岔的实际位置等作用。目前，在铁路系统中常用的转辙机的类型有 ZD6 型电动转辙机、S700K 型电动转辙机、ZD（J）9 型电动转辙机、ZYJ7 型电动液压转辙机等，其中后三种类型的转辙机往往与分动外锁闭装置配合使用。通过本项目的学习，不但能够了解转辙机和外锁闭装置的结构原理，同时还能学习它们的分解与组装、检修与测试、安装与调整等基本维护能力。

任务一　转辙机概述

【学习目标】

（1）了解道岔的结构及状态；
（2）掌握转辙机的概念、作用；
（3）理解转辙机的基本要求和分类。

【相关知识】

一、道岔设备

（一）道岔的结构

道岔是机车车辆从一股道转入或越过另一股道时必不可少的线路设备。我国最常见的道岔类型是普通单开道岔，其主线为直线，侧线由主线向左侧或右侧岔出。单开道岔的组成如图 4-1-1 所示。

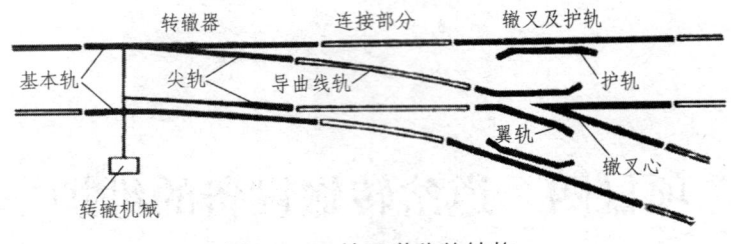

图 4-1-1　单开道岔的结构

道岔有两根可以移动的尖轨，尖轨外侧有两根固定的基本轨。辙叉部分由两根翼轨、一个辙叉心和两根护轨组成。护轨和翼轨用来固定车轮运行方向，防止车辆通过辙叉的有害空间时造成脱轨事故。

由图 4-1-1 可见，道岔有两根可以移动的尖轨，一根密贴于基本轨，另外一根离开另一基本轨一段距离。道岔开通弯股，要想改变道岔的位置，需要使用道岔转辙设备改变两根尖轨的位置，使原本密贴的尖轨分离，原本分离的尖轨密贴。

（二）道岔的位置

道岔除使用、检修等特殊情况，经常开通的位置叫作道岔的定位。道岔另外一个开通方向称为反位。

道岔还有一种特殊位置；叫作四开位置，即两根尖轨与两根基本轨都分离，一般是指挤岔或道岔转换不到位的情况。

（三）道岔的辙叉号

道岔的叉心所形成的角叫作辙叉角。道岔号（N）是代表道岔各部的主要尺寸的，用辙叉角（α）的余切值表示，即 $N = \cot \alpha$。

由此可见，道岔号与辙叉角成反比。辙叉角越小，道岔号越大，导曲线半径越大，机车车辆通过道岔时越平稳，允许通过道岔的速度也就越高。

二、转辙机的概念与作用

转撤机是指用以可靠地转换道岔位置，改变道岔开通方向，锁闭道岔尖轨，反映道岔位置的重要的信号基础设备。其作用如下：

（1）转换道岔的位置，根据需要转换至定位或反位。

（2）道岔转换到所需的位置并密贴后，实现机械锁闭，防止外力转换道岔。

（3）正确反映道岔的实际位置，道岔尖轨密贴于基本轨后，给出相应的表示。

（4）道岔被挤或因故处于"四开"位置时，及时切断道岔表示，并给出报警提示。

三、对转辙机的基本要求

（1）作为转换装置，应该具有足够的拉力，以带动尖轨做直线往返运动；当尖轨受阻不能运动到底时，应随时通过操纵使尖轨回复原位。

（2）作为锁闭装置，当尖轨与基本轨不密贴时，不应进行锁闭，一旦锁闭，应保证道岔不因列车通过的震动而错误解锁。

（3）作为监督装置，应正确反映道岔的状态。

（4）道岔被挤后，在未修复之前不应再使道岔转换。

四、转辙机的技术要求

（1）转辙机的安装应与道岔对齐，转辙机外壳纵侧面的两端与基本轨或中分线垂直距离的偏差，不大于 10 mm（外锁闭道岔，不大于 5 mm）。

（2）列车运行速度大于 120 km/h 的道岔应采用外锁闭装置。

（3）多点（含两点及以上）牵引道岔应采用多机牵引方式。

（4）发生挤岔时，转换设备（快速转辙机除外）应可靠切断道岔表示。

（5）列车运行速度大于 120 km/h 的线路，道岔应采用三相 380 V 电源电压的交流电动、电液转辙机牵引。其他线路可采用额定电压 160 V 直流电动、电液转辙机牵引。

（6）驼峰调车场道岔应采用额定电压 180~200 V 直流（或三相 380 V 电源电压的交流）的快速电动、电液、电空转辙机牵引；还可采用额定电压 20 V 直流快速电空转辙机牵引。

（7）多机牵引道岔使用的不同动程的转辙机，应满足道岔同步转换的要求。

（8）尖轨、心轨的第一牵引点转辙机，应采用动作杆和锁闭杆同时锁闭的方式。

（9）道岔密贴检查。

① 列车运行速度 120 km/h 及以下区段应满足：

a. 单点牵引道岔，牵引点中心线处有 4 mm 及其以上间隙时，密贴尖轨和心轨不得锁闭和接通道岔表示。

b. 驼峰调车场使用的快速转辙机可不设表示杆检查表示。如设表示杆时，在道岔牵引点中心线处有 7 mm 及其以上间隙时，密贴尖轨不得接通道岔表示。

c. 两点及三点牵引道岔，第一牵引点中心线处有 4 mm 及其以上间隙时，密贴尖轨和心轨不得锁闭和接通道岔表示，其余牵引点检查 6 mm 尖轨的密贴段，在牵引点间有 10 mm 及以上缝隙时，不得接通道岔表示。

② 列车运行速度大于 120 km/h、小于 160 km/h 区段应满足：

a. 单点牵引道岔，牵引点中心线处有 4 mm 及其以上间隙时，密贴尖轨和心轨不得锁闭或接通道岔表示。

b. 两点及三点牵引道岔，第一牵引点中心线处有 4 mm 及其以上间隙时，密贴尖轨和心轨不得锁闭或接通道岔表示，其余牵引点检查 6 mm 尖轨的密贴段，在牵引点间有 10 mm 及以上缝隙时，不得接通道岔表示。

③ 列车运行速度大于 160 km/h 区段应满足：

a. 牵引点中心线处尖轨与基本轨以及心轨与翼轨间有 4 mm 及其以上间隙时，锁闭机构不得锁闭或接通道岔表示。

b. 尖轨、心轨的密贴段，在牵引点间有 5 mm 及以上缝隙时不得接通道岔表示。

c. 多点牵引道岔在尖轨与基本轨和心轨与翼轨不密贴段的牵引点可不设表示杆，也不进行密贴检查，其他牵引点设表示杆。

（10）道岔表示冗余系统。

① 在第一牵引点中心线处，尖轨或心轨密贴时有 4 mm 及其以上间隙时，锁闭机构不得锁闭或接通道岔表示。

② 当尖轨或心轨从密贴位斥离至 5 mm 及以上缝隙时，应断开道岔表示。

（11）道岔表示电路中，应采用反向电压不小于 500 V，正向电流不小于 300 mA 的整流元件；三相交流转辙机表示电路中应采用反向电压不小于 500 V，正向电流不小于 1 A 的整流元件。

（12）各种类型的转辙机及密贴检查装置应符合下列技术要求：

① 能可靠地转换道岔。在尖轨与基本轨密贴后，将道岔锁闭在规定位置，并给出道岔位置的表示。

② 正常转换道岔时，挤切削或保持联结装置应保证不发生挤切或挤脱。当道岔被挤时，同一组道岔上的转辙机或转换锁闭器、密贴检查装置的表示接点必须断开。

③ 安全接点应接触良好。在插入手摇把或钥匙时，安全接点应可靠断开，非经人工恢复不得接通电路。

④ 齿轮装置的各齿轮啮合良好，传动不磨卡，无过大噪声。

⑤ 各种类型的电液转辙机的油路系统不得出现渗漏和堵塞现象。

⑥ 整机密封性能良好，能有效防水、防尘。手摇把孔和钥匙孔处不漏水，不进尘土，机内无积水、无粉尘及杂物。各种零部件无锈蚀。

⑦ 机内配线的接线片和接线端子的螺母无松脱、虚接和滑扣现象。配线的绝缘层无损伤。

（13）凡用于正线道岔第一牵引点的转辙机，动作杆和表示杆必须具备锁闭功能。

五、转辙机的分类

（一）按动作能源和传动方式分类

电动转辙机：由电动机提供动力，采用机械传动方式。大部分的转辙机属于此类，包括我国铁路、地铁大量使用的 ZD6、S700K、ZDJ9 都是电动转辙机。

电动液压转辙机（电液转辙机）：由电动机提供动力，采用液压传动方式。

电空转辙机：由压缩空气作为动力，由电磁换向阀控制。适用于有压缩空气源的自动化、半自动化铁路驼峰编组场，是借助于压缩空气完成转换道岔、锁闭道岔和表示尖轨位置的快速道岔转换设备。

（二）按供电电源的种类分类

直流转辙机：采用直流电动机供电，如 ZD6 系列直流 220 V，电空系列 24 V。由于直流转辙机存在换向器和电刷，易损坏，故障率较高。

交流转辙机：采用交流电动机供电，包括单相或三相交流电源。由于交流电动机不存在换向器和电刷，因此故障率较低，而且交流转辙机单芯电缆控制距离也比较远。有 S700K、ZYJ7 系列交流 380 V。

（三）按动作速度分类

普通动作转辙机：转换道岔时间在 3.8 s 以上，大多数转辙机属于此类。

快动转辙机：转换道岔时间在 0.8 s 以下，主要用于驼峰调车场，以满足分路道岔快速转换的需求。

（四）按锁闭道岔的方式分类

内锁闭转辙机：依靠转辙机内部的锁闭装置锁闭道岔尖轨，是间接锁闭的方式。内锁闭方式锁闭可靠程度较差，列车对转辙机的冲击大，不能用于提速道岔。

外锁闭转辙机：虽然内部也有锁闭装置，但主要依靠转辙机外的外锁闭装置直接将基本轨与尖轨密贴，将斥离轨锁于固定位置，是直接锁闭的方式。外锁闭方式锁闭可靠，列车对转辙机几乎无冲击，能够用于提速道岔。

（五）按是否可挤分类

可挤型转辙机：转辙机内设有道岔保护（挤切或挤脱）装置，道岔被挤时，动作杆解锁，达到保护整机的目的。

不可挤型转辙机：转辙机内不设挤岔保护装置，道岔被挤时，挤坏动作杆与整机的连接结构，应整机更换。

任务二　ZD6 型电动转辙机维护

【学习目标】

（1）掌握 ZD6 型电动转辙机的结构与传动原理；
（2）会按照作业程序对 ZD6 型电动转辙机进行拆装；
（3）ZD6 型转辙机的检修、测试；
（4）会按照作业程序对 ZD6 型电动转辙机道岔进行调整。

【相关知识】

一、ZD6 型电动转辙机结构原理认识

（一）ZD6 型电动转辙机的结构

ZD6 型电动转辙机主要由电动机、减速器、摩擦联结器、自动开闭器、主轴、锁闭齿轮、齿条块、挤切销、动作杆、表示杆、移位接触器、安全接点、壳体等组成，如图 4-2-1 所示。

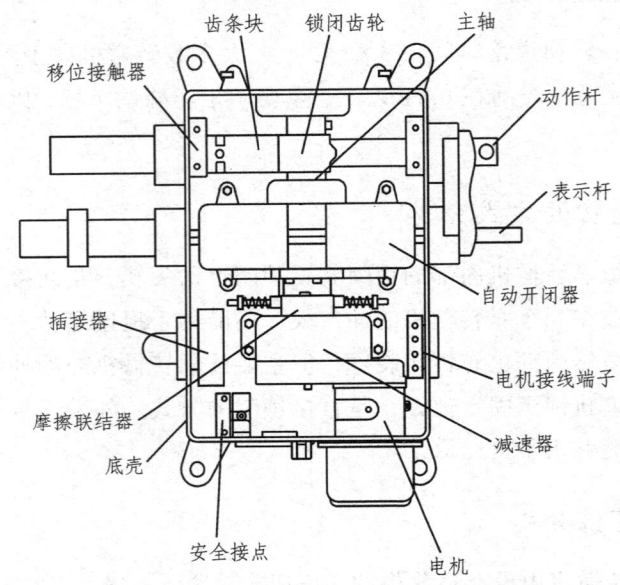

图 4-2-1　ZD6 型电动转辙机结构

1. 电动机

电动机为转辙机提供动力。给电机通电，电机旋转，带动其他部件动作，最终使道岔转换。

ZD6 型转辙机目前基本采用 DZG 电动机，它为短时、直流、串激、可逆电机。主要由定子绕组、转子绕组、换向器、碳刷、外壳等组成。

直流电动机的正转和反转可通过改变定子绕组中或转子绕组中的电流方向来实现。为配合四线制或六线制道岔控制电路，采用了定子绕组正转和反转分开使用的方式，如图 4-2-2 所示。两个定子绕组通过公共端子分别与转子绕组串联，电机电路电流流动方向为：从 1 端子到 3 端子，通过碳刷、换向器、碳刷到 4 端子；或从 2 端子到 3 端子，通过碳刷、换向器、碳刷到 4 端子。

直流电动机的电气参数如下：额定电压 160 V；额定电流 2.0 A；额定转速 2 400 r/min；额定转矩 0.882 6 N·m；短时工作输出功率≥220 VA；单定子工作电阻（20 ℃）（2.85 ± 0.14）× 2 Ω；刷间总电阻（20 ℃）4.9 ± 0.245 Ω。

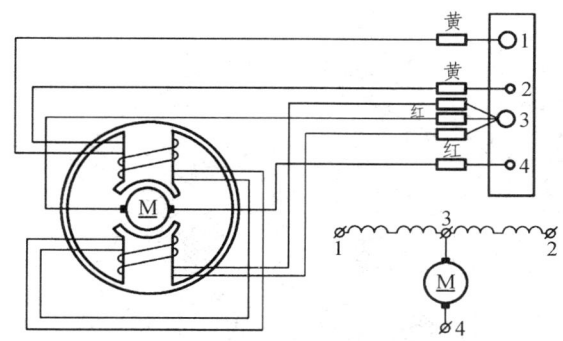

图 4-2-2 电动机内部接线

2. 减速器

减速器的作用是为了减速，即将电动机高速旋转的转速降下来，以获得较大的转矩从而带动道岔转换。ZD6 型电动转辙机所用的减速器为两级减速器，第一级减速器为外啮合齿轮传动，称为齿轮减速器，当电机通电旋转时，安装在电机输出轴上的小齿轮转动，使与之咬合的大齿轮转动，实现减速；第二级减速器为一齿差行星内啮合齿轮传动，称为行星减速器。减速器总传动比大，机械转矩大。各型转辙机减速器相关参数如表 4-2-1 所示。

表 4-2-1 ZD6 各型转辙机减速器参数

转辙机机型	大齿轮齿数	小齿轮齿数	一级减速比	二级减速比
ZD6-A	103	27	3.815	41
ZD6-D/H	110	20	5.5	41
ZD6-E/F/G/J	118	12	9.833	41
ZD6-K	114	16	7.125	41

下面以 ZD6-A 型电动转辙机的行星减速器为例，说明行星减速器的结构原理。如图 4-2-3 所示，行星减速器主要由内齿轮、外齿轮、偏心轴、输出圆盘等组成，内齿轮靠摩擦联结器的摩擦带"固定"在减速器壳内。内齿轮里装有外齿轮。外齿轮通过滚动轴承装在偏心轴的轴套上。偏心轴套用键固定在输入轴上。外齿轮上有 8 个圆孔，每个圆孔内插入 1 根套有滚套的滚棒。八根滚棒固定在输出轴的输出圆盘上。当外齿轮作摆式旋转时，输出轴就随着旋转。

当输入轴随第一级减速齿轮顺时针旋转时，偏心轴套也顺时针旋转，使外齿轮在内齿轮里沿内齿圈做逐齿啮合的偏心运动。当输入轴旋转一周，外齿轮也做一周偏心运动。外齿轮 41 个齿，内齿轮 42 个齿槽，两者相差一齿。所以，外齿轮做一周偏心运动时，外齿轮的齿在内齿轮里错位一齿。在正常情况下，内齿轮静止不动，迫使外齿轮在一周的偏心运动中反方向旋转一齿的角度。当输入轴顺时针方向旋转 41 周，外齿轮逆时针方向旋转一周，带动输出轴逆时针方向旋转一周，这样就达到了减速的目的。

外齿轮既在输入轴的作用下做偏心运动，又与内齿轮作用做旋转运动，类似于行星的运动，即既有自转又有公转，所以外齿轮称为行星齿轮，该种减速器称为行星传动式减速器。

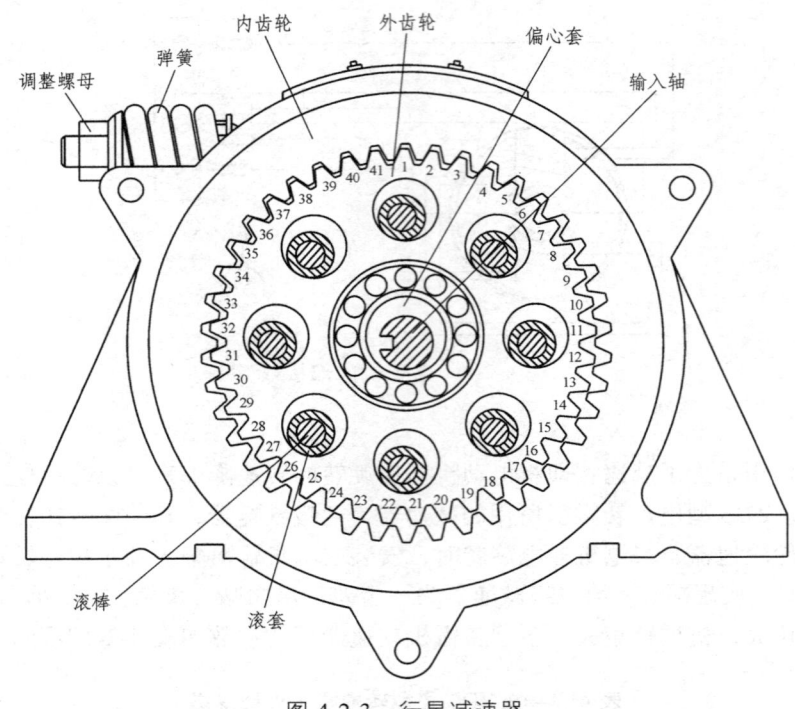

图 4-2-3 行星减速器

为了达到机械转动的平衡，内齿轮里有两个外齿轮，它们共同套在一个输出轴圆盘的 8 根滚棒上，两个外齿轮之间偏向成 180°。

3. 摩擦联结器

摩擦联结器的作用是用来保护电动机和吸收转动惯量的联结装置。它主要由减速壳、摩擦制动板、摩擦带、弹簧、调整螺母等构成。当道岔因故转不到位时，电机电路不能断开，电机将接着旋转，但此时道岔已经不能动作，电机将突然停转，电动机会因电流过大而受损。另外，在正常使用中，道岔转换到位，电动机的惯性将使内部机件受到撞击或毁坏。为防止上述情况发生，同时还要在正常情况下能带动道岔转换，这就要求机械传动装置不能采用硬性联结而必须采用摩擦联结。所以 ZD6 型电动转辙机在行星减速器的内齿轮上安装了摩擦联结器。

ZD6-A 型电动转辙机的摩擦联结器是在行星传动式减速器内齿轮延伸部分的小外圆上套以可调摩擦板构成的，如图 4-2-4 所示。其他类型转辙机的摩擦联结器与 ZD6-A 型转辙机有所区别，它有两个调整摩擦力的弹簧和螺母。在调整道岔故障电流时，要分别进行。

行星减速器的内齿轮大外圆装在减速壳内，可自由滑动。内齿轮延伸的小外圆上装上有摩擦带的摩擦制动板。摩擦制动板下端套在固定于减速壳的夹板轴上，当上端由螺栓弹簧压紧时，内齿轮就靠摩擦作用而被"固定"。在正常情况下，依靠摩擦力，内齿轮反作用于外齿轮，使外齿轮做摆式旋转，带动输出轴转动，最终使道岔转换。当道岔尖轨发生受阻不能密贴和道岔转换完毕电动机惯性运动的情况下，输出轴不能转动，外齿轮受滚棒阻止而不能自转，但在输入轴带动下做摆式运动，这样外齿轮对内齿轮产生一个作用力，使内齿轮在摩擦制动板中旋转（称为摩擦空转），消耗能量，保护电动机和机械传动装置。

项目四　道岔转辙设备的维护

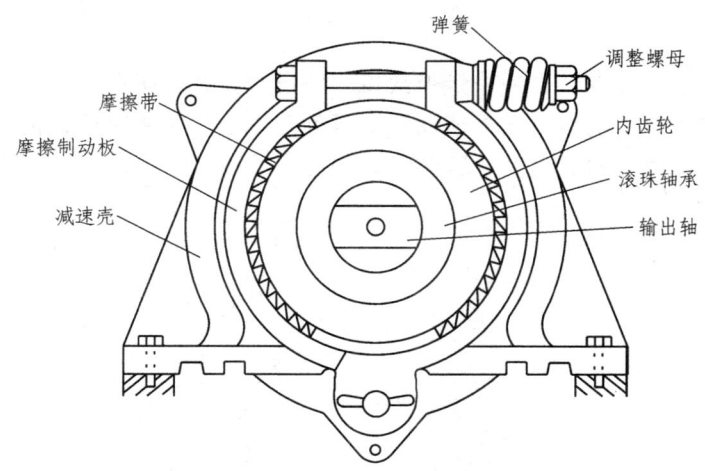

图 4-2-4　摩擦联结器的结构

摩擦联结器的摩擦力要调整适当，过紧会失去摩擦联结作用，损坏电动机和机件；过松不能正常带动道岔转换。摩擦联结器的松紧用调整螺母调整弹簧压力来实现。一般情况下，额定摩擦电流应为额定动作电流的 1.3～1.5 倍。

4. 启 动 片

如图 4-2-5 所示，用它联结减速器的输出轴（输出圆盘）与转辙机主轴，利用其正、反两面互相垂直成"十"字形的沟槽，在旋转时自动补偿两轴不同心的误差。另外，启动片还与速动片相配合，对自动开闭器起控制作用。启动片与输出轴、主轴一起转动，因此能反映锁闭齿轮各个动作阶段（解锁、转换、锁闭）所对应的转角，用它来控制自动开闭器的动作。

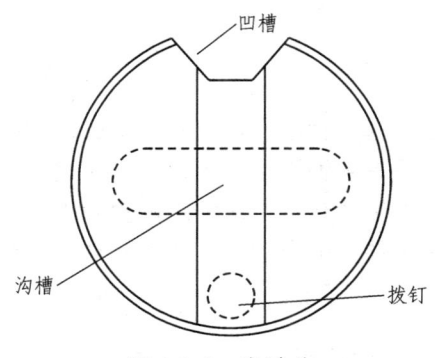

图 4-2-5　启 动 片

启动片上有一梯形凹槽，道岔锁闭后总会有一个速动爪（速动爪上的滚轮）落入其中。道岔解锁时，启动片一方面带动主轴转动，另一方面利用其凹槽的坡面推动速动爪上的滚轮，使速动爪抬起，以断开表示接点。在道岔转换过程中，两个速动爪均抬起。在道岔接近锁闭阶段，启动片的凹槽正好转到应断开道岔电机电路的速动爪滚轮下方，与速动片配合，完成自动开闭器的速动。

另外，启动片上有一个拨钉，该拨钉插在速动片的腰形孔内，当启动片转动一定角度后，利用其拨钉拨动速动片转动。

5. 速动片

如图 4-2-6 所示，速动片有一个矩形缺口，缺口对面有一腰形扁孔，速动片通过速动衬套套在主轴上，启动片上的拨钉插入速动片的腰形孔中。道岔锁闭后，拨片钉总是在腰形孔的一端。转辙机开始动作时，启动片旋转，启动片上的拨钉在腰形孔中空走一段后才拨动速动片一起转动。

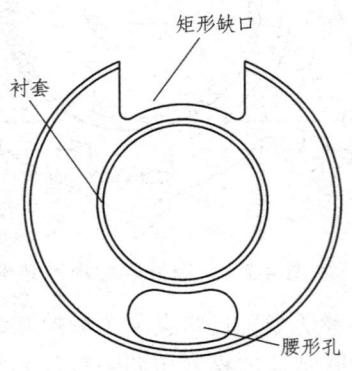

图 4-2-6 速动片

速动片套在速动衬套上，速动衬套又卡在自动开闭器接点座上，它不随主轴转动。速动片直径比启动片略大，当主轴转动，速动片不会跟着转。它的转动只有靠拨钉拨动。

在锁闭齿轮进入锁闭阶段时，齿条块已不再动，为了完成内锁闭，主轴还在转动，启动片和速动片也在转动。这时启动片的梯形凹槽已经转到速动爪滚轮的下方，为速动爪的落下准备好条件。但是，速动片仍然支承着速动爪，使它不能落下。只有当速动片再转过一个角度，使速动爪突然失去支承，就在拉簧的强力作用下，迅速落向启动片凹槽底部，实现了自动开闭器的速动。

6. 主 轴

转辙机的主轴由主轴、主轴套、轴承、止挡栓等组成，它的一端和启动片联结，另一端连接锁闭齿轮，如图 4-2-7 所示，主轴带动锁闭齿轮，通过与齿条块配合完成转换和锁闭道岔。主轴上的止挡栓用来限制主轴的转角，使锁闭齿轮和齿条块达到规定的锁闭角，并保证每次解锁以后都能使两者保持最佳的啮合状态，使整机动作协调。

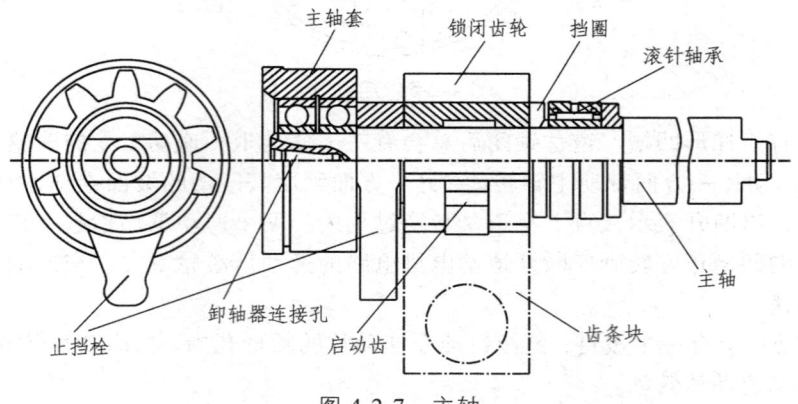

图 4-2-7 主轴

7. 锁闭齿轮和齿条块

如图 4-2-8（a）所示，锁闭齿轮共有 7 个齿，其中 1 和 7 是位于中间的启动小齿，在它们之间是锁闭圆弧。齿条块上有 6 个齿 7 个齿槽，如图 4-2-8（b）所示，中间 4 个是完整的齿，两边的两个是中间有缺槽的削尖齿。缺槽是为了锁闭齿轮上的启动小齿能顺利通过而设置的。当道岔的尖轨与基本轨密贴时，锁闭齿轮的圆弧正好与齿条块的削尖齿弧面重合，如图 4-2-9 所示。如果尖轨受到外力要使之移动时，外力只能沿锁闭圆弧的半径方向传给锁闭齿轮的中心，它不会转动，齿条块及固定在其圆孔中的动作杆也不能移动，这样就实现了对道岔的锁闭。

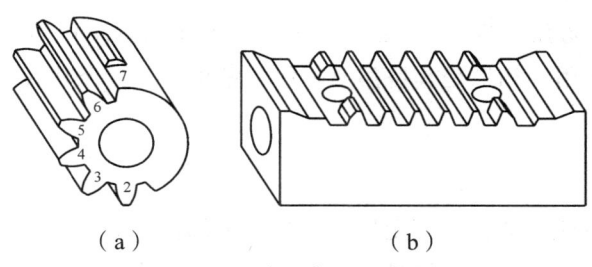

图 4-2-8 锁闭齿轮和齿条块

电动转辙机每转换一次，锁闭齿轮与齿条块要完成解锁、转换、锁闭三个过程。

1）解　锁

假设图 4-2-9（a）所示为定位锁闭状态，若要将道岔转换至反位，电机必须逆时针旋转，输入轴顺时针旋转，使输出轴逆时针旋转，通过启动片带动主轴及锁闭齿轮做逆时针转动。此时，锁闭齿轮的锁闭圆弧面首先在齿条块的削尖齿弧面上滑退，锁闭齿轮上的启动小齿 1 从削尖齿Ⅰ的缺槽经过。当主轴旋转 32.9°时，锁闭圆弧面全部从削尖齿上滑开，启动小齿 1 与齿条块齿槽 1 的右侧接触，解锁完毕。

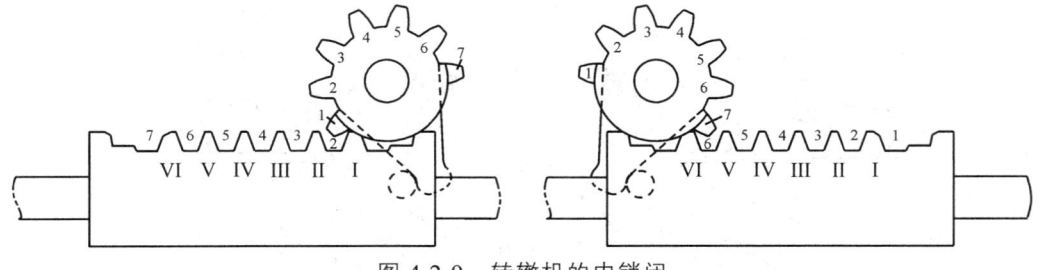

图 4-2-9 转辙机的内锁闭

2）转　换

启动小齿拨动齿条块齿槽 1 的右侧，锁闭齿轮带动齿条块移动，即将旋转运动变为直线运动。锁闭齿轮转至 306.1°时，齿条块及动作杆向右移动了 165 mm，使原斥离尖轨转换到反位，与另一基本轨密贴。

3）锁　闭

道岔转换完毕必须进行锁闭，否则齿条块及动作杆在外力作用下可倒退，造成道岔"四开"的危险。道岔转换完毕后，锁闭齿轮继续转动到339°，锁闭齿轮的启动小齿 7 在削尖齿 Ⅵ 的齿槽经过，锁闭齿轮上的圆弧面与齿条块削尖齿弧面重合，实现了锁闭，如图 4-1-9（b）所示。此时，止挡栓碰到底壳上的止挡桩，锁闭齿轮停止转动。

8. 动作杆

动作杆是转辙机转换道岔的最后执行部件。动作杆一端与道岔的密贴调整杆相连接，带动尖轨运动。动作杆通过挤切销和齿条块联成一体，正常工作时，它们一起运动。用挤切销将齿条块与动作杆联结在一起的目的是：当发生挤岔时，动作杆和齿条块能迅速脱离机械联系，使转辙机内部机件不受损坏。挤切销分主销和副销，分别装于锁闭齿轮削尖齿中间开口处的挤切孔内。主销挤切孔为圆形，主销能顺利插入起主要联结作用。副销挤切孔为扁圆形，副销插入起备用联结作用，如果是非挤岔原因使主销折断，齿条块在动作杆上有 3 mm 的窜动量。

9. 自动开闭器

ZD6 型电动转辙机所用的自动开闭器可以独立拆卸而不影响其他部分。它与表示杆（或锁闭杆）配合，利用接点的通断，及时、正确反映道岔尖轨的位置，完成控制电动机和挤岔表示的功能。

在解锁过程中，由自动开闭器接点断开原表示电路，接通准备反转的动作电路；锁闭后，由自动开闭器接点自动断开电动机动作电路，接通新的表示电路。

1）自动开闭器的组成

自动开闭器由 4 排静接点、2 排动接点、2 个速动爪、2 个检查柱及速动片等组成。静接点、动接点、速动爪、检查柱对称地分别装于主轴的两侧，但又是一个整体，如图 4-2-10 所示。

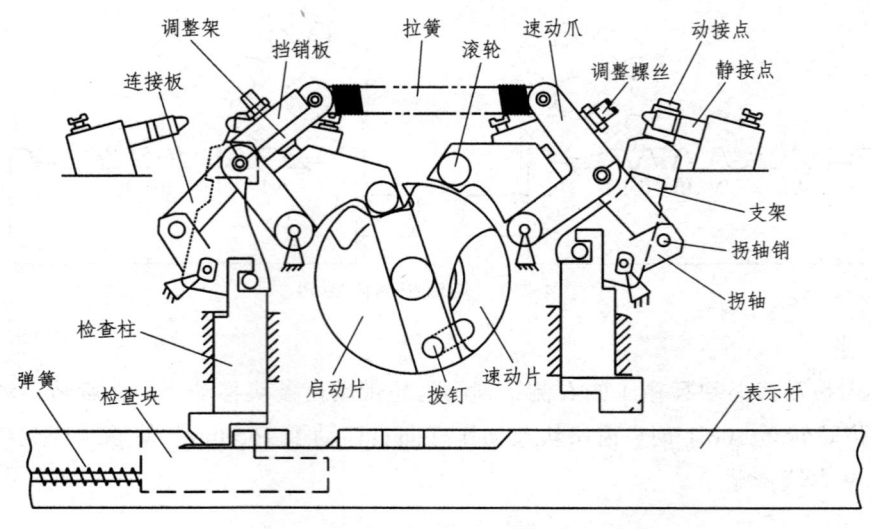

图 4-2-10　自动开闭器

自动开闭器分为接点部分、动接点传动部分及控制部分。接点部分包括动接点、静接点、接点座等。静接点左右对称地安装在接点座上，两组动接点分别安装在左右拐轴上，拐轴以接点座为支承。动接点可以在拐肘转动时改变对静接点组的接通位置。

动接点传动部分包括速动爪及其爪尖上的滚轮、接点调整架、连接板和拐轴，这些部件左、右各有一套。调整接点调整架上的螺钉可以改变动接点插入静接点的深度。

控制部分由拉簧、检查柱、速动片（还应包括启动片）组成。拉簧连接两边的调整架，将两边的动接点拉向内侧，为动接点速动提供动力。检查柱在道岔正常转换时，对表示杆缺口起探测作用。道岔不密贴，缺口位置不对，检查柱不会落下，它阻止动接点块动作，不能构成道岔表示电路。挤岔时，检查柱被表示杆顶起，迫使动接点转向外方，断开道岔表示电路。

2）自动开闭器的动作原理

自动开闭器的动作受启动片和速动片的控制。输出轴转动时带动启动片转动。速动片由启动片上的拨钉带动转动。它们之间的动作关系及受它们控制的速动爪的动作情况，如图 4-2-11 所示。道岔在定位时，启动片凹槽与垂直线成 10.5°角，将这个起始状态作为 0°，假设启动片逆时针转动，固定在左速动爪上的滚轮与启动片凹槽斜面接触，左速动爪随滚轮沿斜面滚动向上升，使 L 形调整架、连接板、拐轴、支架等相互传动。当启动片转至 10.2°时，自动开闭器第 3 排接点断开；转至 19°时，第 4 排接点开始接通，左速动爪的滚轮升至最高，左动接点完全打入第 4 排静接点。启动片转至 28.7°时，拨钉移动至速动片腰形孔尽头，拨动速动片随启动片一起转动，一直转到 335.6°时，速动片缺口对准右速动爪，在弹簧作用下，右速动爪迅速落入速动片缺口内带动右动接点，使第 1 排接点迅速断开，第 2 排接点迅速接通。同时，带动右检查柱落入表示杆检查块的反位缺口内，检查道岔确已转换至反位密贴状态。

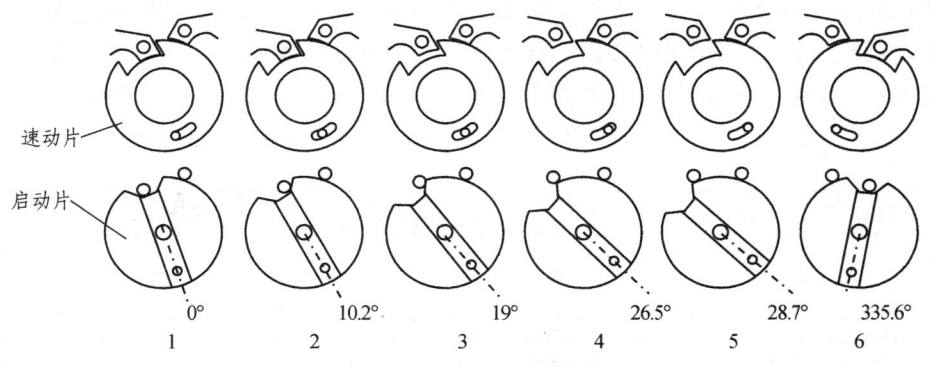

图 4-2-11 启动片、速动片及速动爪的动作关系

自动开闭器有 2 排动接点，4 排静接点。静接点编号是，站在电动机处观察，自右至左分别为第 1 排、第 2 排、第 3 排，第 4 排接点，如图 4-2-12 所示。每排接点有 3 组接点，自远而近顺序编号，第 1 排接点为 11-12、13-14、15-16，其他排接点以此类推。

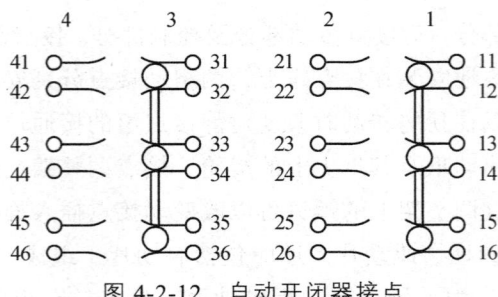

图 4-2-12 自动开闭器接点

假如转辙机定位时为 1、3 排接点闭合，当转辙机向反位转换时，左动接点先动作，断开第 3 排接点，切断道岔定位表示电路，接着接通第 4 排接点，为向回转换做好准备。当转换到反位后，右动接点动作，迅速断开第 1 排接点，切断电动机动作电路，接通第 2 排接点，接通道岔反位表示电路。

假如转辙机定位时 2、4 排接点闭合，当转辙机向反位转换时，右动接点先动作，先断开第 2 排接点，接着接通第 1 排接点；当转换到反位时，左动接点动作，迅速断开第 4 排接点，接通第 3 排接点。

10. 表示杆

电动转辙机的表示杆与道岔的表示调整杆相连，它随道岔动作而动作。利用表示杆可以检查尖轨是否密贴，以及道岔在定位还是在反位。

如图 4-2-13 所示，为 ZD6-A 型电动转辙机的表示杆。表示杆由前（主）表示杆、后（副）表示杆及两个检查块组成，两杆通过固定螺栓和调整螺母固定在一起。前表示杆的前伸端设有连接头，用来和道岔的表示调整杆相连。固定螺栓装在后表示杆的长孔与相对应的前表示杆圆孔里。前表示杆后端有横穿后表示杆的调整螺母，后表示杆末端有一轴向长孔，内穿一根调整螺杆并拧入调整螺母内，在调整螺杆颈部用销子将它与后表示杆联成一体。松开固定螺栓，拧动调整螺杆时，它带动后表示杆在调整螺母内前后移动。由于后表示杆前端与固定螺栓相连的是一长孔，所以调整范围较大，为 86~167 mm，以满足不同道岔开程的需要。

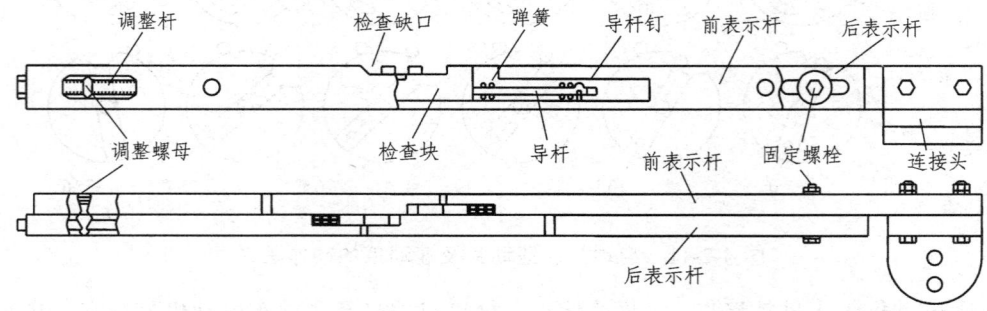

图 4-2-13 表示杆

为检查道岔是否密贴，在前后表示杆的腹部空腔内分别设一个检查块。每个检查块上有一个缺口，道岔转换到位并密贴后自动开闭器所带的检查柱对准此缺口而落下，使自动开闭器动作。设两个检查块是为了满足道岔定位和反位检查的需要。若左侧检查柱落在后表示杆缺口中,则右侧检查柱将落在前表示杆缺口中。检查柱落入表示杆缺口时,两侧应各有 1.5 mm ± 0.5 mm 的空隙。

检查块轴向有一导杆,上面穿有弹簧和导杆钉,平时靠弹簧弹力顶住检查块,以完成对检查柱的检查。挤岔时,检查块缺口被检查柱占有,挤岔瞬间检查块动不了,挤岔的冲击力使表示杆向检查块运动,弹簧受到压缩,检查块和检查柱并未直接受到挤岔冲击力,不会损坏。另外,表示杆被挤,用表示杆缺口斜面迫使检查柱抬起,脱离检查块缺口,各部件不致受损。此时由于检查柱的抬起,自动开闭器的动接点立即退出静接点组,断开道岔表示电路。

11. 挤切装置

挤切装置包括挤切销和移位接触器,用来进行挤岔保护,并切断表示电路。

1) 挤切销

两个挤切销(主销和副销)把动作杆与齿条块联结在一起,如图 4-2-14 所示。道岔在定位或反位时,齿条块被锁闭齿轮锁住,齿条块、动作杆不能动作,道岔也就被间接锁闭。当发生挤岔时,来自尖轨的挤岔力推动动作杆,当此力超过挤切销能承受的机械力时,主、副挤切销先后被挤断,动作杆在齿条块内移动,道岔即与电动转辙机脱离机械联系,保护转辙机主要机件和尖轨不被损坏。一般情况下,挤岔后,只要更换挤切销即可恢复使用。

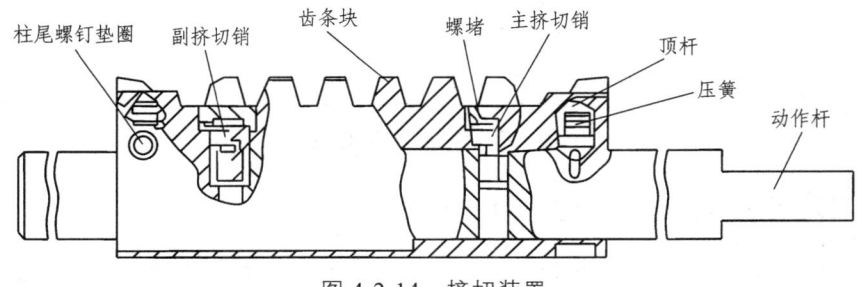

图 4-2-14 挤切装置

2) 移位接触器

自动开闭器检查柱和表示杆中段缺口都有斜面,挤岔时表示杆随道岔动作,表示杆缺口的斜面顺着检查柱的斜面移动,将检查柱顶起,使自动开闭器的第 2 排或第 3 排动接点离开静接点组,从而断开了表示电路。若挤岔时表示杆无动程或动程不足,检查柱没有顶起来,表示电路就会断不开,这是相当危险的。为了确保断开表示电路,ZD6 型转辙机设置了移位接触器。

移位接触器安装于机壳内侧,处于动作杆、齿条块的上方。它由触头、弹簧、顶销、接点等组成,如图 4-2-15 所示,它受齿条块内两端的顶杆控制。平时顶杆下端圆头进入动作杆上的圆坑内,当挤岔时齿条块不动,挤切销被挤断,动作杆在齿条块内产生位移,顶杆下端被挤出圆坑,使顶杆上升,将移位接触器的顶销顶起,断开它的接点,从而断开道岔表示电路。移位接触器上部有一按钮，挤岔后恢复时，可按下此按钮，使移位接触器再次接通。

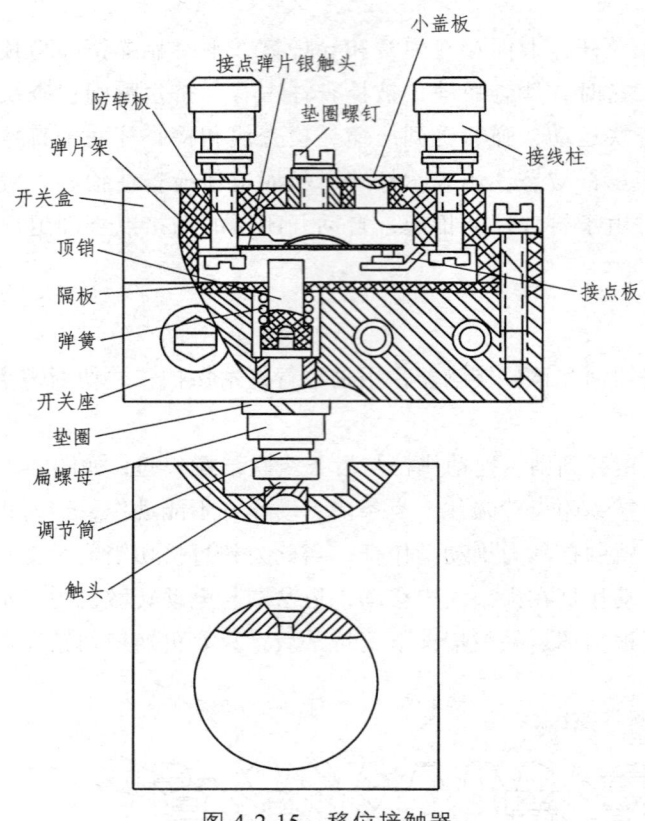

图 4-2-15 移位接触器

（二）ZD6 型电动转辙机整体动作过程

如图 4-2-16 所示，假定原道岔为 1、3 闭合。当电动机通以规定方向的电流，电动机轴按逆时针方向旋转。电动机通过齿轮带动减速器，这时输入轴按顺时针方向旋转，输出轴按逆时针方向旋转。输出轴通过启动片带动主轴，按逆时针方向旋转。锁闭齿轮随主轴逆时针方向旋转，在旋转中完成解锁、转换、锁闭三个过程，拨动齿条块，使动作杆带动道岔尖轨移动，完成转换锁闭。同时通过启动片、速动片、速动爪带动自动开闭器的动接点动作，与表示杆配合，断开第 1、3 排接点，接通第 2、4 排接点，完成转辙机转换、锁闭及给出道岔表示的任务。

手动摇动转辙机时，先用钥匙打开盖，露出摇把插孔，将摇把插入减速大齿轮轴，摇动转辙机至所需位置。此后虽抽出摇把，但安全接点被断开，必须打开机盖，合上安全接点，转辙机才能复原。

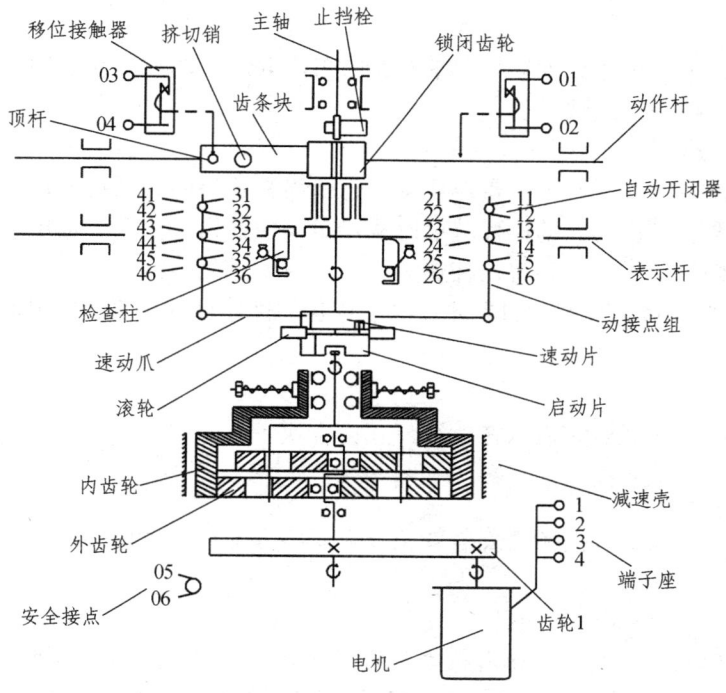

图 4-2-16 ZD6 型电动转辙机传动原理

二、ZD6 型转辙机分解、组装与部件更换

（一）ZD6 型电动转辙机分解与组装

ZD6 型电动转辙机的各部机件较多，在分解与组装过程中一定要按照先后顺序进行。

1. ZD6 型电动转辙机的分解

将机内所有零部件按要求的顺序卸下取出，摆放整齐，熟悉各部件作用与传动原理。分解顺序如下：

1）直流电动机防护罩

用螺丝刀旋下直流电动机防护罩的螺丝，将防护罩取下。

2）直流电动机

用螺丝刀旋下直流电动机螺丝，用套筒板子将直流电动机的六条连接线从电机接线柱上取下，最后将电机卸下。

3）自动开闭器

用套筒扳子旋下自动开闭器底脚的四个固定螺栓，将自动开闭器取下。

4）减速器及摩擦联结器

用套筒扳子旋下减速器底脚的四个固定螺栓，将减速器及摩擦联结器取下。

5）启动片、速动片和速动片衬套

将启动片、速动片和速动片衬套从主轴上取下。

6）主轴

先将堵轴板卸下，再用拔轴器将主轴及锁闭齿轮取出。注意，卸主轴时，主轴上的止挡栓一定要对准转辙机机壳的缺口。

7）挤切销、动作杆

用螺丝刀将齿条块上的两个压盖螺堵旋下，取出弹簧垫圈，再把挤切销专用螺杆旋入挤切销，将挤切销取下，这时，动作杆就可以从齿条块中抽出。注意，抽出动作杆时，观察齿条块上的两个顶杆的动作，不要将顶杆遗失。

在整个 ZD6 型转辙机分解的过程中，要注意各部件连接的关系，外观形状及连接螺丝的型号。

8）表示杆

将表示杆抽出，注意观察表示杆的缺口、检查块。

2. ZD6 型电动转辙机的组装

将转辙机的所有零部件按顺序安装就位，无遗漏零部件并紧固螺丝。组装过程应按下列顺序进行：

1）动作杆与齿条块间的挤切销

先将动作杆插入齿条块中，让齿条块上的顶杆落入动作杆的圆坑，使动作杆和齿条块上的孔对齐，再安装主、副挤切销，最后放上弹簧垫片，旋紧齿条块上的两个压盖螺堵。注意，在安装过程中，压盖螺堵一定要和齿条块面对齐，否则锁闭齿轮将不能正常转动乃至出现卡死现象。

2）主轴

将动作杆处于伸出位置，用拔轴器将主轴安装到位，拧上堵轴板。

3）速动片、启动片

将动作杆处于拉入位置，接着分别安装速动片衬套、速动片和启动片。注意，启动片和速动片的缺口一定要朝上，速动片衬套两侧的平面要垂直于机壳。

4）减速器和摩擦联结器

先将减速器的输出圆盘对准启动片的缺口，放入减速器，最后拧紧减速器的四个底脚螺栓。在对准启动片缺口时，可用手旋转减速器的输入轴进行。

5）自动开闭器

将自动开闭器的速动爪拢起，对准速动片衬套两侧平面放入自动开闭器，最后拧紧四个底脚螺栓。

6）直流电动机、电机防护罩

先安装直流电动机，再将电机的六条线分别安装到电机接线柱上，最后安装电机防护罩。注意，电机接线柱的 1 上接一条线（对应线圈 1），2 上接一条线（对应线圈 2），3 上接三条线（对应线圈 3、线圈 1′和线圈 2′），4 上接一条线（对应线圈 4）。

各部螺丝必须紧固，手摇电动转辙机时，各部件动作灵活、顺畅，不能晃动并符合以下要求：用摇把将动作杆摇至伸出状态，调整检查块与检查柱间的间隙保证在（1.5±0.5）mm。然后将动作杆与表示杆用连接板固定，再将动作杆摇至拉入状态，调整缺口间隙在（1.5±0.5）mm。再反复摇至定、反位，复查缺口间隙是否符合要求。调整自动开闭器的调整螺丝，使动接点打入静接点的深度在 4 mm 以上。

7）表示杆

安装表示杆过程中要注意拨动自动开闭器的动接点或将转辙机处于"四开"位置，这样才能把表示杆安装进去。

（二）ZD6 电动转辙机部件更换

1. 更换碳刷

碳刷在刷握盒内上下不卡阻，四周无过量旷动，弹簧压力适当，碳刷与换向器呈同心弧面接触，接触面积不少于炭刷面的 3/4，工作时应无过大火花，碳刷长度不小于碳刷全长的 3/5。

碳刷不合格时应及时更换碳刷。更换时应注意以下事项：

（1）禁止在同一电机内安装不同厂牌及不同材质的碳刷。
（2）特别注意安装时弹簧下压是否良好，是否妨碍碳刷的使用。
（3）注意铜线固定螺栓是否稳固及固定方式是否妨碍碳刷使用。
（4）不可有油污、油渍沾到碳刷及转动件摩擦面。

2. 更换挤切销

主副挤切销无弯曲、无伤痕，拔出主销时应可靠断开表示电路。正线挤切销每半年更换一次，侧线每一年更换一次。

适当拧紧挤切销螺堵，不要将挤切销压死。摆正挤切销螺堵及弹簧垫圈，拧平螺堵。清理出销孔内异物，并注入少许锂基脂润滑。

3. 更换表示杆

将转辙机摇到未锁闭状态，使检查柱抬起。分开表示杆与表示连接杆，即可拉出表示杆，然后更换新表示杆。注意，在拉出表示杆的过程中，一定要使检查柱处于抬起状态。

4. 更换主轴

将自动开闭器卸下，使用拔轴器将主轴拔出，即可进行主轴更换。
注意：止挡栓要对准转辙机底座边的缺口。

5. 调换正反装

分别拆下转辙机的动作杆、表示杆、另一侧的动作杆和表示杆的保护管，然后将动作杆和表示杆从另一侧插入，最后安装保护管。

三、ZD6 型转辙机检修、测试

（一）转辙机内部检修、测试

1. 自动开闭器

（1）绝缘座安装牢固、完整、无裂纹；接点座不松动，静接点片须长短一致，左右接点片对称，接点片不弯曲，不扭斜，辅助片（补强片）作用良好；接点片及辅助片均应采用铍青铜材质。

（2）动接点在静接点片内的接触深度不小于 4 mm，用手扳动动接点，其摆动量不大于 3.5 mm；动接点与静接点座间隙不小于 3 mm；接点接触压力不小于 4.0 N；动接点组打入静接点组内，动接点环不低于静接点片，同时静接点下边不应与动接点绝缘接触；速动爪落下前，动接点在静接点内有窜动时，应保证接点接触深度不少于 2 mm。

（3）速动爪与速动片的间隙在解锁时不小于 0.2 mm，锁闭时为 1~3 mm。

（4）速动片的轴向窜动应保证速动爪滚轮与滑面的接触不少于 2 mm；转辙机在转动中速动片不得提前转动。

（5）速动爪的滚轮在传动中应在速动片上滚动，落下后不得与启动缺口底部相碰。

（6）在动作杆、表示杆正常伸出或拉入过程中，拉簧的弹力适当，作用良好，保证动接点迅速转接，并带动检查柱上升和下落。

2. 减速器和摩擦联结器

（1）减速器的输入轴和输出轴在减速器中的轴向窜动量应不大于 1.5 mm，动作灵活，通电转动时声音正常，无异常噪声。

（2）道岔在正常转动时，摩擦联结器不空动；道岔转换终了时，电动机应稍有空转；道岔尖轨因故不能转换时，摩擦联结器应有空转。

（3）摩擦联结器弹簧调在规定摩擦电流条件下，弹簧有效圈的相邻圈最小间隔不小于 1.5 mm；弹簧不得与夹板圆弧部分接触。

（4）摩擦带与内齿轮伸出部分，应经常保持清洁，不得锈蚀或沾油。

3. 移位接触器

（1）当主销折断时，接点应可靠断开，切断道岔表示。

（2）顶杆与触头间隔为 1.5 mm 时，接点不应断开；用 2.5 mm 垫片试验或用备用销带动道岔（或推拉动作杆）试验时，接点应断开，非经人工恢复不得接通电路。其"复位按钮"在所加外力复位过程中不得引起接点簧片变形。

4. 表示杆与动作杆

（1）检查块的上平面应低于表示杆或锁闭表示杆的上平面 0.2~0.8 mm；检查柱落入检查块缺口内，两侧间隙为 1.5 mm ± 0.5 mm（ZD6-E 型机锁闭表示杆不设检查块，但仍设检查缺口；ZD6-J 型机表示杆检查块的检查缺口为单边检测，缺口间隙为尖轨与基本轨的间隙之和，应不大于 7 mm）。

（2）动作杆不得损伤，动作杆与齿条块的轴向位移量和圆周方向的转动量不得大于 0.5 mm。

（3）齿条内各部件和联结部分须油润，各孔内不得有铁屑及杂物；挤切销固定在齿条块圆孔内的台上，不得顶住或压住动作杆。

（4）锁闭齿轮圆弧与齿条块削尖齿圆弧应吻合，无明显磨耗，接触面不小于 50%，在齿条块处于锁闭状态下，两圆弧面应保持同圆心。

5. 电动机

（1）电动机的线圈无混线，无断线，转子与磁极间不磨卡，转子的轴向游程不大于 0.5 mm。

（2）换向器表面光滑、干净，换向片间的绝缘物不得高出换向器的弧面。

（3）碳刷在刷握盒内上下不卡阻，四周无过量旷动，弹簧压力适当，碳刷与换向器呈同心弧面接触，接触面积不小于碳刷面的 3/4，工作时应无过大火花，碳刷长度不小于碳刷全长的 3/5。

6. 其 他

安全接点接触良好，开闭正常，胶木座无裂纹，配线无损伤，线头不松动，开口销齐全。

（二）扳动检修、测试

（1）试验 4 mm（第二牵引点试验 6 mm）不锁闭、2 mm 锁闭，在第一、第二牵引点间 10 mm 不锁闭，道岔压力调整，故障电流调整。

（2）检修调整缺口。表示杆定、反位缺口要求：ZD6-A、D、E、G 以及 ZD-7 型为 1.5 mm ± 0.5 mm;ZD6-E 型单机牵引 B 端缺口间隙加不密贴间隙不大于 8 mm；ZD6-J 型缺口间隙不加不密贴间隙不大于 7 mm,；ZD7-A、C 型及牵引脱轨器的 ZD6 型为 3 mm ± 1 mm。

（3）Ⅰ级测试。故障电流标准：ZD6-A、D、E、G 型转辙机单机使用时故障电流为：2.3～2.9 A；ZD6-E、J 型转辙机双机配套（ZD6-E 型单机牵引 1/9 道岔）时单机故障电流为 2.0～2.5 A；故障电流两边偏差及单边波动不大于 0.3 A。

四、ZD6 道岔调整

（一）ZD6 型转辙机的安装方式

普速道岔密贴表示调整

安装 ZD6 型电动转辙机时，一般都将转辙机的电动机对向岔尖，视电动转辙机的安装位置分为正装和反装。它们的区别在于动作杆相对于电动机的伸出位置。若站在电动机侧看，动作杆向右伸，即为正装；动作杆向左伸，即为反装。

无论电动转辙机正装还是反装，在道岔定位时，都有动作杆伸出和拉入两种情况，如图 4-2-17 所示，有正装拉入为定位、正装伸出为定位、反装伸出为定位、反装拉入为定位四种情况。其中正装拉入和反装伸出为定位时，自动开闭器第 1、3 排接点接通。正装伸出和反装拉入为定位时，自动开闭器第 2、4 排接点接通。据此来决定电动转辙机道岔电路采用何种类型。

在判定电动转辙机定位接通的时候，要掌握电动转辙机内部件的动作规律，动作杆、表示杆的运动方向与自动开闭器的动接点的运动方向是相反的。在正装拉入为定位时，从反位向定位转换时，表示杆向左运动，动接点向右运动，故定位时 1、3 排接点闭合，反装伸出也是如此；而在正装伸出为定位时，从反位向定位转换时，表示杆向右运动，动接点向左运动，故定位为 2、4 排接点闭合，反装拉入与此相同。

信号基础设备维护

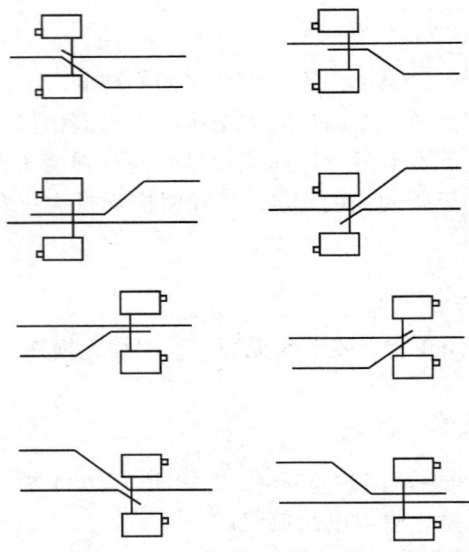

图 4-2-17　ZD6 型电动转辙机安装方式

（二）ZD6 型电动转辙机的安装装置

ZD6 型转辙机的安装装置由基础角钢、尖端铁、尖端杆、表示调整杆、连接杆、密贴调整杆、角形铁（L 铁）、螺栓、螺母等组成，如图 4-2-18 所示。

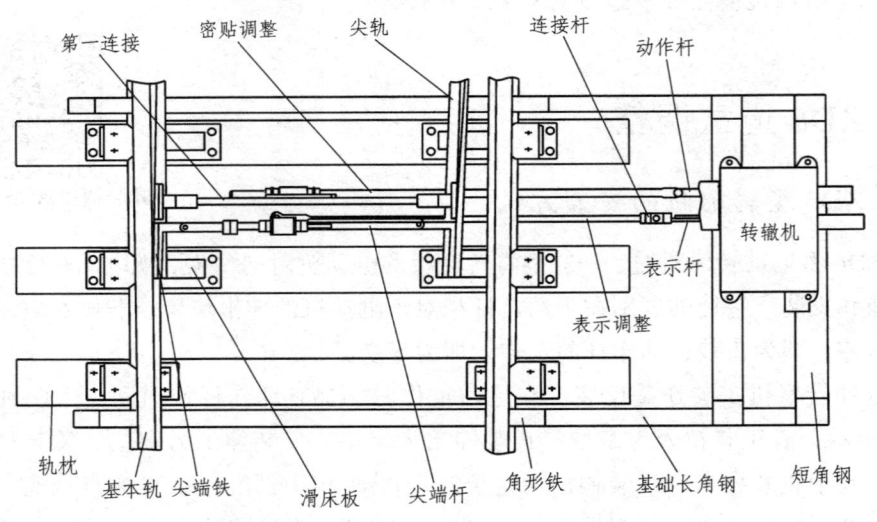

图 4-2-18　ZD6 型电动转辙机安装

ZD6 型转辙机安装在不等边角钢上，角钢通过角形铁固定在基本轨上，密贴调整杆通过立式杆架与道岔的第一连接杆相连，再通过螺栓与电动转辙机的动作杆相连。动作杆通过密贴调整杆、第一连接杆带动道岔尖轨转换并密贴。通过密贴调整杆上的轴套，可调整尖轨的密贴。尖端杆通过尖端铁固定在尖轨上，再通过舌铁与连接杆的接头铁相连，连接杆通过螺栓与电动转辙机的表示杆相连。这样，尖轨的位置可由表示杆来反映。通过尖端杆上的螺母可调整前表示杆缺口的位置。

(三）ZD6 道岔安装装置及箱盒的维护标准

1. 道岔安装装置

（1）角钢安装装置方正，无裂纹，螺栓紧固，角钢外侧不与地面接触。转辙机所属线路侧面的两端与基本轨或中心线垂直距离的偏差不大于 10 mm。

（2）道岔杆件均应与单开道岔直股基本轨或直股延长线、双开对称道岔股道中心线垂直。各杆件的两端与基本轨或中心线的垂直偏差应不大于 20 mm。

（3）道岔的密贴调整杆、表示杆、尖端杆、拉杆，其水平方向的两端高低偏差应不大于 5 mm（以两基本轨工作面为基准）。

（4）密贴调整杆、各种动作拉杆及表示连接杆的螺纹牙形均应符合标准，且具有足够的强度。密贴调整杆的螺母应有防松措施。

（5）道岔转辙设备的各种杆件及导管等的螺纹部分的内、外调整余量应不小于 10 mm，表示杆的销孔旷量应不大于 0.5 mm；其余部分的销孔旷量应不大于 1 mm。

（6）密贴调整杆动作时，其空动距离应在 5 mm 以上。

（7）穿越轨底的各种物件，距轨底的净距离应大于 10 mm。

（8）转辙机壳无裂损，蛇管完好无脱落，加锁良好，固定螺栓紧固。

（9）尖轨与基本轨开程，直尖轨应大于 142 mm，曲尖轨应大于 152 mm，AT 型应为 176～180 mm，复式交分道岔心轨应大于 90 mm，可动心轨应大于 110 mm，正线道岔刨切点开程不小于 60 mm，基本轨内侧无影响密贴的肥边。

（10）尖轨爬行不超过 20 mm，单根尖轨前后窜动之和不超过 10 mm。

（11）主、副表示杆连接螺栓不松动（除方钢表示杆外），连接铁固定良好，后盖紧固，表示杆缺口标记（刻度）无变化，防尘罩与各部不磨卡，罩上定位标记清晰。

2. 电缆箱盒

（1）基础完整，不倾斜，代号清晰，培土良好无杂草。箱（盖）无裂纹，不破损。

（2）盘根作用良好，不进水、灰，箱内配线整齐，不破皮无老伤，螺母垫片齐全紧固，线头不松动。焊接良好，端子编号铭牌清晰，箱内整洁，无异物，无废孔。

（3）箱内继电器、电阻、整流盒等固定良好，铭牌清楚，无过热现象。继电器防震作用良好，接插牢固，有绑扎。继电器不超过使用周期。

（4）各部清扫，箱盖活动部位注油，加锁完整。

（四）ZD6 道岔调整要求与方法

1. 工务、电务道岔结合部的要求

（1）道岔各部轨距、牵引点处开程应符合标准。

（2）尖轨、心轨、基本轨的爬行、窜动量不得超过 20 mm，限位铁两边应有间隙，尖轨、心轨、基本轨爬行、窜动不得影响道岔的方正，杆件别劲、磨卡。

（3）道岔的转换力不得大于转辙机的牵引力。

（4）尖轨、心轨不影响道岔转换、密贴的硬弯、肥边和反弹，甩开转换道岔的杆件，人工拨动尖轨、心轨，刨切部分应与基本轨、翼轨密贴，其间隙不大于 5 mm。

（5）尖轨、心轨顶铁与轨腰的间隙应不大于 1.5 mm。

2. 道岔密贴、表示杆标准

密贴标准：对应第一连接杆尖轨与基本轨之间夹有 4 mm 厚，20 mm 宽的钢板时，道岔不应锁闭；夹有 2 mm 厚，20 mm 宽的钢板时，道岔应锁闭。即夹有 4 mm 不锁闭，2 mm 锁闭。

表示杆缺口标准：道岔密贴，电动转辙机自动开闭器检查柱应自动落入表示杆检查块缺口内，检查柱与检查块缺口边缘应有（1.5±0.5）mm 的间隙。

3. 道岔调整的过程与方法

1）尖轨密贴的调整

尖轨在转辙机的带动下到规定位置并完成机械锁闭后，必须与基本轨密贴并满足《技规》规定，其密贴调整是靠调整密贴整杆上的两个轴套来完成的。为了叙述方便，规定靠近拉杆连接销一侧的轴套叫内轴套，靠丝扣外端的轴套叫外轴套。

当尖轨与基本轨不密贴时，可拧开螺母，退出挡环，旋动轴套，将轴套间隙缩小，当动作杆处于伸出位置时应调整内轴套，当动作杆在拉入位置时，则应调整外轴套。

当尖轨已经密贴而转辙机不能完成机械锁闭（锁闭圆弧不能进入削尖齿内）时，应将两轴套的间隙增大，当动作杆处于伸出位置时应调内轴套，动作杆在拉入位置时调外轴套。

转辙机动作杆动程与尖轨开程和密调杆空动距离三者有如下关系：

转辙机动作杆动程=尖轨开程+密调杆空动距离+（销孔旷量+杆类压力变形量）

密贴调整后要用厚 4 mm、宽 20 mm 的试验板夹在尖轨与基本轨间（第一连接杆处）进行 4 mm 不锁闭试验，使其满足《技规》规定，最后要紧固螺母，并加防松措施。

这里有一点值得注意，就是调整道岔密贴必须在转辙机机械未锁闭状态，换言之就是检查柱已落入表示杆缺口内的状态时，不能进行大动量和密贴调整。因为检查柱落入表示杆缺口内，表示杆与检查柱间只有 3 mm 的相对位移间隙，表示杆动量超过 3 mm 时，一个方向会使检查柱呈 45°斜面上升，断开表示点（相当于挤岔时），而另一方向会使检查柱另侧的立面与表示杆缺口的立面相卡，表示杆给检查柱水平方向横向的力，造成检查杆弯曲，损坏自动开闭器。

2）表示杆缺口调整

表示杆是用来检查道岔尖轨密贴的。道岔密贴调整后，就要调整表示杆使检查柱落入其相应的缺口内，并满足《维规》两侧间隙为（1.5±0.5）mm 的标准。

根据后表示杆装在前表示杆上，前表示杆直接与尖轨相联系的结构，在调整表示杆缺口时必须先调整表示杆伸出位置的缺口，后调整拉入位置时的缺口。

伸出位置缺口调整时表示连接杆杆架在尖端杆上的位置：当间隙大于（1.5±0.5）mm 时，松开螺母向靠近转辙机一侧调杆架；当间隙小于（1.5±0.5）mm 时，松开螺母向外侧（不靠转辙机侧）调杆架，调整标准后紧固螺母，并加防松措施。

拉入位置缺口时在伸出调标准后，道岔扳到拉入位置，松开前后表示杆的紧固螺母，旋转后表示杆尾部的调整螺母，当间隙过大时顺时针方向旋转，间隙过小时逆时针旋转，调标准后，要将前后表示杆的紧固螺母拧紧。

注意：表示杆缺口必须是在尖轨与基本轨密贴后才能调整，且先调伸出位，后调拉入位，这个顺序是不能变的。

3）摩擦电流的调整

摩擦电流是道岔尖轨在变位中受阻，内齿轮在摩擦夹板内"空转"时的电动机电路中的电流，这是一级测试要求测试的项目，也是经常要调整的。调整应符合《维规》的要求：即道岔正常转换时，摩擦联结器不应空转，道岔转换终了时应稍有空转。当调到规定摩擦电流时，弹簧各圈最小间隙不能小于 1.5 mm，如小于 1.5 mm，说明弹簧弹力不足应更换。

调整摩擦电流的步骤如下：打开转辙机机盖，断开遮断开关，在接点间串入量程为 5 A 的直流电流表。同时，在第一连接杆处尖轨与基本轨之间插入厚 4 mm 以上的硬物。然后，接通转辙机电源，使道岔转换，当尖轨被卡阻时，直流电流表的读数便是摩擦电流值。

调整方法是调节夹板螺栓上弹簧外侧的螺母，摩擦电流过小时顺时针旋动螺母，压缩弹簧，摩擦电流过大时，逆时针旋动螺母，放松弹簧。

最小摩擦电流：将摩擦制动板弹簧压力减小，直至再减小就不能启动道岔时为止，此时测试摩擦电流值即为最小摩擦电流。

最大摩擦电流：将摩擦制动板弹簧压力逐渐增大，直至再增加就会造成 4 mm 错误锁闭为止，此时测试摩擦电流值即位最大摩擦电流。

上述最小，最大摩擦电流均是不可取的极限值。

额定摩擦电流：额定摩擦电流值等于电机额定电流值的 1.3 倍（2.6 A），它是转辙机出厂时，工厂检查摩擦联结器是否合格的标准。

实需摩擦电流：是指各转辙机不同的实际情况，在保证道岔正常转换，而又无过度机械磨耗的条件下调出的低于"额定摩擦电流"的实需摩擦电流值。根据实际经验，实需摩擦电流一般以 2.0～2.2 A 较为合适。《维规》规定，正反向摩擦电流相差应小于 0.3 A，ZD6-A、D、F、G、H、K 型单机使用时为 2.3～2.9 A，E、J 型为 2.0～2.5 A。

4）表示接点及移位接触器调整

自动开闭器动接点在静接点片内的接触深度不得小于 4 mm；在动接点两侧与静接点接触深度差不得超过 1.5 mm；速动爪落下前，动接点在静接点内窜动，须保证接触深度不少于 3 mm；动接点和静接点沿插入方向的中分线偏差不得超过 0.5 mm；各接点片的压力均匀，接触压力不少于 500 g。

（1）表示接点的调整。

先拧松速动爪背部螺钉的螺母，再拧动螺钉即可调整动接点在静接点片内的插接深度，拧松相应静接点组整体弹片的固定螺丝，可对动接点两侧接触深度差以及中分线偏差予以调整。适当改变静接点整体弹片开合形状，便调整了接点压力。

（2）移位接触器的复位。

移位接触器是两组非自复式常闭接点，分别串接在道岔定位和反位表示电路中。移位接触器触头与顶杆两者相距 1.5 mm。当发生挤岔时，动作杆在齿条块内产生移动，当移动量仅有刚开始移动的 3 mm 时，动作杆内 45°斜度的锥形坑便推动齿条块内顶杆向上同样移动 3 mm。经过 1.5 mm 动程，顶杆与移位接触器触头接触，使其上升 1.5 mm，而触头的断电行程只需 0.7 ± 0.1 mm，从而使移位接触器常闭接点断开。移位接触器的接点一旦断开便不会自动复原。必须在有关人员打开转辙机，确认挤切销完好或被切断的挤切销已经更换，方可从移位接触器上方的窗孔向下压下弹片，使接点复原，接通表示电路。

【考核标准】

1. 应知应会知识

采用闭卷方式考核。考试内容为：
（1）ZD6 型电动转辙机的结构和各部件作用；
（2）ZD6 型电动转辙机的机械锁闭原理；
（3）ZD6 型电动转辙机挤岔保护原理；
（4）ZD6 型电动转辙机的传动原理；
（5）ZD6 型电动转辙机的维护标准；
（6）ZD6 型电动转辙机的正装和反装。

2. ZD6 型电动转辙机相关技能

（1）ZD6 型电动转辙机的分解与组装；
（2）ZD6 型电动转辙机的检修与测试；
（3）ZD6 型道岔的调整。

评分标准如表 4-2-2 所示。

表 4-2-2　ZD6 型电动转辙机相关技能评分标准

项目及配分	考核内容及评分标准	扣分因素及扣分	得分
ZD6 型转辙机分解与组装（共计 40 分，上述内容按规定扣分，扣完 40 分为止）	（1）ZD6 型转辙机结构及各部件作用解释不清，每项扣 2 分		
	（2）ZD6 转辙机的分解与组装错误，每项扣 2 分		
	（3）ZD6 转辙机各主要部件更换不到位，每项扣 2 分		
ZD6 型转辙机检修与测试（共计 20 分，上述内容按规定扣分，扣完 20 分为止）	（1）ZD6 型转辙机检修测试标准不明，每项扣 2 分		
	（2）ZD6 型转辙机检修测试方法不会，每项扣 2 分		
ZD6 型道岔调整（共计 40 分，上述内容按规定扣分，扣完 40 分为止）	（1）ZD6 型道岔密贴调整不会，每项扣 2 分		
	（2）ZD6 型道岔表示缺口调整不会，每项扣 2 分		
	（3）摩擦电流调整不会，每项扣 2 分		

任务三　S700K 型电动转辙机维护

【学习目标】

（1）掌握 S700K 型电动转辙机的结构与传动原理；
（2）会按照作业程序对 S700K 电动转辙机拆装；
（3）会 S700K 电动转辙机的检修测试。

【相关知识】

一、S700K 型电动转辙机认识

（一）S700K 型电动转辙机分类

S700K 型电动转辙机规格齐全，不仅能满足道岔尖轨、可动心轨的单机牵引，而且也能满足双机、多机牵引的需要。根据安装方式不同，每一种类又分为左装、右装两种。左装（面对尖轨或心轨，转辙机安装在线路左侧）的转辙机型号用字母 A 加上奇数表示，如 A13、A15；右装（面对尖轨或心轨，转辙机安装在线路右侧）的转辙机型号用字母 A 加上偶数表示，如 A14、A16 等。不同种类的 S700K 型电动转辙机不能通用。

S700K 型电动转辙机概况如表 4-3-1 所示（详见《维规》）。

表 4-3-1　S700K 型电动转辙机概况

代号 左/右装	型号	动作时间 （S）	动程 （mm）	检测行程 （mm）	额定转换力 （N）	适用的提速道岔
A13 / A14	220 / 160	≤6.6	220	160	3 000	9 号尖轨第一牵引点 12 号尖轨第一牵引点 18 号尖轨第一牵引点
A15 / A16	150 / 75	≤6.6	150	75	4 500	9 号尖轨第二牵引点 12 号尖轨第二牵引点
A17 / A18	220 / 120	≤6.6	220	120	3 000	18 号尖轨第二牵引点 30 号尖轨第一牵引点 12 号心轨第一牵引点
A19 / A20	220 / 110	≤6.6	220	110	3 000	30 号尖轨第二牵引点
A21 / A22	220 / 100	≤6.6	220	100	2 500	30 号尖轨第三牵引点 30 号心轨第一牵引点
A23 / A24	150 / 85	≤6.6	150	85	4 500	30 号尖轨第四牵引点
A27 / A28	220 / 75	≤6.6	220	75	3 000	30 号心轨第二牵引点

续表

代号 左/右装	型号	动作时间 （S）	动程 （mm）	检测行程 （mm）	额定转换力 （N）	适用的提速道岔
A31 / A32	220 / 100	≤6.6	220	100	3 000	18号心轨第一牵引点
A33 / A34	150 / 65	≤6.6	150	65	4 500	18号尖轨第三牵引点 12号心轨第二牵引点
A35 / A36	150 /	≤6.6	150	无检测杆	6 000	18号心轨第二牵引点

（二）S700K型电动转辙机结构

S700K型电动转辙机主要由外壳、三相交流电动机、齿轮组、摩擦联结器、滚珠丝杠、保持联结器、动作杆、操纵板、锁舌、锁闭块、检测杆、指示标、速动开关组、安全接点座、开关锁等组成，其结构如图4-3-1所示。

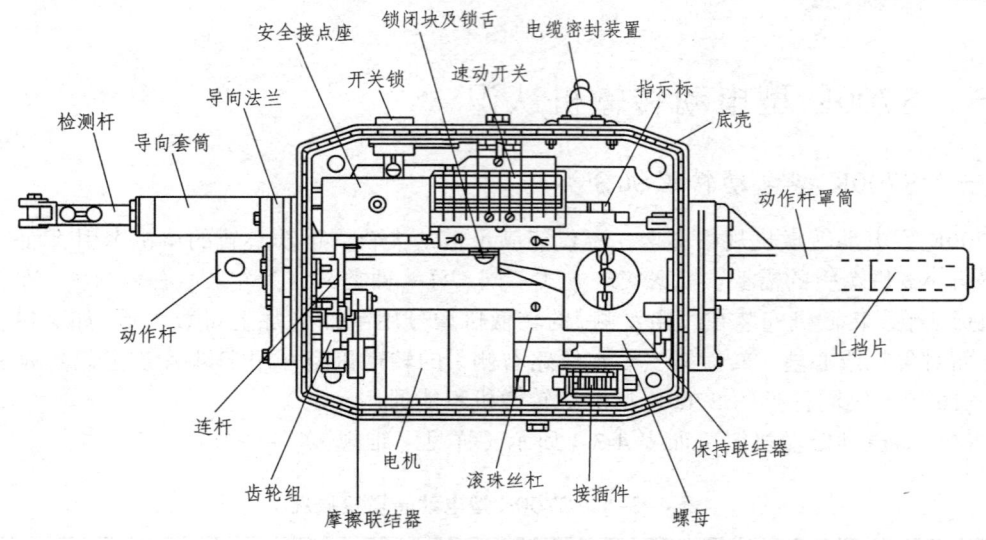

图 4-3-1　S700K型电动转辙机结构

1. 三相交流电动机

三相交流电动机为转辙机提供动力。定子三个绕组采用星形接法，其星形汇接点在安全接点座第61、71、81端子上，由跨接片跨接。有的转辙机在接插件（万可端子）上。

为了保证道岔能由定位转换至反位，或由反位转换至定位，要求三相交流电动机既能向顺时针方向转换，又能向逆时针方向转换。对于三相交流电动机，通过改变通向电动机三相交流电的相序就可以改变电动机的旋转方向。

2. 齿轮组

齿轮组由摇把齿轮、电机齿轮、中间齿轮及摩擦联结器齿轮组成。其中摇把齿轮与电机齿轮是一个传递系统，使得能用摇把对转辙机进行人工操纵。电机齿轮、中间齿轮、摩擦联结器齿轮是一个传递系统，将电机的旋转驱动力传递到摩擦联结器上，并将电动机的高速转动降速，以增大旋转驱动力，适应道岔转换的需要，这是转辙机的第一级降速。

3. 摩擦联结器

摩擦联结器将齿轮组变速后的旋转力传递给滚珠丝杠，摩擦联结器内有三对主被金属摩擦片，分别固定在外壳和滚珠丝杠上，摩擦片的端面有若干压力弹簧，通过调整弹簧压力，可以使主被摩擦片之间的摩擦结合力大小发生变化，实现了电动机和传动机构之间的软联结。这样，就可消耗因电动机转动惯性带来的电动机动作电路断开后的剩余动力。在尖轨转换中途受阻不能继续转换时不使电动机被烧毁，即当作用于滚珠丝杠上的转换阻力大于摩擦结合力时，主被摩擦片之间相对打滑空转，保护了电动机。

摩擦联结器的摩擦力必须能调节，使道岔在正常工作情况下，电动机能够带动转辙机工作，在道岔转换终了或尖轨被阻时，使电动机能克服摩擦联结器的压力而空转，以保证电动机不致被烧毁。

对于交流转辙机来说，其动作电流不能直观地反映转辙机的拉力，现场维修人员不能像对直流转辙机那样，通过测试动作电流来对摩擦力进行监测，必须由专业人员用专业器材才能进行这一调整。转辙机在出厂时已对摩擦力进行标准化测试调整，所以现场维修人员不得随意调整摩擦力。

4. 滚珠丝杠

滚珠丝杠相当于一个直径 32 mm 的螺栓和螺母，如图 4-3-2 所示。当滚珠丝杠正向或反向旋转一周时，螺母前进或后退一个螺距。它一方面将电动机的旋转运动变成丝杠的直线运动，另一方面起到减速作用。

在转辙机正常动作时，滚珠丝杠上的螺母空动一定距离后才顶住保持联结器，使动作杆随保持联结器动作而做直线运动。空动的目的是使锁闭块及锁舌正常缩入，完成机内解锁及使速动开关的第二排或第三排接点断开，切断表示电路，接通向回转换的电路。

5. 保持联结器

保持联结器是转辙机的挤脱装置，利用弹簧的压力通过槽口式结构将滚珠丝杠与动作杆联结在一起，如图 4-3-3 所示。当道岔的挤岔力超过弹簧压力时，动作杆滑脱，起到整机不被损坏的保护作用，相当于 ZD6 型电动转辙机的挤岔装置。

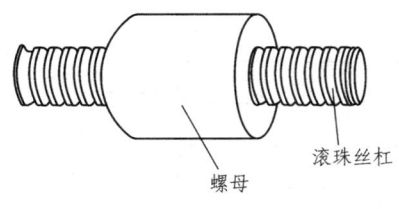

图 4-3-2 滚珠丝杠

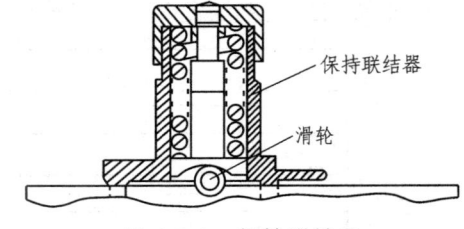

图 4-3-3 保持联结器

根据现场实际需要，保持联结器可采用可挤型和不可挤型。可挤型是指保持联结器利用其内部弹簧的压力将滚珠丝杠和动作杆连接在一起，弹簧的挤岔阻力可分别设定为 9 kN、16 kN、24 kN、30 kN 等，当道岔的挤岔阻力超过弹簧设定压力时，动作杆滑脱，实现挤岔时的整机保护。不可挤型是工厂将保持联结器内部的弹簧取消，放一个止挡环，用于阻止与动作杆相连的保持栓的移动，成为硬连接结构。挤岔锁定力为 90 kN。当道岔挤岔阻力超过 90 kN 时，挤坏硬连接结构的保持联结器，需整机送回工厂修理。保持联结器的顶盖是加铅封的，维修人员不得随意打开。

6. 动作杆

动作杆和保持联结器联结在一起，随保持联结器的动作而动作，它的一端通过连接铁和外锁闭装置连接在一起。另外，动作杆上设有圆弧缺口，设该缺口的目的是道岔转换到规定位置时，保证锁闭舌及锁闭块的正常弹出。

7. 操纵板

操纵板和滚珠丝杠的螺母连接在一起，在转辙机刚启动螺母空动时，利用操纵板的动作将锁闭块顶入，通过锁闭块的缩入，将锁舌拉入，完成机内的机械解锁。

8. 锁闭块和锁舌

道岔在终端位置，当检测杆指示缺口与指示标对中时，即锁闭块凸块对准检测杆的缺口时，锁闭块及锁舌应能正常弹出。锁闭块的正常弹出使速动开关的有关启动接点断开及表示接点接通。

锁舌的正常弹出用于阻挡转辙机的保持联结器的移动，实现转辙机的内部锁闭。锁舌的伸出量一般大于或等于 10 mm，但最小伸出量不得小于 9 mm。

转辙机开始动作后，锁舌在锁闭块的带动作用下应能正常缩入。锁闭块的缩入，应可靠地断开表示接点。锁舌的缩入，应完成转辙机的内部解锁。

9. 检测杆

检测杆随尖轨或心轨转换而移动，用来监督道岔在终端位置时的状态。检测杆有上、下两层，上层检测杆用于监督拉入密贴的尖轨或心轨拉入时的工作状态，下层检测杆用于监督伸出密贴的尖轨或心轨伸出时的工作状态，如图 4-3-4 所示，两根检测杆各有一个大小缺口。上、下层检测杆之间没有连接或调整装置，外接两根表示杆，分别调整。道岔转换时，由尖轨或心轨带动检测杆运动。当密贴尖轨或心轨密贴，斥离尖轨或心轨到达规定位置，上、下层检测杆的大小缺口对准转辙机的锁闭块时，锁闭块才能弹出。就是说密贴尖轨或心轨，斥离尖轨或心轨到达规定位置时，才能给出有关表示。

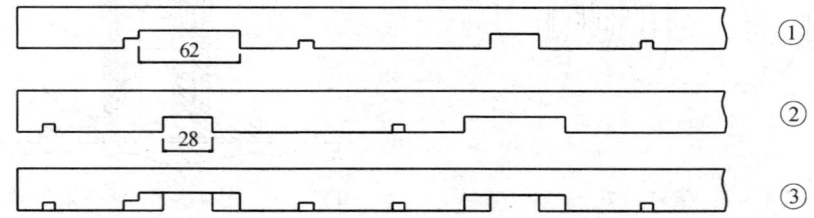

说明：① 为上层检测杆，检查拉入位置
② 为下层检测杆，检查伸出位置
③ 为上下检测杆重叠示意图

图 4-3-4 检测杆示意图

10. 速动开关

速动开关实际上是采用了沙尔特堡接点组的自动开闭器。它随着尖轨或可动心轨的解锁、转换、锁闭过程中锁闭块的动作自动开闭，以自动开闭电动机动作电路和道岔表示电路。

速动开关包括定位动作接点（DD）、反位动作接点（FD）、定位表示接点（DB）、反位表示接点（FB）。在尖轨或可动心轨解锁以后，断开原表示电路，DB、FB 都断开，表示道岔处于不密贴状态；然后闭合反转用的电机电路，为随时回转做好准备。在尖轨或可动心轨转换过程中，必须保证自动开闭器不动，排除 DB、FB 有闭合的可能性。在尖轨或可动心轨锁闭后应及时断开电动机动作电路，接通表示电路。若尖轨或可动心轨不密贴，严禁表示接点闭合。道岔在四开位置，应可靠断开表示电路。

速动开关组类型目前有四种。

1）沙尔特堡接点组

如图 4-3-5 所示，沙尔特堡接点组是最原始的速动开关组。该速动开关分上、下两层，站在速动开关一侧看，每层各分左右两排接点组，每排由左至右依次排列 6 组接点。每排的前两组接点分别由两组接点串联使用，如 11-12 由下排第 1、2 组接点串联使用，实际上每排接点可有 4 组接点使用。其中，左侧下层 11-12、13-14、15-16、17-18 为第 1 排接点组，上层 21-22、23-24、25-26、27-28 为第 2 排接点组，右侧上层 31-32、33-34、35-36、37-38 为第 3 排接点组，下层 41-42、43-44、45-46、47-48 为第 4 排接点组。

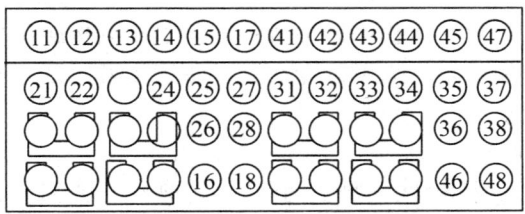

图 4-3-5 沙尔特堡速动开关组

第 1、4 排为动作接点，第 2、3 排为表示接点。锁闭时，哪一侧的锁舌弹出，则该侧所对应的上层接点接通，下层接点断开。解锁及转换时，两个锁舌均缩进，这时下层两排接点（第 1、4 排）接通，上层两排接点（第 2、3 排）断开。

道岔在定位时，自动开闭器的第 1 排、第 3 排接点闭合的叫"1、3 闭合"，自动开闭器的第 2 排、第 4 排接点闭合的叫"2、4 闭合"，这和 ZD6 型电动转辙机的提法相同。

S700K 型电动转辙机无论"1、3 闭合"还是"2、4 闭合"，其内部配线完全一样，只需通过室外连线 X2 与 X3、X4 与 X5 的交叉和二极管的换向来实现。

2）TS-1 型接点系统

TS-1 型接点系统由开关盒、转换驱动机械、插接件等组成，如图 4-3-6（a）所示。

当转辙机电动机旋转，滚珠丝杠下方的操纵板开始动作时，锁闭滑块由左向右推移，大滑块前端斜面驱动速动爪滚轮向上顶起，并推动起动架向上提升，起动架前部滚轮逐步将开关盒下部连板向上推动，开关盒中动接点也随之开始动作，中部接点拉簧随动接点拐臂由右向左摆动，并拉伸，动接点触头向上移动与左侧静接点摩擦后断开，从而断开原表示电路。当上下拐臂过中心点后，动接点由于拉簧作用，从左侧迅速转换与右侧静接点接触，接通反转电路。当转辙机转至终点，检测杆到位后，另一组接点下部的大滑块由右向左移动，在复位大弹簧的作用下，速动爪落下，起动架尾部抬起，左侧滚轮推动连接板上移，动接点由右迅速与左侧静接点接触，断开转辙机动作电路，接通新的表示电路。

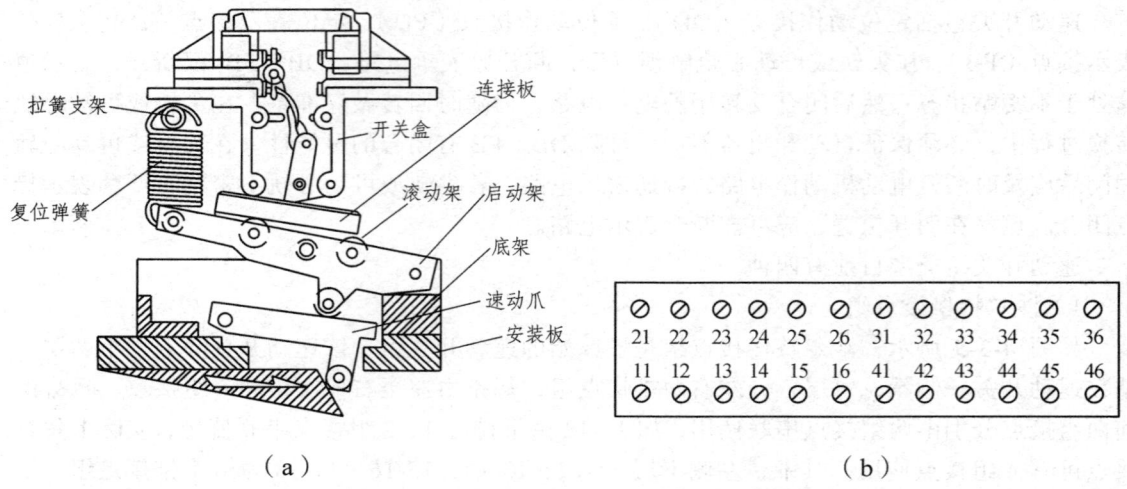

图 4-3-6 TS-1 型接点系统

该接点组将动、静接点由水平方向的上下接触改为垂直方向的左右接触，减少了列车振动对接点的损伤；增设了扫程，防止冻冰黏接；增大了接点接触压力，提高了接触可靠性；接点组壳体透明敞开，方便检查；为可拆卸式，可快速更换。站在开关锁处看该接点组，排列方式如图 4-3-6（b）所示。

3）小型密封速动开关组

该接点组的组成形式基本同 TS-1 型，如图 4-3-7 所示。不同的是动、静接点为上下接触方式，分为两层，并且是密封的，维修时，只能在万可端子上进行测试，速动开关组故障时，只能整体更换，不能对接点进行直接测试检查，检查接点好坏，只能在万可端子上进行。

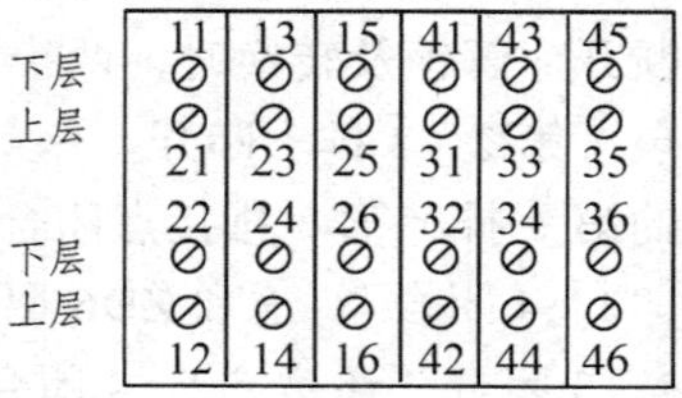

图 4-3-7 小型密封速动开关

4）改进型速动开关组

目前，在一些客运专线或高速铁路上使用的 S700K 型电动转辙机里的速动开关组已经更换为类似 ZD6 型电动转辙机的接点组，且正在试验中。

11. 安全接点座

安全接点座如图 4-3-8 所示。安全接点 11-12 是遮断开关，它在开关锁的直接操纵下闭合和断开，需要进行内部检修或人工断开动作电路时，用钥匙打开开关锁，断开安全接点，切断动作电路，起到保护作用。人工摇动道岔时，打开摇把孔板，也断开安全接点，防止在手摇道岔时室内扳动道岔使其误动。端子 31、41 为安全接点 11-12、电动机引线 U、速动开关接点 25、26 的汇流排。端子 61、71、81 为三相交流电动机星形节点的汇流排。

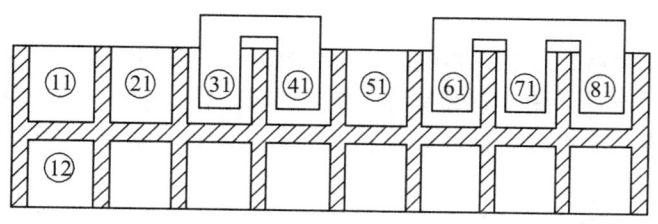

图 4-3-8 安全接点座

如采用小型密封速动开关时，安全接点座的 11-12 仍为安全接点（即电门），21-31 封连，41-51 封连，71-81 封连。电机的星形连接点置于电机处。

12. 开关锁

开关锁是操纵遮断开关闭合和断开的机构。用来在检修人员打开电动转辙机机盖进行检修作业或车务人员插入摇把转换道岔时，可靠断开电动机动作电路，防止电动机误动，保证人身安全。当钥匙立着插入并逆时针转动 90°时，遮断开关被可靠断开。恢复时须提起开关锁上的锁闭销，同时将插入的钥匙顺时针转动 90°，遮断开关被可靠接通。

遮断开关接通时，摇把挡板能有效阻挡摇把插入摇把齿轮，防止用钥匙打开电动转辙机机盖。断开遮断开关时，摇把能顺利插入摇把齿轮或用钥匙打开电动转辙机机盖，此时电动机的动作电源将被可靠地切断，不经人工操纵和确认，不能恢复接通。

（三）S700K 型电动转辙机的传动原理

1. S700K 型电动转辙机的传动过程

S700K 型电动转辙机的机械传动机构按如下过程工作：

（1）电动机的转动通过减速齿轮组，传递给摩擦联结器齿轮，摩擦联结器转动。

S700K 电动转辙机
动作原理

（2）摩擦联结器带动滚珠丝杠转动。

（3）滚珠丝杠的转动带动丝杠上的螺母做水平移动。

（4）螺母推动保持联结器动作，经动作杆、外锁闭装置的锁闭杆带动道岔转换；同时螺母下面的操纵板动作使锁闭块缩入。

（5）道岔的尖轨或可动心轨经外表示杆带动检测杆移动。

2. S700K 型电动转辙机的动作过程

S700K 型电动转辙机的动作可分为三个过程：第一为解锁过程，也是断开表示接点的过程；第二为转换过程；第三为锁闭过程，也是接通表示接点的过程。现以 220 mm 动程转辙机定位拉入为例说明各过程的动作过程。

1）解锁及断开表示接点过程

当操纵道岔时，通过道岔控制电路将三相交流电加到电动机上，使电动机顺时针方向旋转，经齿轮组及摩擦联结器使滚珠丝杠向顺时针方向旋转，从而使丝杠上的螺母向左侧做水平运动。在运动过程中,由操纵板将锁闭块顶进,使表示接点断开,同时带动左锁舌向缩进方向运动,直至左锁闭块完全缩进,实现了机内机械解锁。

2)转换过程

在转辙机机内解锁后,由于三相电动机继续转动,故滚珠丝杠上的螺母继续向左运动,带动保持联结器向左运动,由于保持联结器与动作杆固定为一体,使动作杆向左侧(伸出方向)运动,带动道岔尖轨或可动心轨进行转换,当动作杆运动 220 mm 时,即完成了转换过程。

3)锁闭及接通表示接点过程

当动作杆向左侧运动了 220 mm 时,检测杆在尖轨带动下运动了 160 mm 或在可动心轨带动下运动了 117 mm,这时右锁闭块弹出,接通表示接点,同时锁舌也弹出,锁住保持联结器,使动作杆不得随意窜动。

二、S700K 型电动转辙机分解与组装

S700K 型电动转辙机的分解与组装应按下列步骤进行。

(一)电动机

松开速动开关组及遮断开关的配线端子,拔出手摇把挡板部件上的轴销以便卸下通往遮断开关的连杆,松开电动机的四个紧固螺栓,就可方便地取出电动机。

(二)检测杆

它由一组检测杆和一个导向套筒组成。旋松拆下用于阻止检测杆被拉出的止动螺钉,左装时使其处于伸出终位,右装时使其处于拉入终位。用手摇把将转辙机摇到两个锁闭块都处于缩入位置,这时检测杆可以被拽出。如果要将检测杆的导向套筒一起拆下,那么需要先松开导向套筒的固定螺栓。

如果更换导向套筒,则务必采用新密封圈并将毛毡浸满机油。组装前应先清洁导向套筒和底壳的密封面,将厚约 3 mm 的密封胶涂抹在密封面上,上好螺栓即可。

如果检测杆位置指示标松脱了,则需按下列方式进行调整:

(1)使转辙机及检测杆处于伸出终位。

(2)然后推动下面一根检测杆直至锁闭块进入检测杆缺口内。

(3)在这种状态下利用螺钉与指示标孔的间隙调整其位置,使之与相应的检测杆小缺口(6 mm 宽)的边缘相吻合(误差为 ± 0.2 mm)。

(4)如果机内指示标位置正确,以相同方法可调整、固定机外标尺。

(三)导向法兰

拆下检测杆,密封法兰连同密封圈一起旋松取下。

旋松并取下动作杆罩筒及止挡板,然后松开其余的三个紧固螺栓,即可取下导向法兰。

倘若更换导向法兰，那么务必装入新的密封圈并将毛毡浸满机油。

在组装前先做如下两项工作：
（1）清洁导向法兰和转辙机的密封面。
（2）将厚约 3 mm 的密封材料置于密封面上，上紧螺栓即可。

（四）带摩擦联结器的滚珠丝杠

使转辙机处于中间状态。为防止对着滚珠丝杠的保持联结器发生歪斜，必须将动作杆压向锁闭块，并用一楔块（例如一把凿子）来固定这种状态。

提示：不必松开内部布线，把电动机直接放在转辙机近旁或者稳固地搁在底壳的角上。

卸下滚珠轴承的方法：
（1）先用工具将止动垫圈的防松压边翻起。
（2）用工具固定摩擦联结器端部的六棱套，防止滚珠丝杠转动。
（3）用工具松开丝杠螺母，取下止动垫圈并松开另一丝杠螺母。
（4）向固定端一侧串动滚珠丝杠，取下滚珠轴承。

如果摩擦联结器一端的轴承已经自由，则将它稍稍抬起，将滚珠丝杠从旁边向上拽出。由于转动，这时丝杠螺母的位置发生了变化。

在安装时应注意，应使操纵板的拨叉进入丝杠螺母传力端面的两个槽内。

注意：切勿损伤滚珠轴承处的挡环。

（五）滚珠丝杠轴承

松开在双列向心球轴承前部的带槽螺母，依次取出轴承和摩擦联结器。

（六）锁闭块及锁舌

用手摇把使转辙机离开终位，拉检测杆直至锁闭块处于自由状态。

继续将转辙机摇至终位，直至摩擦联结器打滑，然后朝相反方向用手摇把摇三圈，以使操纵板往前约 3 mm。将位于锁闭块上面的导向板旋松，取下锁闭块的锁舌、垫板和垫圈。

先取出已倾斜的锁闭块，在拽出时先对着弹簧压一下，然后向上边摇边拽出。将第二个锁闭块从操纵板的侧面向下压，再向上边摇边拽出。注意：这时锁闭块处于弹簧张力下。

在安装锁闭块时则按相反顺序进行。

（七）机盖锁

卸掉开口销，取下闭合板。从机盖的内侧松开机盖锁的四个固定螺栓。

（八）速动开关组

松开接线后再松开固定螺钉，即可拆下速动开关组。更换速动开关组后不必进行任何调整工作。

（九）安全接点座

（1）松开与电动机的机械连接。
（2）拔出安全接点座上的连接销。
（3）卸下连接遮断开关的连杆。
卸下安全接点座罩壳，松开全部接线，旋松两个紧固螺钉，即可卸下安全接点座。

三、S700K 型电动转辙机的检修、测试

（一）机盖灵活性检查

机盖应开闭自如，不应对机盖施加重压。若找开机盖锁很费力，请检查锁钩及锁栓的位置。如果开锁不灵活，请加入磷状石墨粉来润滑。在零度以下，如果锁被冰冻住了，则采用适当方法除冰。若仍然无效，请更换机盖锁。

（二）检查转辙机的密封状态

镶嵌于底壳边缘的密封圈应保持弹性，无破损断裂。排水塞、动作杆罩筒塞无脱落，电缆密封装置与外部电缆保护连接、密封状态良好。

（三）检查转辙机的内部状态

转辙机内部应保持清洁、干燥，机体内的润滑剂不会对转辙机的性能产生不良影响。

（四）检查电缆线束的状态

电缆线束必须用合适的线卡夹紧。如果绝缘层外观受损，就务必对电缆线束进行测试，确认铜导体是否受到损伤。绝缘层受损可以缠一些自备的绝缘带以弥补，如果铜导线受损，则应更换带电缆束的电动机。

（五）检查零件是否受损

可以用目测法判断零件是否受损。

（六）检查摇把齿轮的状态

摇把齿轮应转动灵活，前后拨动时无卡阻、滞涩现象。手摇结束后，摇把齿轮应顺利退出啮合位置。

（七）检查摇把、挡板及遮断开关的功能

（1）当接通遮断开关时，手摇把插入孔的挡板必须能阻止手摇把啮入摇把齿轮。在摇把齿轮与摇把挡板之间必须有一条侧隙（一般为 1～3 mm）。

（2）切断遮断开关后，手摇把必须能顺利地插入摇把孔。此时电源被切断，不经人工确认，不得恢复接通。

注意：检查时不得用蛮力。

（八）检查电动机的状态

（1）电动机在正常情况下通电后应转动自如，齿轮啮合正常，无明显过大的噪音。

（2）电动机在水中被浸泡过，则必须对其绝缘性进行检查。当绝缘电阻出现明显大幅下降，低于 25 MΩ时（使用 500 V 兆欧表），则应更换电动机。

（3）电动机应被螺栓可靠地固定在底壳上，不允许出现松动情况。

（4）电动机上的齿轮被损伤而影响齿轮组啮合时，应予更换。

（九）检查滚珠丝的状态

（1）要避免外部对滚珠丝杠的机械损伤，其传动面上的任何操作都会降低传动效率。当出现影响传动可靠性的损伤或明显的变形时，则转辙机必须下道检修或更换。

（2）滚珠丝杠沿轴向的串动量不能大于 1 mm。

（十）检查检测杆的状态

（1）检测杆上的指示缺口与机内指示标对中，允许偏差为 ±0.5 mm。用于尖轨、心轨第一牵引点的转辙机，其检测杆缺口调整为指示标对准检测杆缺口中央，距两侧各（1.5±0.5）mm；其余牵引点的转辙机，其检测杆缺口调整为指示标对准检测杆缺口中央，距两侧各 2.0 mm±0.5 mm。

机外的标尺其作用与机内的指示标相同，用于不打开机盖情况下检查尖轨或可动心轨辙叉的偏移情况。

（2）检测杆端部的叉形接头处，销钉或连接孔因磨损而出现的旷动量应不大于 1 mm。

（十一）检查锁闭块及锁舌的状态

（1）在终端位置，当检测杆指示缺口与指示标对中时，锁闭块及锁舌应能正常弹出。锁舌的伸出量一般不小于 10 mm。

（2）转辙机开始动作后，原伸出的锁闭块应能正常缩入，锁舌在锁闭块的连带作用下应能正常缩入。

（十二）检查摩擦联结器的状态

出厂前，已经按额定转换力的要求调整好摩擦联结器并施以漆封，现场使用中不再对其进行调整。摩擦联结器如果被拆开或者其可调端盖被旋转过，则必须重新对产品的转换力进行检验。

长期在低于额定转换力的条件下工作，当因卡阻等原因出现摩擦联结器打滑时，原预定的打滑时的摩擦力可能会略有增加。适当的摩擦打滑试验（例如每半年一次，每次正、反向各打滑 5~10 s，能使摩擦联结器有比较稳定的工作性能。

（十三）检查保持联结器的状态

（1）保持联结器是转辙机的重要受力件之一，是可挤型和不可挤型转辙机的主要区别点。其调节螺母顶部加有铅封，铅封标志上标明了是否可挤。

（2）不可挤型转辙机在使用中，不允许出现挤岔。

（3）可挤型转辙机可以根据需要有不同的保持力，但最大挤岔力不超过 24 kN。使用可挤型转辙机出现挤岔时，由专职人员恢复保持器与动作杆的正常连接。当上紧调节螺母时，应使其顶面与中心孔的保持栓顶面的距离 a 值与原出厂值相同。铅封被打开后，则必须由专职人员重新进行加封。

（十四）检查速动开关组的状态

速动开关组是转辙机内部电路的转换接点部分，应紧固可靠。

（十五）检查开关锁的状态

（1）开关锁是操纵遮断开关闭合与断开的机构。当钥匙垂直插入并逆时针转动 90^0 时，遮断开关将被切断。恢复时须提起开关锁上的锁闭销，同时将原插入的钥匙顺时针转动 90^0，即可接通遮断开关。

（2）接通遮断开关后，开关锁中的止动销应能被完全弹出，落入止动盘的缺口中。如果止动销未完全弹出，则可能因剧烈的震动冲击而出现遮断开关的安全接点被断开的故障。

（十六）检查机内紧固件的状态

每隔 3 个月在检查转辙机内部状态时，对紧固件的紧固状态实施目测或手感检查，必要时可使用紧固工具检查，但次数宜少，不宜反复进行。当有松动出现时应予以紧固。

【考核标准】

1. 应知应会知识

采用闭卷方式考核。考试内容为：

（1）S700K 型电动转辙机的结构和各部件作用；

（2）S700K 型电动转辙机的机械锁闭原理；

（3）S700K 型电动转辙机的传动原理。

2. S700K 型电动转辙机相关技能

（1）S700K 型电动转辙机的分解与组装；

（2）S700K 型电动转辙机的检修与测试。

评分标准如表 4-3-2。

表 4-3-2　S700K 型电动转辙机相关技能评分标准

项目及配分	考核内容及评分标准	扣分因素及扣分	得分
S700K 型转辙机分解与组装（共计 50 分，上述内容按规定扣分，扣完 50 分为止）	（1）对 S700K 型转辙机结构及各部件作用不清，每项扣 2 分		
	（2）S700K 转辙机的分解与组装错误，每项扣 2 分		
S700K 型转辙机检修与测试（共计 50 分，上述内容按规定扣分，扣完 50 分为止）	（1）S700K 型转辙机检修测试标准不明，每项扣 2 分		
	（2）S700K 型转辙机检修测试方法不会，每项扣 2 分		

任务四　外锁闭道岔的安装与调整

【学习目标】

（1）掌握外锁闭装置的结构与传动原理；
（2）会提速分动外锁闭道岔的安装调整。

【相关知识】

一、提速道岔外锁闭装置认识

目前常用的提速道岔外锁闭装置分为钩式和新铁德奥公司 HRS 道岔外锁闭装置两种，其中新铁德奥公司 HRS 道岔外锁闭装置主要应用在高速铁路上，所以本任务主要介绍钩式外锁闭装置。随着对钩式外锁闭装置的不断应用，也暴露出一些诸如机械卡阻等问题，对于这些问题，从结构上正在进行不断地优化。

钩式外锁闭装置的锁闭方式为垂直锁闭。锁闭力通过锁闭铁、锁闭框直接传给基本轨（翼轨）。每一牵引点都有对应的钩式外锁闭装置。

（一）分动尖轨用钩式外锁闭装置

1. 分动尖轨钩式外锁闭装置的结构

分动尖轨用钩式外锁闭装置由锁钩、锁闭杆、锁闭框、锁闭铁、尖轨连接铁、销轴等组成，如图 4-4-1 所示。

分动尖轨钩式外锁闭道岔结构

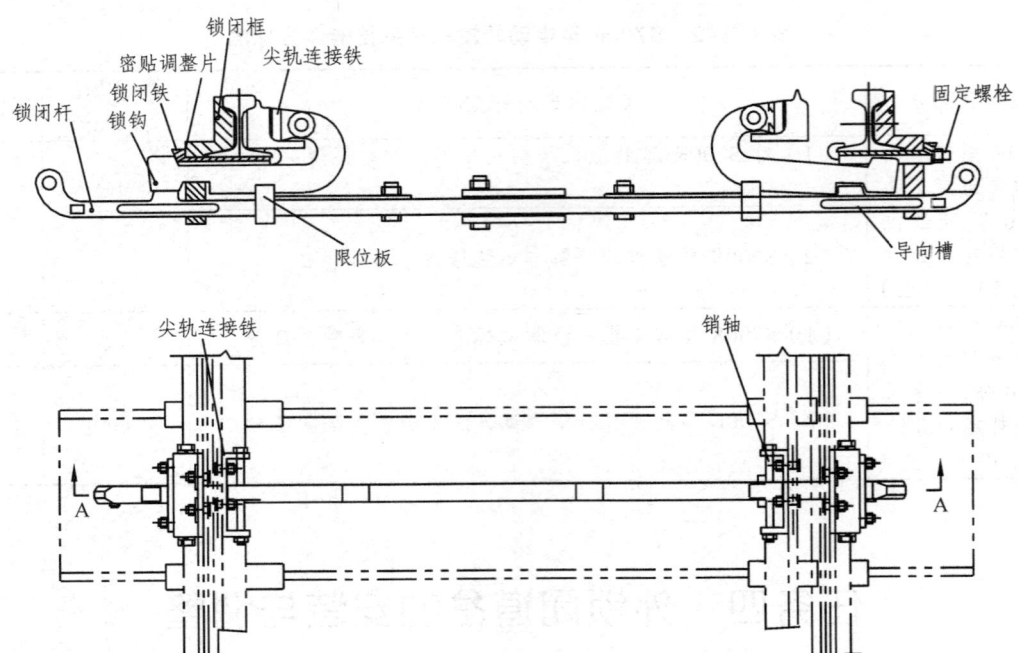

图 4-4-1 尖轨用分动外锁闭装置

锁闭铁固定在基本轨的外侧，锁闭框固定在锁闭铁的下方。锁钩通过销轴及尖轨连接铁与道岔尖轨固定，锁钩与锁闭杆上下排列被限制在锁闭框内，锁闭杆侧面带有导向槽，锁闭杆上对应每一尖轨的下面有一块向上凸起的锁闭块，两尖轨连接的锁钩各有一个与锁闭杆向上凸起的锁闭块对应的向上凹陷的缺口，锁钩的尾端还有一带斜面向上的凸起部分和向下带小斜面的凸起部分。

2. 分动尖轨钩式外锁闭装置的动作过程

当操纵道岔时，转辙机的动作杆动作，通过连接杆带动外锁闭装置的锁闭杆动作，实现道岔的解锁、转换和锁闭的过程。如图 4-4-2 所示。

（1）锁闭：密贴侧的锁钩被锁闭杆凸起的锁闭块顶起，使锁钩尾端的斜面与锁闭铁的斜面贴紧，尖轨被牢牢地锁住。斥离侧，由于锁钩下落进入锁闭框内，使锁钩底侧的缺口与锁闭杆向上凸起的锁闭块交错重合，这样斥离侧的尖轨也不能移动，即锁闭了该尖轨。

（2）解锁：道岔转换时，电动转辙机转动，动作杆移动，使锁闭杆沿导槽移动，利用锁闭杆凸起的锁闭块推动斥离侧锁钩移动，使斥离侧的尖轨先开始动作。此时，密贴侧尖轨下面的锁闭杆先是空动，使锁闭杆上凸起的锁闭块向锁闭框内移动，而后锁钩尾端整体下落到钢轨下方，锁钩底侧的缺口与锁闭杆上凸起的锁闭块交错重合，这时原来密贴的尖轨才真正解锁。

（3）转换：解锁后，锁闭杆的两个凸起的锁闭块都已落入对应的锁钩的凹槽当中，锁闭杆继续移动，带动两个锁钩同时移动，两个锁钩带动对应的尖轨同时转换。

（4）锁闭：原斥离的尖轨密贴以后，锁闭杆继续移动，其向上凸起的锁闭块推动锁钩的尾端上升，使锁钩尾端的斜面与锁闭铁的斜面贴紧，该尖轨锁闭。此时，原密贴尖轨继续移动，直至原斥离的尖轨锁闭后停止动作。

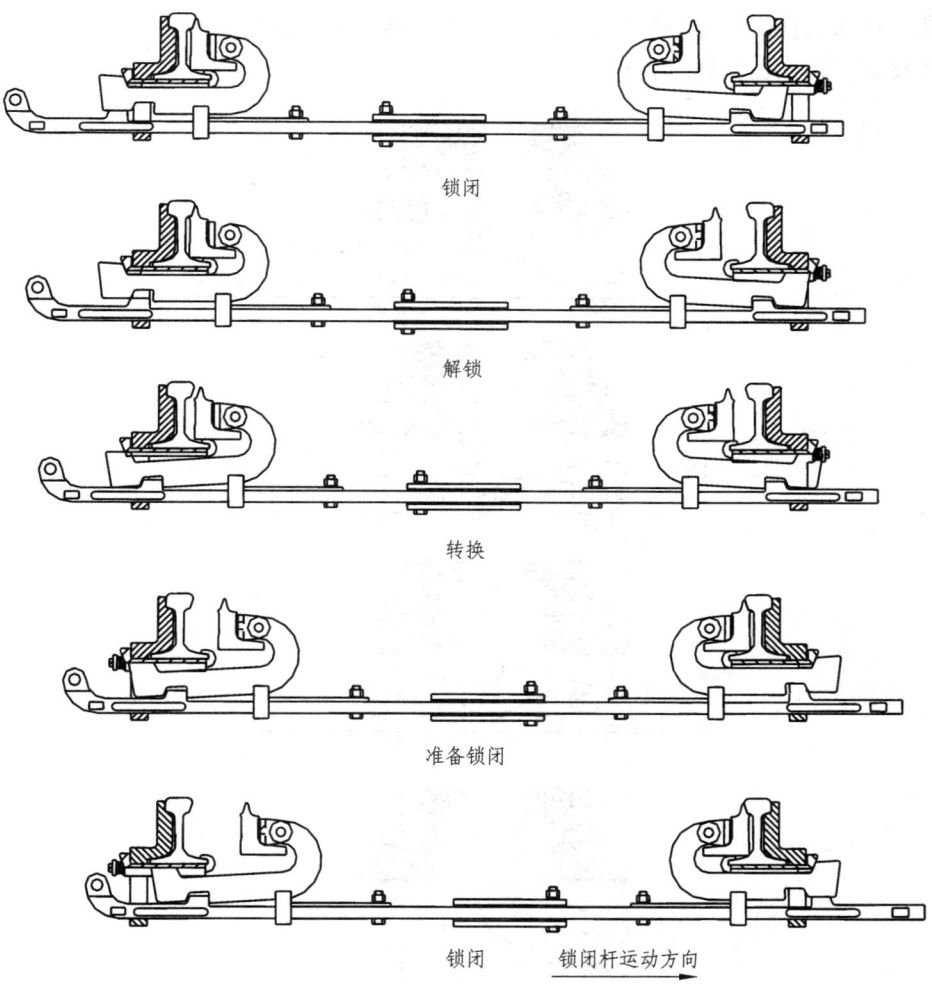

图 4-4-2 分动尖轨钩式外锁闭装置的动作过程示意图

（二）可动心轨用钩式外锁闭装置

1. 可动心轨用第一、二牵引点钩式外锁闭装置的结构

如图 4-4-3 所示，分动外锁闭装置由锁闭杆、钩锁、锁闭框、锁闭铁组成，但锁闭杆的尺寸、锁钩的外形与尖轨所用的完全不同。锁闭框安装在翼轨补强板上，直接与翼轨相连，心轨的凸缘插在锁钩的楔形槽内，心轨在槽内可前后伸缩，通过锁闭杆的横向运动牵引心轨转换并锁闭。

2. 可动心轨用第一、二牵引点钩式外锁闭装置的动作过程

可动心轨用第一、二牵引点钩式外锁闭装置的动作过程分为解锁、转换、锁闭三个阶段，如图 4-4-3 所示，图中可动心轨原密贴于右侧翼轨，锁闭杆向左移动，锁钩转动解锁；锁闭杆向左继续移动，锁闭杆带动锁钩，进而带动心轨转换至左侧翼轨；尖轨与翼轨密贴后，锁闭杆继续移动，直到锁钩转动锁闭。

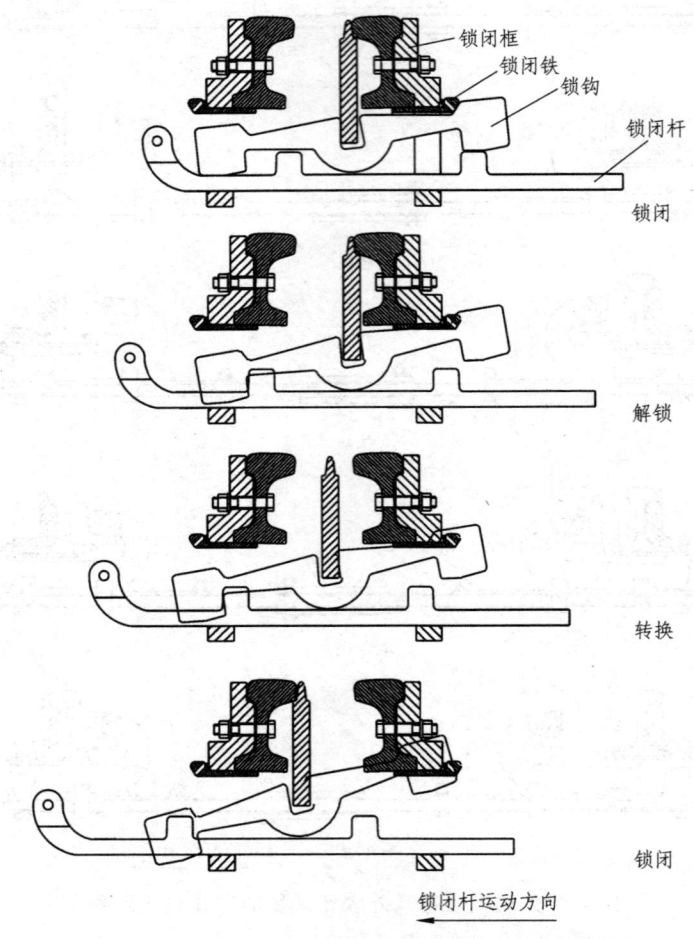

图 4-4-3 可动心轨第一、二牵引点钩式外锁闭装置及动作示意图

30 号及以上道岔岔心的第一、二牵引点及 18 号道岔岔心的两个牵引点的锁钩并未与钢轨相连，锁钩与锁闭杆一起被限制在锁闭框内。当道岔转换时，锁闭杆移动通过锁闭块带动锁钩移动，锁钩向上的缺口带动心轨移动，其锁闭解锁与尖轨类似。30 号及以上道岔的第三牵引点采用两个锁钩，结构和动作与岔尖基本相同（见图 4-4-4）。

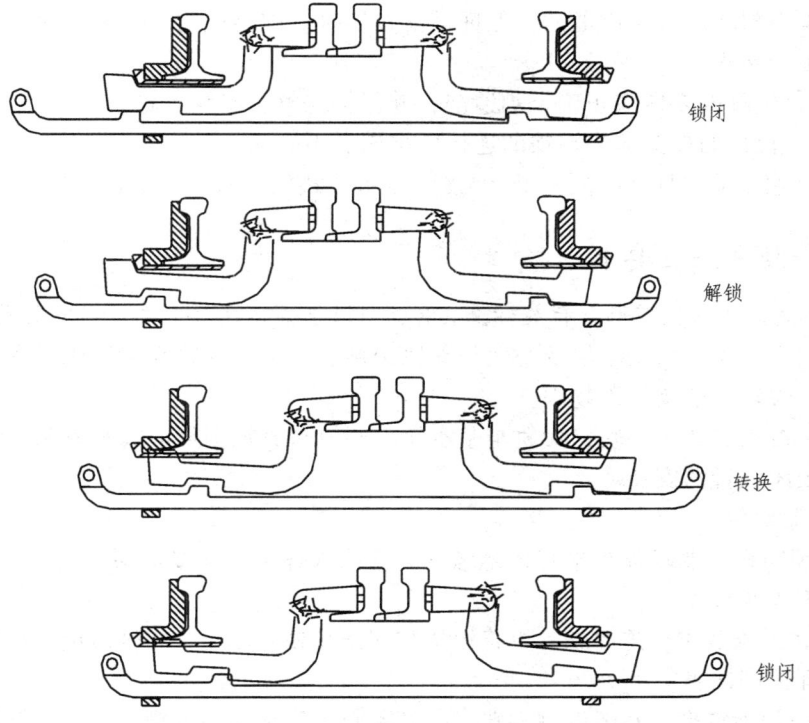

图 4-4-4 可动心轨第三牵引点钩式外锁闭装置及动作示意图

二、提速分动外锁闭道岔调整

（一）外锁闭装置及安装装置的维护标准

（1）外锁闭装置及安装装置的安装必须在工务道床水平、轨枕位置、轨距标准及尖轨、心轨宏观密贴等达到安装技术标准的条件下方可进行。

（2）外锁闭装置及安装装置应安装方正、平顺，可动部分在道岔转换过程中动作平稳、灵活，无别劲、卡阻现象。

（3）各牵引点和密贴检查部位的尖轨斥离位置与基本轨间动程和外锁闭装置的锁闭量定、反位两侧应均等，其不均等偏差应不大于 2 mm。

（4）两侧基本轨上锁闭框的安装孔前后偏差不得大于 5 mm。

（5）锁闭连接应平直，与绝缘垫板、夹板配合良好。各牵引点两侧锁闭框中心及转辙机的动作杆应与锁闭杆成一直线，并与岔枕保持平行。在道岔转换过程中锁钩应动作平稳、灵活并与锁闭铁吻合良好，无别劲、卡阻现象。

（6）基础托板应与道岔直股基本轨垂直，转辙机垫板与托板垂直，托板与岔枕连接牢固。

（7）锁闭框下部两侧的限位螺钉应有效地插入锁闭杆两侧导向槽内，不得松脱，不得接触锁闭杆。

（8）锁闭铁、锁钩与锁闭杆接触的摩擦面及运动范围内应保持清洁、油润、无锈蚀、无砂尘、无异物、运动灵活、无卡阻。

（9）锁钩头部孔内应注润滑油，保证道岔转换时，连接锁钩的销轴轴向窜动效果良好，能灵活调节锁钩转角。

（10）各处绝缘的安装应正确、不遗漏，并保持完整、绝缘良好。

（11）表示拉杆的接头与尖端铁的连接应牢固、不松动。

（12）表示杆、动作杆连接要平顺、无别卡，各连接销应置入或退出顺畅，不得强行敲击。

（二）安装方法及要求

（1）检查道岔技术状态符合有关标准，重点项目是钢轨孔与电务设备安装孔的相对位置、轨距、岔枕间距、尖轨与基本轨及心轨与翼轨密贴、牵引点处轨底与滑床板密贴，两侧钢轨应水平方正，尖轨心轨爬行不超限。

（2）人工拨动尖轨、心轨，尖轨与基本轨、心轨与翼轨刨切段宏观密贴，无反弹。

（3）外锁闭装置的安装。

① 转辙器部位。

a. 组装锁闭杆，要求连接平直，绝缘件、紧固件齐全，连接牢固，用 1 500 V 兆欧表测量电阻不小于 100 MΩ。

b. 在尖轨上安装尖轨连接铁，再将锁钩装在连接铁销轴上，销轴应由前向后穿（销轴螺母避开表示杆尖端铁）。

c. 安装一侧锁铁框，并将该侧尖轨密贴基本轨，使锁钩穿入锁框，插入锁闭杆，再将另一侧尖轨斥离基本轨，锁钩嵌入锁杆缺口，套入另一锁铁框并与基本轨用螺栓连接。

d. 在锁铁框上安装锁闭块并用螺栓固定。

组装要点：两侧锁铁框要在同一水平、同一中心直线上，锁闭杆在框中动作顺畅。

e. 连接转辙机动作连杆，手摇或电操转辙动作尖轨，进行调整：

增减尖轨连接铁垫片调整道岔开口，增减锁铁块与锁铁框间垫片调整密贴力，调整动作连杆长度达到两侧锁量均匀。

② 可动心轨辙岔部分。

a. 先安装一侧锁闭框，插入锁闭杆，把锁钩凹形槽嵌入心轨凸缘，拨动心轨使锁钩插入锁闭框，再将另一侧锁闭框套入锁闭杆和锁钩用螺栓与翼轨连接。

第三牵引点先安装连接铁、锁钩后再按照上述顺序安装。

b. 把锁闭块插入锁闭框，用螺栓固定。

c. 连接转辙机动作连杆，用手摇或电操转辙机动作心轨进行调整：增减锁闭块与锁闭框间垫片调整密贴力，调整动作杆长度达到定反位锁量均匀。

（4）安装装置和转辙机的安装。

外锁闭装置和转换设备可同时安装。

① 安装装置。

a. 按图核对杆件长度，各牵引点杆件长度不完全一样，按图对应安装。

b. 托板上的转辙机安装孔应与线路平行，前后偏移量不超过 5 mm。基础托板与线路垂直，短钢板与托板垂直，托板与岔枕连接牢固。

c. 各连接杆连接后要平顺，无别卡现象，各连接销应置入或退出容易。

d. 各部绝缘安装正确，不遗漏、不破损。各部螺栓应紧固，开口销齐全。
② 转辙机安装。
a. 检查核对各牵引点要安装的转辙机动程、配置的表示杆与图纸是否相符，对应安装。
b. 转辙机放在托板上应水平与线路垂直，连接杆件后，杆件应水平方正，可在转辙机下加垫调整高度。

（三）调整方法和检验标准

（1）调整应在道岔状态达到标准并基本稳定的条件下进行。

（2）部件组装过程已做过初步调整，调整时要几个牵引同时进行，完成一侧再调另一侧（定位、反位）。

（3）按开口量、锁闭量、密贴、表示杆缺口等项，顺序调整。

（4）尖轨与尖轨连接铁间增减垫片，可减小或增大开口。锁闭杆两侧锁闭量不均也影响开口，锁多的一侧开口小，锁少的一侧开口大。调整连杆长度使锁闭杆两侧锁量均匀，相差不超过 2 mm。调整限位铁间隙为 2~4 mm。

（5）锁铁框与锁闭铁间增减垫片，调整密贴。达到尖轨 1-4 牵引点、心轨 1 牵引点 2 mm 锁闭，4 mm 不锁闭。

（6）调整表示拉杆长度，使转辙机内表示杆缺口两侧间隙相等。

（7）检验标准。

道岔与转换设备关联部位的标准：

① 尖轨与基本轨、心轨与翼轨密贴，间隙不大于 0.5 mm。

② 尖轨、心轨轨面不得高于基本轨、翼轨轨面。

③ 滑床板与尖轨、心轨轨底面密贴，有 2 mm 以上间隙的每侧不多于 2 块，牵引点处前后 4 块滑床板必须保证 3 块密贴。

④ 无连续空吊板，单根空吊板不超过 12%。

转换设备标准：

① 外锁闭装置的安装符合施工安装要求。各部件无毛刺、飞边、底漆或镀层均匀，无漏漆漏镀。

② 锁闭杆、锁闭铁及连接铁安装平直，可动部分在转换过程中动作平稳、灵活，无卡阻现象。

③ 各部螺栓紧固，螺扣露出螺母外，铁垫圈、绝缘管、绝缘垫、开口销等齐全。

④ 基础托板安装与直股钢轨垂直、平顺，偏移量不大于 10 mm，转辙机外壳边缘与基本轨直股直线距离相差不大于 5 mm。

⑤ 外锁闭两侧（定位、反位）锁闭量之差不大于 2 mm，限位铁距锁闭框边间隙 2~4 mm。

【考核标准】

1. 应知应会知识

采用闭卷方式考核。考试内容为：

（1）分动锁闭装置的结构和各部件作用；
（2）分动外锁闭装置的锁闭原理。

2. 提速分动外锁闭道岔调整相关技能

评分标准如表 4-4-1 所示。

表 4-4-1　提速分动外锁闭道岔调整相关技能评分标准

项目及配分	考核内容及评分标准	扣分因素及扣分	得分
提速分动外锁闭道岔调整（共计 100 分，上述内容按规定扣分，扣完 100 分为止）	（1）外锁闭装置结构及各部件作用不清，每项扣 2 分		
	（2）外锁闭装置的分解不会，每项扣 5 分		
	（3）提速分动外锁闭道岔调整不当，每项扣 5 分		

任务五　ZYJ7 型电液转辙机认识

ZYJ7 型电液转辙机是采用电动机驱动、液压传动方式来转换道岔的一种转辙装置，用于多点牵引道岔上时，它与 SH6 型转换锁闭器配套使用（也可多机多点牵引）。

一、ZYJ7 型电液转辙机主要特点

（1）铝合金壳体，重量轻、安装简便、易于维护，不妨碍工务。
（2）双杆（动作杆、表示锁闭杆）锁闭尖轨在密贴位置。
（3）各牵引点间采用油管传输，减少机械磨耗。
（4）多点牵引时，SH6 与信号楼间不需另设电缆，室内不增加道岔组合。
（5）三相交流电机控制距离长，单线 54 Ω（约 2.3 km）。
（6）溢流压力稳定，易调整，拉力不受气候变化影响。
（7）易于获得较大的力或力矩。
（8）液压系统缺点：液压元件制造精度要求高，易泄漏，渗入空气会导致工作不稳定。

二、ZYJ7 型电液转辙机型号、规格及主要技术指标

ZYJ7 型电液转辙机型号、规格及主要技术指标如表 4-5-1 所示。

表 4-5-1 ZYJ7 型电液转辙机型号、规格及主要技术指标

型　号	电源电压（V）	额定转换力（N）	动程（mm）	工作电流不大于（A）	动作时间不大于（S）	单线电阻不大于（Ω）
ZYJ7-240/140/1810+4070	380	1 810/4 070	240/120	1.8	8.5	54
ZYJ7-A220+150/1810+4070	380	1 810/4 070	220/150	1.8	8.5	54
ZYJ7-B220+140/1810+4070	380	1 810/4 070	220/140	1.8	7.5	54
ZYJ7-B1 220+120/2500+4500	380	2 500/4 500	220/120	1.8	9	54
ZYJ7-C220+125/1810+4070	380	1 810/4 070	220/125	1.8	7.5	54
ZYJ7-D200+100/1810+4070	380	1 810/4 070	200/100	1.8	7	54
ZYJ7-E180+120/1810+4070	380	1 810/4 070	180/120	1.8	7	54
ZYJ7-F180/4000	380	4 000	180	1.8	5.8	54
ZYJ7-G220+170+100/1810+1810+4070	380	1 810/1 810/4 070	220/170/100	1.8	9.5	54
ZYJ7-H200+120/1810+4070	380	1 810/4 070	200/120	1.8	7.5	54
ZYJ7-J170/3920	380	3 920	170	1.8	5.5	54
ZYJ7-K130/3920	380	3 920	130	1.8	4.5	54
ZYJ7-L220/2940	380	2 940	220	1.8	7.5	54
ZYJ7-M150/4900	380	4 900	150	1.8	7.5	54

对于 9 号、12 号提速道岔的尖轨，以及 12 号、18 号可动心轨，无论采用何种外锁闭装置，均可用一台 ZYJ7-B 型电液转辙机配合一台 SH6 型转换锁闭器进行牵引。对于 18 号提速道岔的尖轨，则用一台 ZYJ7-G 型转辙机和 SH6 型转换锁闭器进行牵引。对于 30 号提速道岔，其尖轨用 3 台 ZYJ7-L 型（第 1~3 牵引点）和 3 台 ZYJ7-M 型（第 4~6 牵引点）进行牵引，其可动心轨用 2 台 ZYJ7-L 型（第 1、2 牵引点）和 1 台 ZYJ7-M 型电液转辙机进行牵引。ZYJ7 与 SH6 两者之间用胶管连接，传递动力。

三、ZYJ7 型电液转辙机结构

ZYJ7 型电液转辙机由主机和 SH6 型转换锁闭器两部分组成，分别用于第一牵引点和第二牵引点（30 号及以上道岔除外）。ZYJ7 型电液转辙机结构如图 4-5-1 所示，SH6 型转换锁闭器结构如图 4-5-2 所示。

ZYJ7 型电液转辙机主机主要由动力机构、转换锁闭机构、表示锁闭机构和手动安全机构组成。动力机构主要由电动机、惰性轮、联轴器、油泵、溢流阀、单向阀、滤清器、油箱、

油管等组成；转换锁闭机构主要由启动油缸、油缸、活塞及活塞杆、调节阀、推板、定位锁块、反位锁块、销轴、动作杆、锁闭铁等组成；表示锁闭机构主要由动作板、速动爪、速动爪滚轮、速动片、接点调整架、接点系统、表示锁闭杆、锁闭柱、拐肘、拉簧等组成；手动安全机构主要由安全接点（电门）构成。

　　SH6型转换锁闭器（也称为副机）没有动力机构，主机与副机间靠油管连接。它主要由转换锁闭机构、表示机构和挤脱机构组成。其中转换锁闭机构和主机基本相同，只是尺寸、转换力矩不一样；表示机构类似于ZD6型电动转辙机的自动开闭器部分，主要由动作板、速动片、速动爪、速动爪滚轮、接点系统、拐肘、检查柱、检查块、表示杆等组成。

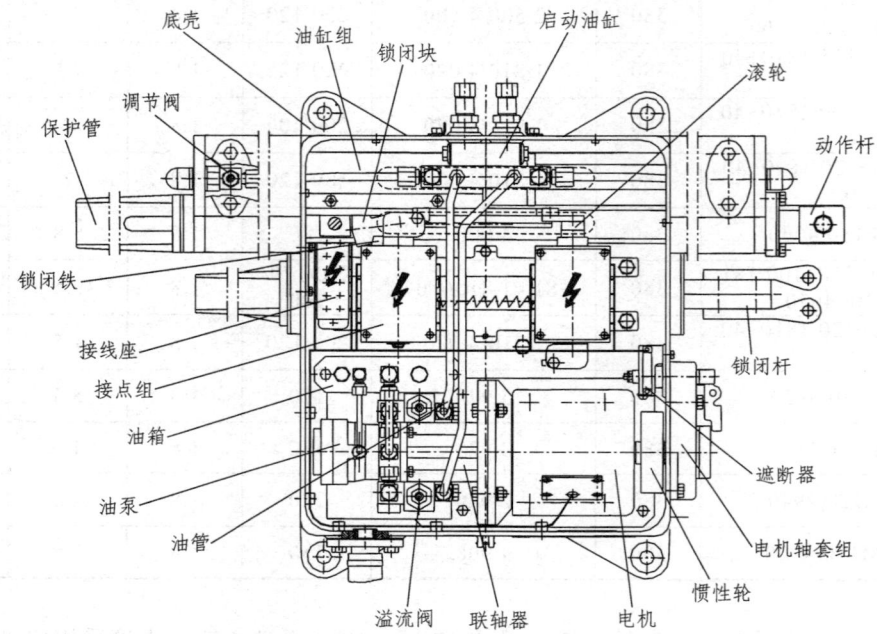

图 4-5-1　ZYJ7型电液转辙机结构图

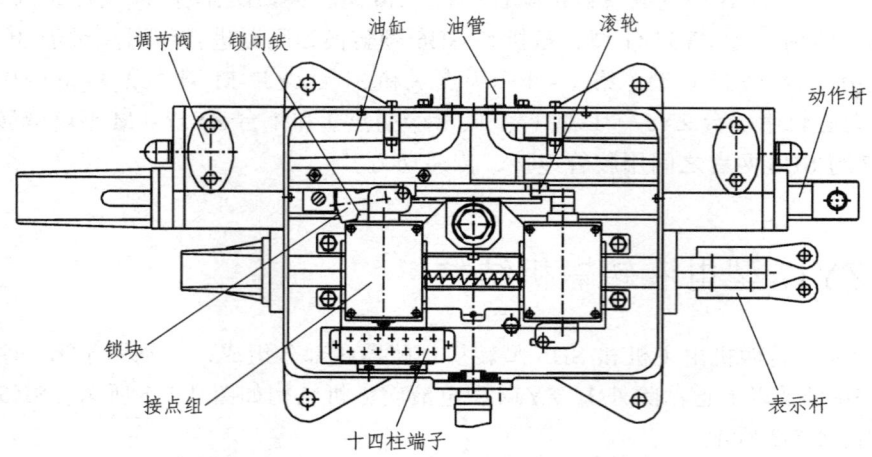

图 4-5-2　SH6型转换锁闭器结构图

（一）电动机

采用交流三相异步电动机，额定电压 380 V，额定电流 2.2 A，转速 990 r/min，重量 20 kg。电动机将电能变为机械能，为整机提供动力。该电动机增加惰性轮（惯性轮），它与电机轴间设摩擦片，弹簧加力，具有一定摩擦力，类似 ZD6 的摩擦带。惰性轮能防止电机停止时瞬间反转，用其惯性吸收电机反转力。

（二）联轴器

用它连接电机输出轴与液压油泵输入轴，带动液压泵工作。

（三）油　泵

油泵的作用是将电机旋转能转化为液压能。

ZYJ7 采用斜盘柱塞泵，如图 4-5-3 所示。柱塞在轴带动下在密贴配油盘面上转动，在斜盘作用下，柱塞往复运动，顺时针转动时从左配油孔吸油压入右配油孔，即可泵出液压油；逆时针转时从右配油孔吸油压入左配油孔，即可泵出反方向液压油。

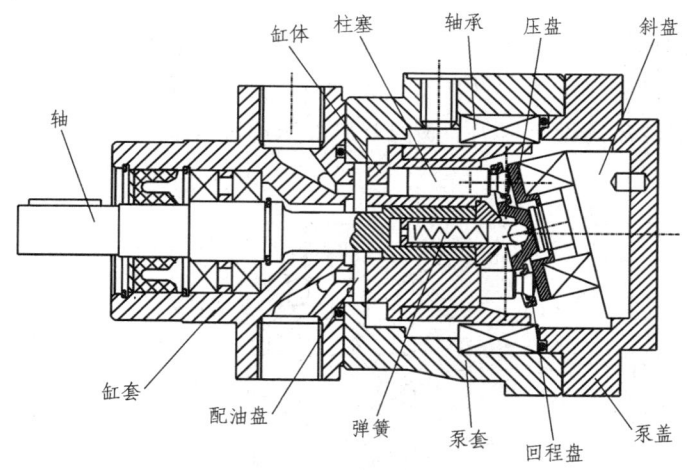

图 4-5-3　油泵结构图

（四）油　管

它连接启动油缸处，通向油缸、压力表接头和油管连接头。

（五）单向阀

如图 4-5-4 所示，单向阀由阀体、空心螺栓、钢球、O 型圈、挡圈等组成。单项阀可使液压油从空心螺栓底部掀起钢球顺利进入，此时另一端的单向阀被返回油流冲击而使钢球堵在空心螺栓的圆槽内，封住油口。这样就有效地保证了油流单方向通过。

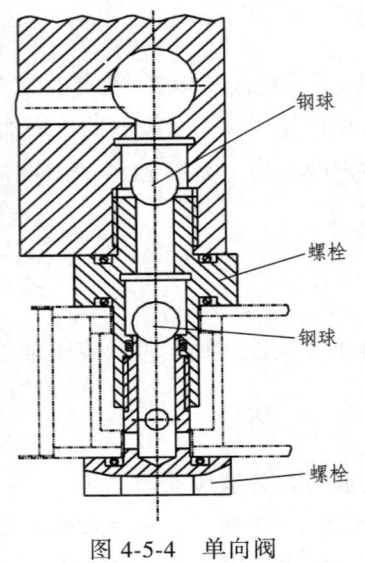

图 4-5-4 单向阀

（六）溢流阀

溢流阀主要由阀体和阀芯等组成，如图 4-5-5 所示。溢流阀的作用是，正常转换道岔油压不足以克服溢流阀的弹簧弹力，液压油进入油缸。道岔受阻或转换到位电动机还没断开电源时，油压升高大于溢流阀设定压力，阀门开启液压油进入油箱。它相当于 ZD6 转辙机的摩擦联结器。

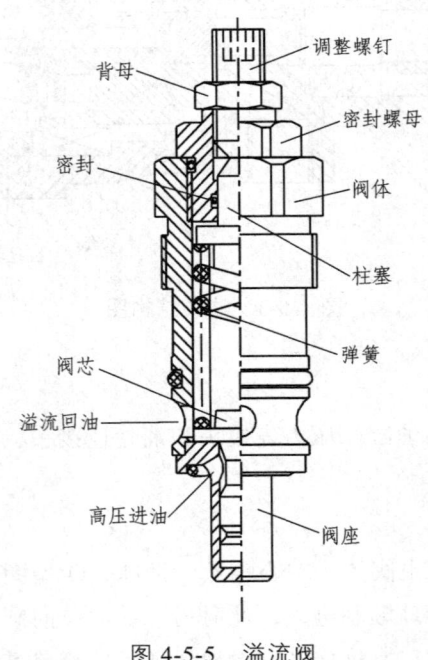

图 4-5-5 溢流阀

定反位各设一个溢流阀，调整时需松开紧固螺母，转动六角调整帽，顺时针调整溢流压力增大，逆时针溢流压力变小。

应该注意的问题：溢流阀溢流压力调整小时，道岔受阻时的牵引力小，溢流压力大时，道岔受阻牵引力大，过大容易导致系统液压油渗漏。

系统排气时，通过手摇转辙机反复松紧溢流阀排除系统空气，尤其刚安装调试时。

（七）油　箱

油箱采用 L 型结构，溢流阀固定在其底部箱上。油箱需要专用油枪从注油孔注油，采用 YH-10 航空液压油。油箱设有油标尺，观察油量，要保持上限。油箱内有磁铁吸附金属粉末。

（八）启动油缸

启动油缸的作用是在电机刚启动时先给一个小负载，待转速提高、力矩增大时再带动负载，克服交流电机启动力矩的不足。

启动油缸如图 4-5-6 所示。由缸体、缸筒、柱塞、垫块、螺堵及 O 型圈组成。启动油缸用两个接头阀将油路板与缸体上的两个孔连接起来，使其在油路中与油缸并联。

当电机刚启动时，若油泵右侧为高压油，则启动油缸右孔为高压，高压油先推动柱塞向左移动，由于柱塞力很小，使电机顺利启动。电动机启动后力矩增大，启动油缸也被充满，液压油再充入油缸，推动油缸动作带动道岔转换。若油泵左侧为高压油，原理相同。

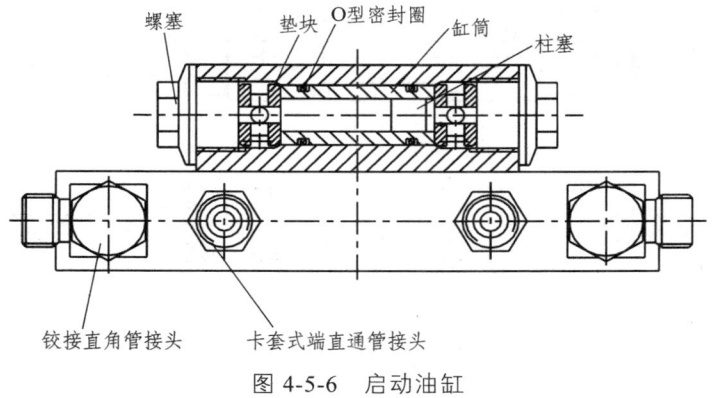

图 4-5-6　启动油缸

（九）节流阀

如图 4-5-7 所示，节流阀由调整杆、密封圈、挡圈等组成，它设在主机油缸活塞杆的两端，完成油管与活塞杆的油路连接。它的作用是用来调节进入主机油缸液压油的流速（量），即改变转辙机转换的速度。通过调节调整杆改变管道通径，从而改变流量，实现一、二动同步（顺时针拧进流量减少速度变慢，逆时针拧出流量增大速度变快）。

信号基础设备维护

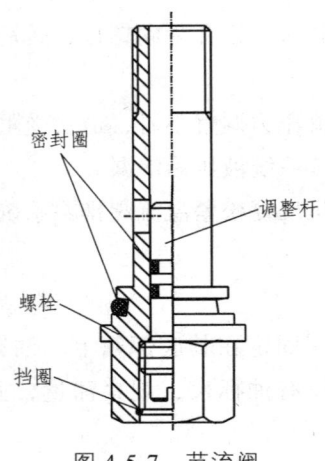

图 4-5-7 节流阀

（十）油　缸

油缸是将液压能转变为机械能的转换装置。

油缸由活塞杆、缸座、缸筒、缸套、接头体、连接螺栓和密封圈组成，如图 4-5-8 所示。活塞杆通过连接螺栓、杆架连在机体外壳上，这样就使得活塞杆固定，用缸筒运动来推动道岔转换（油缸上镶嵌推板和动作板）。活塞杆中部有孔管，端部接头体连油管，活塞四周有小孔，液压油从孔进入油缸腔。油泵向油缸左腔注入液压油并从右腔吸出液压油时左腔压力增大，油缸向左移动；反之向右移动。

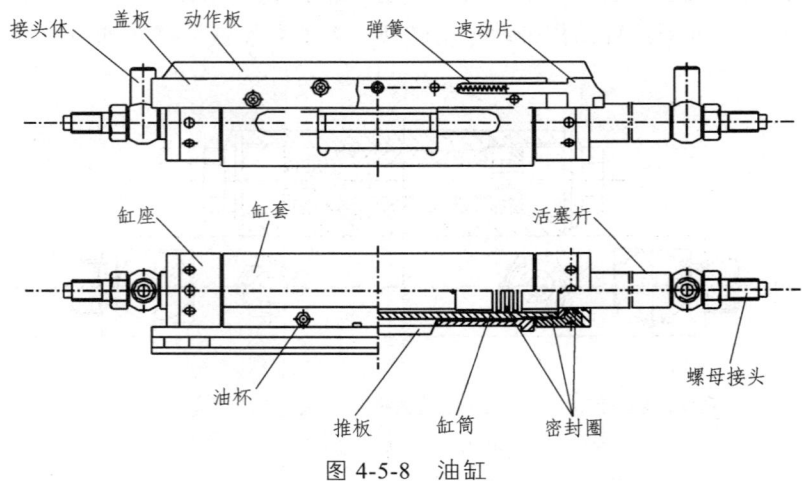

图 4-5-8 油缸

油缸到位后左右腔压力均衡，如没有液压锁闭装置，由于震动会造成油缸窜动，动作板斜面顶起接点滚轮断表示。所以增加了油缸辅助锁闭装置。所谓油缸辅助锁闭装置，是在油缸上设一个弹力滚珠，动作杆定反位各有一个圆坑与其对应，增加辅助锁闭功能，其力达到 100 kg。

（十一）滤清器

滤清器用来防止杂物进入溢流阀及油缸，造成油路卡阻，以保证油路系统的可靠性。

（十二）推　板

推板是嵌在油缸套上的矩形钢板，两端斜面凸起露在缸套外，凸起面动作时推动锁块使动作杆运动。突起面与锁块燕尾吻合。

推板、锁闭块、锁闭铁配合转换或锁闭动作杆。如图 4-5-9 所示，定、反位锁块通过轴销固定在动作杆上，燕尾型锁块以轴销为轴可以转动，为确保销轴的强度，在锁块上部设一块加强板，四个销轴两端分别固定在动作杆和加强板的孔中，锁块夹在动作杆和加强板间。锁闭铁固定在机壳上，是一个长矩形钢板，端部稍有斜面与锁闭块吻合。

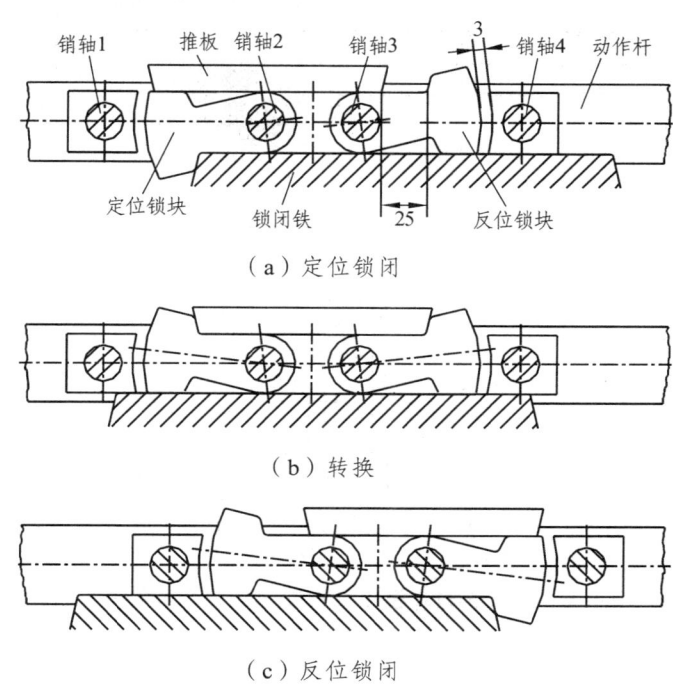

图 4-5-9　ZYJ7 型电液转辙机机械动作原理图

（十三）动作板

动作板是固定在缸套侧面上的钢板，有高低两个层面，高面两端有斜面，低面两端设两个可窜动（弹簧弹力）的速动片，与接点座上的滚轮配合，完成转辙机动作解锁前断开表示电路、接通反向回转启动电路、转换完成时快速断开原启动电路接通新位置表示电路（作用相当于 ZD6 转辙机的启动片和速动片）。

（十四）动作杆

方型动作杆上装设两个活动锁块，与油缸侧面的推板配合工作。动作杆外侧有圆孔，用销子和外锁闭杆连接。转换道岔时，油缸带动推板，推板推动锁块，锁块通过轴销与动作杆相连。道岔转换至锁闭位置时，推板将动作杆上的锁块挤于锁闭铁斜面上。

（十五）锁闭（表示）杆

锁闭杆结构如图 4-5-10 所示，锁闭柱与锁闭杆关系如图 4-5-11 所示。主机的伸出与拉入位置各设一根锁闭杆，外端通过外表示杆与尖轨相连。内方开有方槽，与接点组系统的锁闭柱方棒相配合。当尖轨转换到位锁闭后，锁闭柱落入锁闭杆上的方槽内，使接点接通相应的表示电路。由于锁闭杆上方槽为矩形，锁闭柱下端也为矩形，所以具有锁闭作用。两锁闭杆分别连接在两尖轨上，一根作为锁闭杆，另一根作为斥离尖轨的表示杆。

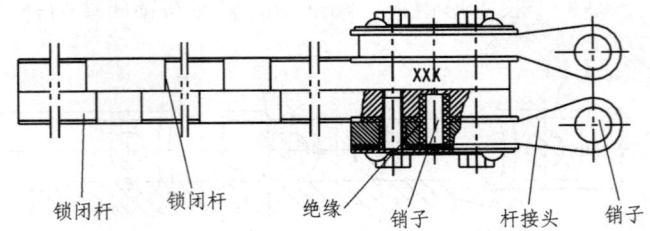

图 4-5-10 锁闭杆结构示意图

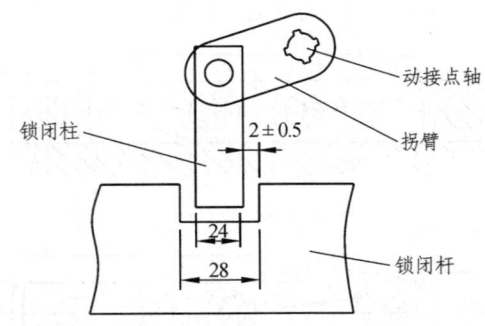

图 4-5-11 锁闭柱与锁闭杆关系示意图

（十六）表示杆

副机的伸出与拉入位置各设一根表示杆，外端通过外表示杆与尖轨连接。内方开有斜槽，与接点组系统的检查柱下端斜角相配合，检查道岔位置。当尖轨转换到位锁闭时，检查柱下端落入表示杆缺口，使接点接通相应位置的表示电路。副机表示杆不起锁闭作用。挤岔时，检查柱上提断开表示电路。如图 4-5-12 所示。

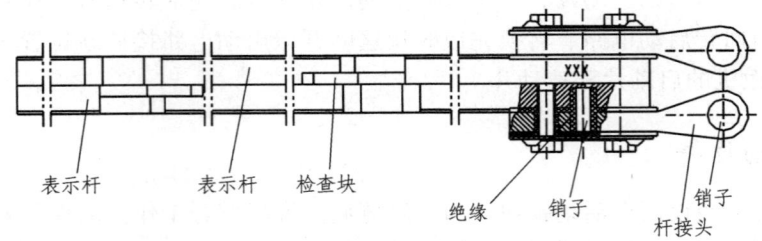

图 4-5-12 表示杆结构示意图

（十七）挤脱装置

挤脱装置安装在 SH6 型转换锁闭器上，它与锁闭铁经定力机构与机壳连在一起。当道岔被挤时，锁闭铁位移，转换接点组断开表示电路，及时给出挤岔表示。

挤脱装置由机壳上立柱形的固定桩与动作杆连接的锁闭铁靠凹凸槽吻合连接。固定桩内装有弹簧，经紧固后将锁闭铁与机壳连接起来，如图 4-5-13 所示。

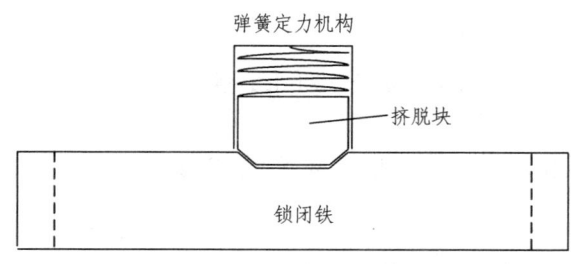

图 4-5-13 挤脱装置示意图

如果道岔被挤，动作杆带动锁闭铁挤出凹槽，启动片随之移动，斜面带动拐臂轴上的小滚轮抬起，使动接点退出，断开表示电路。此时动作杆连接的锁闭铁与机壳上的固定桩失去连接，起到了挤岔保护的作用。

（十八）遮断器

需要检修转辙机或需要使用手摇把转换道岔时，将遮断器打开，确保安全。与 ZD6 转辙机的遮断器基本一样，恢复时需用手提起内部支挡。它的位置在电机侧，外部加锁。

（十九）手摇把孔

在遮断器锁旁，正对电机轴，外有遮雨板，从下往上掀起，露出手摇把孔。只有打开遮断器后才能插入手摇把。站在电机、引线孔处看，逆时针摇油缸向左移，顺时针摇油缸向右移。

（二十）接点组

电液转辙机可采用普通自动开闭器，也可采用沙尔特堡型速动开关。

普通自动开闭器与 ZD6 电动转辙机用的一致，只是每排静接点的编号方向有所不同，站在电机从近向远编号为 1~6，如图 4-5-14 所示。

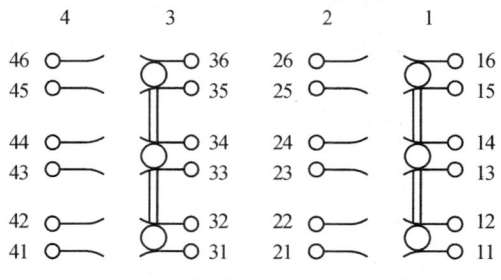

图 4-5-14 自动开闭器接点示意图

对于沙尔特堡型速动开关，接点编号方法是：站在电机、油泵一侧，两排接点左边的第一位数为1，右边的为2；由近至远是第二位数的1、2、3、4、5，每组接点的左上为第三位数的1，右上为2，左下为3，右下为4。当动接点架转换9°时，将常闭的23-1-2接点断开，断开表示。转换终了，启动片掉入圆弧内，开关迅速动作，依靠开关的弹力接通反位的13、21、14-1-2接点，接通新的表示电路。

四、ZYJ7型电液转辙机传动原理

（一）ZYJ7型电液转辙机的油路系统的组成

如图4-5-15所示，电液转辙机的油路系统为闭式系统，液压传动是借助处于密封容器内液体的压力来传递能量和压力。油路系统由油泵、流量调节阀、溢流阀、单向阀、滤清器及各部接头、油管、溢流板体组成。

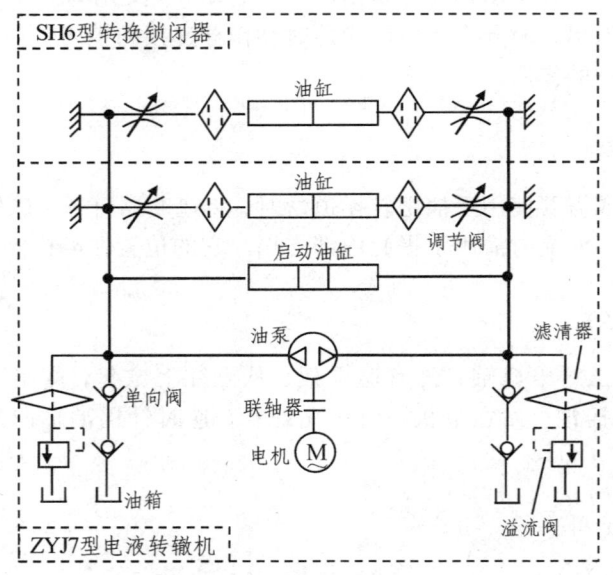

图4-5-15 ZYJ7型电液转辙机的油路系统

油泵是整个系统的动力源，用来将机械能变为液体的压力能。流量调节阀、溢流阀、单向阀等组成操纵控制装置，用以调节控制液压油的流向、流量和压力，实现不同的工作循环。油缸是系统执行机构，它把液压能变换成机械能。滤清器、油池等是辅助装置。

（二）电液转辙机液压动作原理

给电机通电，电机顺时针旋转时，通过联轴器，使油泵动作，开始泵油。液压油首先使启动油缸里的柱塞向右运动，克服电机启动力矩不足的缺点；然后，液压油经左侧的调节阀、活塞杆中心圆孔注入油缸左腔，油缸另一侧通过油泵从油缸右侧腔内吸出油，即左腔内为高压油，由于活塞杆固定不动，所以高压油推动油缸向左移动；当油缸动作到终端停止移动时，油泵从右边的单向阀吸出油，泵出的液压油经左侧的滤清器和溢流阀回到油池，吸收电机惯性。

反之，当电机带动油泵逆时针旋转时，油泵从油缸左侧腔内吸出油，泵出的高压油通过活塞空腔进入油缸右侧，使油缸右腔为高压，此时油缸向右移动。

当道岔受阻油缸不能移动时，油泵继续转动，管路内油压升高，高于溢流阀设定压力时通过溢流阀开启液压油回到油缸，实现受阻但电机不停转，保护电机。通过启动油缸克服交流电机启动力矩小的缺点。电机旋转通过液压系统转换成油缸的直线运动。牵引力大小通过选择不同油缸截面积来实现。当第一、第二点转换时间不一致时，可以通过调整节流阀来实现 ZYJ7 与 SH6 的同步。

（三）ZYJ7 型电液转辙机机械动作原理

ZYJ7 型电液转辙机的解锁、转换、锁闭作用原理图如图 4-5-9 所示。

当道岔转换至定位位置时（例如拉入），推板的拉入锁闭面与拉入锁块的锁闭面相吻合，使锁块不能移动，拉入锁块的斜锁闭面与锁闭铁拉入锁闭面相互吻合，使锁块和动作杆不能伸出，此时称为转辙机拉入锁闭状态，如图 4-5-9（a）所示。

当电机启动，油缸向伸出方向移动时，推板随油缸移动，移动 25 mm 时推板拉入，锁闭面全部退出拉入锁块的锁闭面。此时，转辙机为解锁状态。

推板继续移动，即带动伸出锁块、销轴、动作杆移动，动作杆又带动拉入锁块离开锁闭铁拉入锁闭面，迫使拉入锁块移动，拉入锁块动作面跟随推板拉入动作面。此时转辙机进入了转换状态，如图 4-5-9（b）所示。

油缸和推板继续移动，至伸出锁块锁闭面将要与锁闭铁伸出锁闭面接触，则进入增力状态。这时伸出锁块由推板伸出动作面和锁闭铁伸出锁闭面接触，此后推板再向前 15.2 mm（动作杆相应动作 7.6 mm），即为增力阶段。推板继续移动 9.8 mm，伸出锁块斜锁闭面与锁闭铁伸出锁闭面完全吻合，转辙机为伸出锁闭状态，如图 4-5-9（c）所示。

（四）ZYJ7 型电液转辙机的检查和表示

ZYJ7 型电液转辙机的检查和表示装置由固定座、拐臂、锁闭检查柱、轴承座、传动杆及齿轮、动作板、速动片、弹簧、接点组和内外表示杆组成。

转辙机处于拉入位置时，锁闭检查柱与内表示杆的主锁闭缺口对应，只有缺口对准，锁闭检查柱方可落入检查口。用此来检查道岔尖轨密贴，并通过拐臂带动接点组构成表示电路。

转辙机在伸出位置时，锁闭检查柱与副锁闭杆缺口对应，即检查此时尖轨的密贴。

接点组与动作板、速动片、启动片的动作关系如图 4-5-16 所示。

当油缸侧面上的动作板向左移动 1.4 mm 时，动作板的斜面开始推动接点组的滚轮。油缸移动 17.4 mm，动接点组转换，断开原表示接点。油缸移动 25 mm 时，油缸侧面的推板刚接触反位锁块的锁闭面，推板将定位锁块解锁，油缸解锁动程结束。道岔尖轨转换，当尖轨与基本轨密贴时，油缸走完了转换动程，油缸侧面的推板动作面进入反位锁块的锁闭面，动作杆不再动作，油缸继续移动的锁闭动程为 17.4 mm。当锁闭动程为 23.6 mm 时，接点组的启动片在弹簧的作用下，快速落入动作板上速动片圆弧内，即快速地断开电动机电源，接通现表示电路。

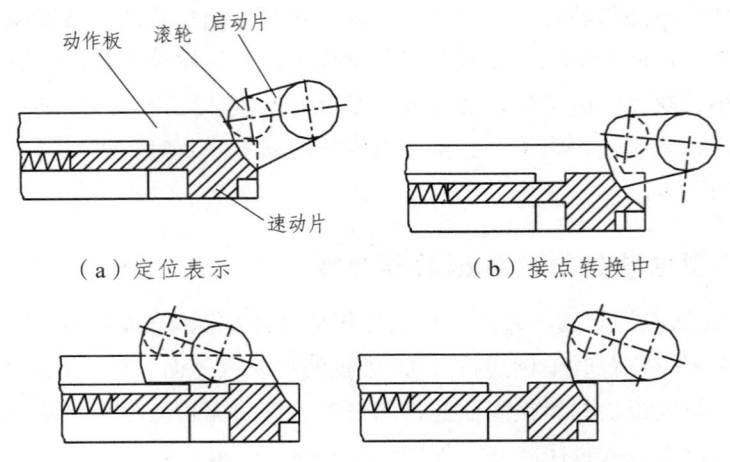

图 4-5-16　接点组与动作板、速动片、启动片的动作关系

（五）ZYJ7 型电液转辙机的安装装置

采用单机多点牵引时，ZYJ7 型电液转辙机安装在尖轨或可动心轨的第一牵引点处，SH6 型转换锁闭器安装在尖轨或可动心轨的第二牵引点（18 号提速道岔尖轨尚有第三牵引点）之处。采用单机单点牵引时，每个牵引点设一台 ZYJ7 型电液转辙机。它们固定在托板上，经钢枕与钢轨线路连接。安装装置主要由托板，弯头动头杆，尖端铁及长、短表示杆等组成。各部件的安装和作用与上述 S700K 型电动转辙机的安装装置基本相同。

（六）ZYJ7 型电液转辙机的调整

尖轨和可动心轨的密贴调整与 S700K 型电动转辙机的密贴调整相同。ZYJ7 型的表示杆缺口调整可直接拧主、副表示杆的调整螺母，使检查柱落入主表示杆缺口，其缺口间隙应为 2 mm ± 0.5 mm（转换锁闭器应为 4 mm ± 1.5 mm）。定、反位可以分别调整、互不影响。

【考核标准】

采用闭卷方式考核。应知应会知识考试内容为：
（1）ZYJ7 型电液转辙机的结构和各部件作用；
（2）ZYJ7 型电液转辙机的传动原理。

任务六　ZD（J）9型电动转辙机的维护

【学习目标】

（1）掌握ZD（J）9型电动转辙机的结构与传动原理；
（2）掌握ZD（J）9型电动转辙机的安装与调整；
（3）掌握ZD（J）9型电动转辙机的维护标准。

【相关知识】

一、ZD（J）9型电动转辙机的认识

（一）ZD（J）9型电动转辙机的特点

ZD（J）9型系列电动转辙机是一种能适应交、直流电源的新型转辙机。它有着安全可靠的机内锁闭功能，因此既可适用于联动内锁道岔，又可适用于分动外锁道岔；既适用于单点牵引，又适用于多点牵引；安装时，既能角钢安装，又能托板安装。ZD（J）9型电动转辙机各个机件具有如下特点：

（1）采用滚珠丝杠减速，效率较高。
（2）交流系列采用三相380 V交流电动机，故障少，电缆单芯控制距离长。根据需要可配置直流系列转辙机。
（3）接点系统采用铍青铜静接点组和铜钨合金动接点环。
（4）伸出杆件用镀铬防锈，伸出处用聚乙烯堵孔圈和油毛毡防尘圈支承和防尘。
（5）转动和滑动面用SF-2复合材料衬套和衬垫，维护工作量小。
（6）停电或维修等需手动转换的情况下，可转动手动开关轴，断开安全接点，插入手摇把，予以手动转换转辙机。

（二）ZD9（J）型电动转辙机的主要技术特性

ZD（J）9交流电动转辙机的主要技术特性如表4-6-1所示。

表 4-6-1　ZD（J）9交流电动转辙机的主要技术特性

型号	电源电压DC（V）	动程（mm）	锁闭（表示）杆动程（mm）	额定转换力（kN）	工作电流（A）	动作时间不大于（s）	挤脱力（kN）	适用道岔类讯
ZDJ9-170/4 k	380	170±2	152±4	4	2	5.8	28±2	尖轨动程在 152 mm 以下的道岔，双杆内锁，可挤
ZDJ9-A220/2.5 k ZDJ9-C220/2.5 k	380	220±2	160±4	2.5	2	5.8	—	分动外锁双机牵引第一牵引点，不可挤，双杆锁闭
ZDJ9-B150/4.5 k ZDJ9-D150/4.5 k	380	150±2	75±4	4.5	2	5.8	28±2	分动外锁双机牵引第二牵引点，可挤，单杆内锁

注：其中 A、B 用于分动道岔，C、D 用于联动道岔，170 型用于单机牵引道岔。

二、ZD（J）9系列电动转辙机的结构

ZD（J）9型转辙机结构如图 4-6-1 所示，它由底壳、盖、电动机、减速器、摩擦联结器、滚珠丝杠、推板套、动作板、锁块、锁闭铁、接点组、动作杆、锁闭（表示）杆、安全开关组、挤脱器（不可挤的不设）、接线端子等组成。结构采用模块化设计，便于维护和维修。

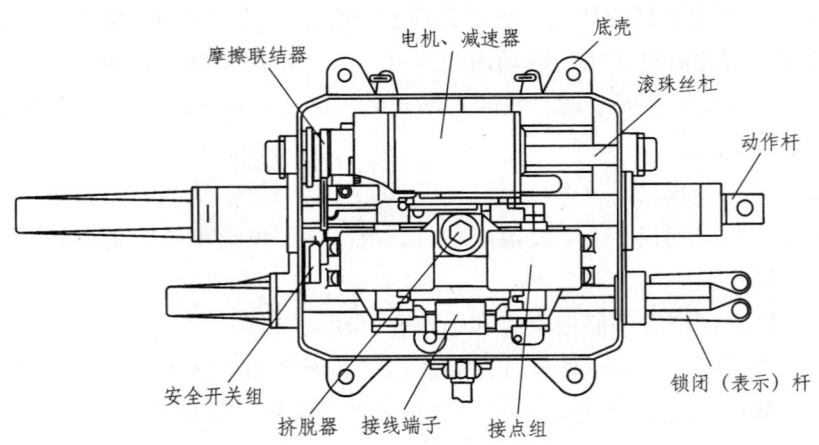

图 4-6-1　ZD(J)9 型电动转辙机结构图

（一）电动机

电动机是用来给转辙机提供动力的，有交流电动机和直流电动机两种类型。电机可根据需要直接更换成交流或者直流类型，更换方便。

交流电动机为 ZDJ802-4 型，额定输出功率 0.4 kW，当电源电压为三相 380 V、单相电阻为 54 Ω时，额定转矩为 2 N·m，转速大于或等于 1 330 r/min。

（二）减速器

减速器的作用是将电机的高速转速降下来，以提高转动力矩。减速器分为两级减速，第一级减速器为齿轮减速，它以齿轮箱的形式与电动机结合在一起（见图 4-6-2），齿轮箱中有摇把齿轮、电机输出小齿轮、中间齿轮，中间齿轮咬合于摩擦联结器齿轮上，摇把齿轮用于手摇转辙机。第二级减速由滚珠丝杠、螺母及推板套完成，它除了具有减速作用外，还将旋转运动变为推板套的水平动作，以便间接使动作杆做水平运动，原理同 S700K 型电动转辙机。ZD（J）9-A 型第一级速比为 38/26，第二级速比为 46/18，总速比为 3.74。ZD（J）9-B 型第一级速比为 44/20，第二级速比亦为 46/18，总速比为 5.63。

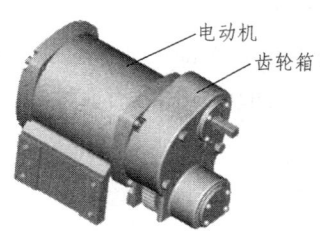

图 4-6-2　电机、减速器齿轮箱

（三）摩擦联结器

摩擦联结器采用片式粉末冶金摩擦方式，主动片是 4 片外摩擦片，用钢带加工，被动片为 3 片内摩擦片，用 12 个弹簧加压，将摩擦联结器齿轮与滚珠丝杠"固定"在一起，如图 4-6-3 所示。在正常情况下，摩擦联结器可以保证转换力的稳定，通过摩擦联结器中的内外摩擦片的摩擦作用，将摩擦联结器齿轮的旋转运动传递到滚珠丝杠上，滚珠丝杠把传动齿轮的旋转运动转换成与丝杠联结的推板套的水平运动。当道岔受阻滚珠丝杠不能转动时，电动机将带动齿轮箱中的齿轮及摩擦联结器齿轮空转，起到保护电机的作用。

图 4-6-3　摩擦联结器

（四）滚珠丝杠和推板套

如图 4-6-4 所示，滚珠丝杠选用国产磨削丝杠，直径 ϕ32 mm，导程 10 mm。由于导程大，滚珠也大，故可靠性高。滚珠丝杠的一端与摩擦联结器"固定"在一起，当摩擦联结器转动时，滚珠丝杠随之转动，使丝杠上的推板套做水平运动。

信号基础设备维护

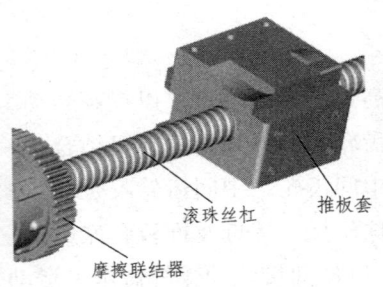

图 4-6-4　滚珠丝杠和推板套

（五）锁块、锁闭铁和动作杆

如图 4-6-5 所示，锁闭铁固定在机壳底部（如是可挤转辙机，锁闭铁通过挤脱器固定）；两个锁块通过销轴联结在动作杆上，锁块可围绕销轴转动。

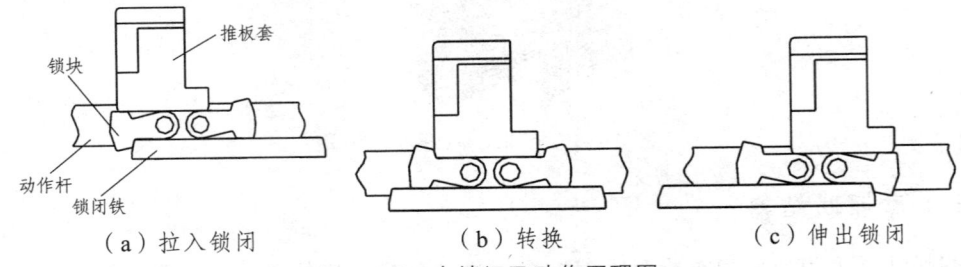

图 4-6-5　内锁闭及动作原理图

当滚珠丝杠转动，推板套做水平运动，推动安装在动作杆上的锁块，在锁闭铁的辅助下使动作杆水平运动，完成解锁、转换、锁闭的功能。其机械动作原理同 ZYJ7 型电液转辙机的机械动作原理。

通过图 4-6-5 可以看出，ZD（J）9 型转辙机有着安全可靠的内锁功能，在两个终点位置时锁块在推板套和锁闭铁的共同作用下实现了转辙机对道岔的锁闭。

（六）动作板

如图 4-6-6 所示，动作板是固定推板套面上的钢板，有高低两个层面，高面两端有斜面，低面两端设两个可窜动（弹簧弹力）的速动片。推板套动作时，动作板随之动作，接点座上的滚轮会慢慢抬起，切断表示，同时接通下一转换方向的动作接点；当动作到位时候，滚轮从动作板滑动面落下，动作接点断开，同时表示接点接通，给出道岔表示。动作原理与 ZYJ7 型电液转辙机相同。

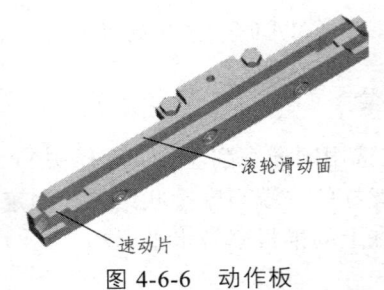

图 4-6-6　动作板

（七）锁闭（表示）杆和表示杆

锁闭（表示）杆和表示杆与ZYJ7型电液转辙机的基本相同。

（八）接点组

接点组与ZD6型相同，只是将动接点支架改进成为有两处压嵌连接的结构，因此左右调整板设在同侧，缩小了接点组尺寸，减少了零件品种。另外，静接点片用铍青铜制造，动接点环用铜钨合金制造，使用寿命100万次以上。

（九）挤脱器

挤脱器由调整螺母、调整垫、碟簧、挤脱柱等组成，正常情况下，靠碟簧的弹力，挤脱柱顶住锁闭铁，使锁闭铁"固定"不动。挤岔时，当挤脱器中的锁闭铁在动作杆上的锁块作用下，脱开挤脱柱，在锁闭铁上的凹槽推动水平顶杆，水平顶杆推动竖顶杆，竖顶杆推动动接点支架，从而切断表示，非经人工恢复锁闭铁，不可能再接通表示。

（十）安全开关组

安全开关组由安全开关、连接杆和电机轴端连扳组成，安全开关采用沙尔特堡开关。手动时，由于安全开关通过连接杆与电机轴端的连板相连，因此必须打开安全开关手摇把才能插入。

（十一）接线端子

接线端子采用免维护的万可（WAGO）公司的280-901型端子，由于该接线端子的零件没有螺纹连接件，能抗振动和冲击，同时又不损及导线，使用过程中无须检查或重新拧紧，能抗振动和冲击，是一种免维护的接线端子。

三、ZD（J）9系列电动转辙机的传动原理

ZD（J）9型转辙机动作原理如图4-6-7所示。该电动机通电后旋转，电动机的驱动力矩经减速器减速后传到摩擦联结器。由摩擦联结器的内摩擦片通过花键传动滚珠丝杠，将转动转换为螺母的平动。螺母外套有推板套，其上固定有动作板。推板套推动动作杆上的锁块，在锁闭铁作用下，形成了转辙机的解锁、转换、锁闭过程（机械原理和电液转辙机基本相同）。ZD（J）9-A型的锁闭铁直接固定在底壳上，ZD（J）9-B型的锁闭铁被挤脱器固定在底壳上，挤脱力28 kN ± 2 kN。

信号基础设备维护

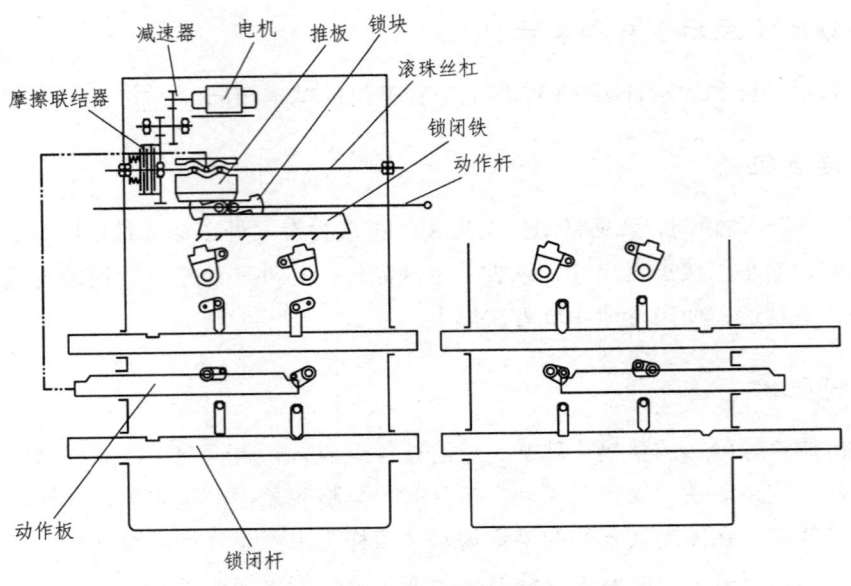

图 4-6-7　ZD（J）9 型转辙机动作原理图

ZD（J）9-A 型的左右锁闭杆分别与第一牵引点两根分动的尖轨相连，在动作杆上的锁块被推板套锁闭在锁闭铁上，与密贴尖轨相连的锁闭杆被锁闭柱锁在密贴位置，这样就形成了双杠锁闭。一根锁闭杆上锁闭用的直缺口和挤岔表示用的斜缺口的距离与尖轨动程有关，只能适用于 160 mm±6 mm，超过此动程范围需另配锁闭杆。锁闭杆断面为 20 mm×50 mm，其弯曲程度为 ZD6 型表示杆的 3.7 倍，保证了第二锁闭的可靠性。

ZD（J）9-B 型的左右表示杆与第二牵引点的两根分动的尖轨相连，表示杆内检查块的结构、密贴检查和挤岔断表示原理均与 ZD6 型相同，其仅在动作杆上有锁闭，故为单杆锁闭。挤岔时，通过斥离尖轨的动作，使表示杆的斜面推动检查柱断开表示接点，给出挤岔表示。

同时斥离尖轨推动外锁闭杆，进而推动动作杆，当动作杆上的挤岔力超过挤脱力时，锁闭铁就脱开挤脱柱，动作杆解锁。此时，锁闭铁移动 8 mm，锁闭铁上凹槽推动水平顶杆，再推动竖顶杆、动接点支架，从而断开表示。非经人工恢复锁闭铁，不能再接通表示。

为防止惯性反弹，在推板套与动作杆间加有阻尼机构。当推板套推动锁块进入锁闭位，动作杆停止不动，推板套继续前进，到动作板使电动机电源断开时，推板套因惯性继续前进，推板套与动作杆间有相对移动，推板套内的弹簧在动作杆槽的斜面上压缩，弹力使摩擦块在动作杆侧面上摩擦而吸收惯性，即防止了惯性反弹。

四、ZD（J）9 型电动转辙机安装与调整

（一）安　装

ZD（J）9 型电动转辙机有角钢安装方式和轨枕安装方式两种。ZD（J）9 型电动转辙机在工厂装配是右伸结构，是在道岔左侧的安装方式。如果要在道岔右侧安装时，需要将转辙

机的动作杆和锁闭杆的保护管、锁闭杆、毛毡防尘圈等更换方向，由于动作杆左右侧均有连接孔，因此动作杆不需要更换方向。在改装时，在底壳外的连接面为了防止进水，需要涂以密封胶。

（二）调　整

1. 密贴调整

同 S700K 型电动转辙机和 ZYJ7 型电液转辙机。

2. 表示调整

转辙机安装后，调整道岔尖轨密贴后，调整锁闭杆锁闭表示缺口与锁闭柱（检查柱与检查块）的间隙，一般 A、C 型为每侧 2 mm，其调整量为 0~4 mm。可从转辙机上方直接观察到缺口。第二牵引点用的 B 和 D 型表示杆内检查块与检查柱的间隙为每侧 4 mm，其调整量为 0~8 mm，正常检查表示缺口与检查柱的间隙为每侧 2 mm，在第二牵引点因尖轨变形而允许在密贴时留有 4 mm 间隙也可以调整使用。对于联动道岔表示缺口的调整，其调整次序为，先调整拉入的表示缺口，再调整伸出的表示缺口。

锁闭杆挤岔表示斜缺口与锁闭柱斜面间隙为每侧 18 mm，当在分动外锁闭道岔上使用，其适应尖轨动程为尖轨标准动程 ± 18 mm。当在联动内锁闭道岔上使用，其左右锁闭杆或表示杆可以调整左右两杆锁闭缺口的相互位置，如 ZD6 型电动转辙机的表示杆那样，调整量为 ± 20 mm，适应尖轨动程为尖轨标准动程 ± 20 mm。

3. 摩擦联结器的调整

转辙机摩擦联结器在出厂时，按照转辙机技术条件规定的不同型号的标准值已调整好。对符合标准的道岔，其转换力不超过标准值，本机摩擦联结器不需任何调整既能满足使用要求。如道岔转换力过大（或有其他非正常情况）时，转辙机就会出现摩擦联结器打滑。确认各部件工作正常，仅道岔转换力过大导致不能正常转换时，此时可用本机附带的专用工具进行调整，右旋调节可增大摩擦力，左旋可减小摩擦力。调整完成后，可用销式或无销式转辙机测力仪测试转换力及摩擦转换力。建议摩擦转换力不宜过大，否则有烧电机的可能。

4. 挤脱器挤脱后的恢复

松开调整螺母，取出调整垫、调整垫圈，取出挤脱柱（连带碟簧一起取出），然后用手摇把转辙机摇到解锁位置，轻敲锁闭铁一端，使其恢复到挤脱前的状态，装入挤脱柱，调整垫圈，并旋紧调整螺母，最后用摇把把转辙机恢复到终点位置。

注意：恢复时，如果挤脱发生在转辙机的拉入状态，轻敲锁闭铁不能使锁闭铁移动，则有可能是挤岔时，锁闭铁移动量过大，造成锁闭铁一端移动超过水平顶杆。此种情况发生时，必须把接点座卸下以后才能恢复。

ZD(J)9 型电动转辙机是为我国铁路提速的需要研制的，借鉴了国内外成熟的先进技术，并结合我国铁路线路和道岔的实际情况进行了优化设计，根据道岔的不同转换动程和转换力以及交流、直流不同供电方式开发的系列产品。具有转换力大、效率高等特点，既适用于多点牵引分动外锁闭道岔的转换，也可用于尖轨联动的内锁闭道岔的转换。

五、ZD（J）9型电动转辙机维护标准

（1）转辙机在供给额定电源电压、输出额定转换力条件下，滚珠丝杠应转动灵活，回珠无卡阻，丝杠母两端密封应良好。

（2）道岔在正常转换时，摩擦联结器不空转，摩擦联结器作用良好；道岔尖轨因故不能转换到位时，摩擦联结器应空转。电动转辙机的摩擦转换力应调整至表 4-6-2 的要求，并应用锁紧片锁定，用红漆标记。

表 4-6-2　摩擦转换力要求

型　　号	摩擦转换力（N）
ZD9-170/4 k、ZDJ9-170/4 k	6.0±0.6
ZD9-A220/2.5 k、ZD9-C220/2.5 k、ZDJ9-A220/2.5 k、ZDJ9-C220/2.5 k	3.8±0.4
ZD9-B150/4.5 k、ZD9-D150/4.5 k、ZDJ9-B150/4.5 k、ZDJ9-150/4.5 k	6.8±0.7

（3）自动开闭器应符合下列要求：

① 绝缘座安装牢固、完整、无裂纹；动接点不松动，静接点须长短一致，互相对称；接点片不弯曲、不扭斜，辅助片作用良好。

② 动接点在接点片内的接触深度不小于 4 mm，用手扳动动接点，其摆动量不大于 3.5 mm；动接点与静接点座间隙不小于 3 mm；接点接触压力不小于 4.0 N；滚轮落下前，动接点在静接点内有窜动时，应保证接点接触深度不小于 2 mm。

③ 滚轮在动作板上应滚动灵活。

④ 转辙机转换终了，启动片尖端离开速动片时，应快速切断动作接点。

⑤ 当锁闭杆从终端位往回移动，锁闭杆斜面与检查柱斜面接触后，锁闭杆再移动 12 mm 时，表示接点组应可靠断开。

⑥ 检查（锁闭）柱与表示杆之间应符合下列要求：检查（锁闭）柱的下平面在接点组动作到位时，离杆上平面应不小于 1 mm；在检查（锁闭）位时进入表示杆检查块缺口应不小于 6 mm，并不打底面；当检查（锁闭）柱因故落在杆上平面时，动接点环的断电距离应大于 2.5 mm。检查（锁闭）柱与表示杆检查块缺口之间间隙之和：B、D、E 型为 8 mm；其他机型为 4 mm。

（4）遮断器的常闭接点应接触良好，在插入手摇把时，常闭接点应能可靠断开。

（5）挤脱器挤脱力应调整为 28 kN±2 kN，并用红漆标记。挤岔时，表示接点动接点环的断电距离应大于 1.5 mm。

（6）转辙机内的滚珠丝杠、动作杆、表示杆、齿轮组、锁闭铁、推板等均应保持润滑。

【考核标准】

1. 应知应会知识

采用闭卷方式考核。考试内容为：

（1）ZD（J）9 型电动转辙机的结构和各部件作用；

（2）ZD（J）9型电动转辙机的传动原理；
（3）ZD（J）9型电动转辙机的安装调整；
（4）ZD（J）9型电动转辙机的维护标准。

2. ZD（J）9型电动转辙机相关技能

（1）ZD（J）9型电动转辙机的调整；
（2）ZD（J）9型电动转辙机检修维护。
评分标准见表4-6-3。

表4-6-3 ZD（J）9型电动转辙机相关技能评分标准

项目配分	考核内容及评分标准	扣分因素及扣分	得分
ZD（J）9型道岔调整（10分）	（1）密贴及表示等调整标准不清（每项扣2分）； （2）调整步骤及流程不明（每项扣2分）		
ZD（J）9型转辙机检修维护（10分）	（1）ZD（J）9型道岔检修标准不清（每次扣2分）； （2）ZD（J）9型道岔检修流程不明（每项扣2分）		

任务七　转辙机入所修

【学习目标】

（1）掌握转辙机测试台的使用方法；
（2）会对ZD6电动转辙机进行测试；
（3）会对S700K型电动转辙机进行测试。

【相关知识】

一、转辙机测试台使用

目前，转辙机测试台分直流转辙机测试台和交流转辙机测试台，种类较多，下面以XDZ-6D直流转辙机测试台（适合ZD6系列和ZD7型电动转辙机）和XDZ-7S交流转辙机测试台（适合S700K型电动转辙机）为例介绍转辙机测试台的操作方法。

（一）XDZ-6D直流转辙机智能测试台操作方法

1. XDZ-6D直流转辙机智能测试台面板

XDZ-6D直流转辙机智能测试台面板如图4-7-1所示，图中显示的是测试台的手动区域，智能测试区在手动测试区的右侧（没有画出）。

信号基础设备维护

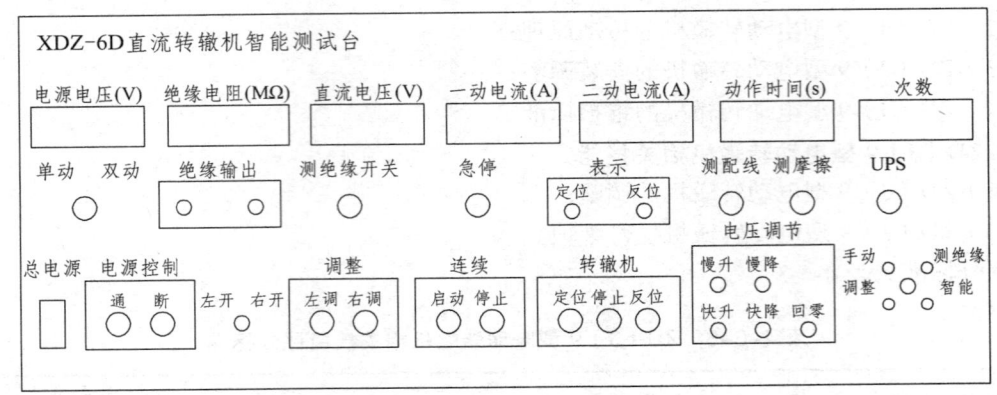

图 4-7-1　XDZ-6D 直流转辙机智能测试台面板（部分）

2. 手动测试操作方法

1）测试前准备工作

（1）将转辙机测试台与负载台相连接，合上面板上的空气开关，将面板上按钮复位，用测试线将负载台与转辙机连接，按下"电源通"按钮，"电源"指示灯点亮，"电源电压框"显示当前电源电压。

（2）将面板上"单动/双动"选择开关选到"单动"位置，万能转换开关选择到"调整"位，按下"左调"按钮，负载电机正转，按下"右调"按钮，负载电机反转，从而达到调整重锤位置的目的。

① 负载重量调整：在负载杆和转辙机不连接的情况下，面板万能转换开关打到"调整"位，按下面板"调整"栏内"左调"或"右调"按钮，使一边重锤落地，将重锤上"L"型铁杆取出，插到所需重量的铁块上，再调整使重锤另一边落地，同上方法将"L"型铁杆插到所需重量上。

② 左开/右开：根据被测转辙机型号调整左开/右开按钮，目的是确保重锤负载杆的运行方向和转辙机动作杆方向一致。例如，当前状态为转辙机杆正在伸出，则负载杆必须缩回负载台内部，转辙机动作杆缩回则负载杆必须伸出。在转辙机和负载杆连接前必须确保动作的正确性后再连接，否则若运动方向相反则很可能使负载卡死或拉断负载链条。操作方法如下：先不连接转辙机和负载杆，按下"定位"或"反位"启动按钮，观察运动方向是否相同，若不同，则将当前"左开"或"右开"位置拨至相反位，再次按下"定位"或"反位"按钮，使运行动作一致后再连接转辙机和负载。

2）单次运行

将面板上"单动/双动"选择开关选到"单动"位置，万能转换开关选择到"手动"位，按照被测转辙机型号调整直流电压到额定值，选择"左开"或"右开"，若转辙机不到位，按下"转辙机"栏内的"定位"或"反位"按钮，将转辙机调整到位。假定转辙机当前状态为"定位"状态，则此时"表示"栏内的"定位"指示灯点亮，按下"转辙机"栏内的"定位"按钮，则转辙机开始从"定位"状态向"反位"状态运行，在转辙机启动后约 2 s，负载电机自动启动并调整重锤负载使重锤负载杆向转辙机运行方向相同的方向运行，转辙机到位后，"反位"指示灯点亮，同时负载电机在机械装置碰到行程开关后停车。

在"反位"状态下，按下"转辙机"栏内的"反位"按钮，则转辙机开始从"反位"状态向"定位"状态运行，在转辙机启动后约 2 s，负载电机自动启动并调整重锤负载使重锤负载杆向转辙机运行方向相同的方向运行，转辙机到位后，"定位"指示灯点亮，同时负载电机在机械装置碰到行程开关后停车。

在转辙机动作过程中，"直流电压"框显示当前电机电压，"一动电流"框显示当前电机工作电流，"动作时间"框和"次数"框面板上均有清零按键，可以通过按下清零按键将仪表清零。

3）摩擦电流测试

将测试线上带的标有 42 字样的鳄鱼夹夹在转辙机开闭器 42 上，将标有 12 字样的鳄鱼夹夹在转辙机开闭器 12 上，在单次运行中，按下"测摩擦"按钮，则转辙机在到位后继续运行，直至复位"测摩擦"按钮，"一动电流"框显示即为摩擦电流值。

4）连续运行

在"定位"或"反位"状态下，按下"连续"栏内的"启动"按钮，则转辙机开始连续运行，即自动重复单次运行中的动作，直至按下"连续"栏内的"停止"按钮。

5）配线测试

按下"测配线"按钮，若配线不正确则测试台内电铃报警。

6）绝缘测试

将面板"单动/双动"选择开关选到"单动"位，万能转换开关选到"测绝缘"位置，将绝缘测试线按颜色分别插到面板"绝缘输出"端子上，测试夹夹在所要测试绝缘处，按下"测绝缘"按钮，"绝缘表"显示被测处的绝缘电阻。

注意：测绝缘时，为了保证测试准确，需将转辙机测试插头取掉；测试完毕，必须将测试夹及测试线去掉，防止影响其他项目测试。

7）双动测试

将两台 ZD6 系列的电动转辙机与对应测试连接线相连接，面板上"单动/双动"选择开关选到"双动"位置，调整直流电压到 160 V，按下"转辙机"栏内的"定位"或"反位"按钮，则两台转辙机同时动作，动作过程中，"直流电压"表显示两台转辙机电机电压，"一动电流"表显示 A 动电流，"二动电流"表显示 B 动电流。

注意：双动测试时，任意一台转辙机不能与负载相连。

3. 智能测试操作方法

1）系统登录

进入操作系统后，可以在系统的桌面上看到 XDZ-6D 转辙机智能测试系统的快捷方式图标，用鼠标左键双击该图标后将弹出转辙机智能测试系统的登录界面，请在用户栏和密码栏输入测试系统管理员指定的登录名和密码，点击"确定"按钮，进入测试系统。

2）退出测试系统

退出测试系统有两种方法：第一，在系统主界面中点击系统按钮栏中的"退出"菜单；第二，点击系统主界面右上角的"退出"按钮。

3）自动测试

（1）测试前准备。将转辙机正确固定在负载台上，按照线制选择正确的插线。

（2）进入系统后，在系统菜单栏中点击"测试"菜单（或点击系统按钮栏中的"测试"按钮），将弹出"自动测试"界面。在自动测试界面的"被测件信息"栏中的"型号"下拉框中正确选择转辙机的型号（注：如果选择不当可能损坏被测转辙机），在"编号"下拉框中正确选择转辙机的编号，被测件的名称、左右开向将自动设置。

在"测试设置"栏中设置测试的相关设定。"报警电流"栏中设置测试时系统可接受的最大电流值，测试过程中当系统检测到当前电流大于或等于"报警电流"栏中设置的值时，系统将自动停止测试并将电压降为零。"运行次数"栏中设置测试时系统连续运行的次数。"摩擦时间"栏中设置测试时处于摩擦状态的时间。

在开始测试前应首先测试配线连接是否正确。将转辙机摇到位，点击"操作命令"栏中"测配线"按钮，如果配线不正确将提示"配线不正确"，如果配线正确将提示"配线正确"并且根据转辙机的到位状态将相应的到位指示将点亮。

确认配线正确后便可以开始测试。如果直流电压表数值为 0，则根据转辙机型号点击"电压调节"栏内的 ZD6 或 ZD7 按钮，则电压从 0 V 升到 160 V 左右，或从 0 V 升到 180 V 左右，电压细调节可以通过点击"升压"和"降压"按钮进行。

电压调整至额定后，点击"单次运行"按钮，系统将自动控制转辙机推、拉各运行一次，并将测试结果自动根据标准进行合格判断并填写在"测试结果"栏中（不合格结果将显示为红色）。点击"连续运行"按钮，系统将自动控制转辙机运行"运行次数"栏中设置次数，并将测试结果自动根据标准进行合格判断并填写在"测试结果"栏中。

点击"测绝缘"按钮测试转辙机的绝缘电阻，测试结果自动根据标准进行合格判断并显示在"测试结果"栏中。

点击"保存结果"按钮，系统将"测试结果"栏中值自动保存在数据库中，以便查询。

测试完毕后，可以点击"退出"按钮退出测试界面。

（二）XDZ-7S 交流转辙机智能测试台操作方法

1. 手动操作方法

合上面板上的断路器，将面板上和负载台上"急停"按钮复位，万能转换开关选择"手动"挡位。将转辙机与负载台连接并可靠固定，用相应测试线将负载台与转辙机连接，此时如果转辙机处于到位状态，则面板上"定位"或"反位"指示灯应点亮；如果转辙机不到位，按下转辙机"定位"或"反位"按钮，将转辙机调整到位。

按下转辙机"定位"或"反位"按钮，调整有源液压负载（顺时针方向增大，反时针方向减小），直至转辙机额定负载力值。按下面板上"连续"栏内的"启动"按钮，转辙机定位运行到位后应连续向反位状态运行，反位运行到位后应连续向定位状态运行。"次数"框显示运行次数，运行数次后，按下面板上连续"停止"按钮，开始进入数据测试阶段。

按下面板上"转辙机"栏内的"定位"按钮,转辙机应能启动并向反位方向运行,"电压"框显示值为转辙机工作电压,"电流"框显示值为转辙机工作电流,"负载力"框显示值为转辙机转换力,运行到位后"时间"框显示值为转辙机动作时间。

按下"测摩擦"按钮,按下转辙机"定位"按钮,转辙机应能启动并向反位方向运行,"电流"框显示值为转辙机摩擦电流,"负载力"框显示值为转辙机的摩擦力。

将面板上万能转换开关选择"测配线"挡位,配线正确,电铃不报警;配线错误,电铃报警。

将面板上万能转换开关选择"测绝缘"挡位,将带鳄鱼夹的绝缘测试线连接在转辙机所需测试绝缘处,"绝缘电阻框"显示转辙机绝缘电阻值。

二、ZD6 型电动转辙机性能测试

(一)遮断器及机锁

插头安装牢固,安全接点接触深度≥4 mm,断开距离≥2 mm。非经人工恢复不得接通电路,各接点片压力≥4.9 N,暗锁安装牢固。

(二)动作杆、齿条块

动作杆与齿条块轴向错移量和圆周方向转动量均≤0.3 mm,底壳与齿条块间隙≤0.3 mm,圆孔套旷量≤0.5 mm。

(三)主　轴

锁闭齿轮圆弧与削尖齿圆弧同时接触,最大间隙≤0.05 mm;启动齿在缺槽中间,单边最小间隙 1 mm;锁闭齿轮在主轴上的纵向窜动量≤0.5 mm。

(四)移位接触器

齿条块顶杆与移位器触头应对正,轴线偏差≤1.5 mm;触头与顶杆间隙 1.5 mm。

(五)减速器

内齿轮端面与启动片间隙≥0.5 mm。

(六)自动开闭器

接点接触深度≥4 mm,动接点与静接点座间隙≥3 mm,各接点片压力均匀,出所时调至 8~10 N。速动爪滚轮在速动片上滚动顺利,落下后不打底,锁闭时速动爪与速动片缺口间隙≥1 mm,解锁时,应为 0.2~0.8 mm。

（七）表示杆

表示杆与方孔套旷量≤0.5 mm；检查块缺口间隙最小 3 mm，最大 3.28 mm；移位标记清晰、准确，统一使用激光打标机打标记。

（八）电动机

齿轮要涂润滑油，齿轮与减速器齿轮咬合要紧密。

（九）配　线

配线平整、美观，线号准确，线环大小合适。

（十）根　槽

根槽内应平整顺滑，各部密封良好，防尘、防水效果好。

（十一）手摇检查

转动灵活，无卡阻。

（十二）电气测试

使用测试台测试，其中动作电流、摩擦电流、转换时间、绝缘电阻按所装机型选择合适标准测试。ZD6-A、D、H 额定动作电流≤2.0 A；ZD6-E、J、F、G 额定动作电流≤2.2 A（采用防断线电机时≤2.0 A）；ZD6-A、D、F、H、G 摩擦电流为 2.3～2.9 A；ZD6-E、J 摩擦电流为 2.0～2.5 A；定反位偏差≤0.8 A；ZD6-A 额定转换时间为 3.8 s；ZD6-D、H 额定转换时间为 5.5 s；ZD6-E、J、G 为 9 s；ZD6-F 为 6.5 s；绝缘电阻≥20 MΩ。

三、S700 K 型电动转辙机性能测试

（一）机　盖

机盖应开闭自如，不应对机盖施加重压。

（二）转辙机密封

底壳边缘的密封圈应保持弹性，无破损断裂。各部件密封良好，排水塞无脱落。

（三）电缆线束

机内电缆绝缘良好，捆扎、固定良好。

（四）摇把齿轮

摇把齿轮应转动灵活，手摇结束后，摇把齿轮应顺利退出啮合位置。

（五）遮断开关

遮断开关作用良好，挡板在遮断开关接通时，必须能阻止手摇把插入，在摇把齿轮与摇把挡板之间必须有一条侧隙（一般为 1~3 mm）。

（六）滚珠丝杠

滚珠丝杠沿轴向窜动量不能大于 1 mm。

（七）锁闭块及锁舌

锁闭时，锁闭块及锁舌能正常弹出，锁舌伸出量一般 ≥ 10 mm。

（八）速动开关组

测试时要测量其接触压力、接触电阻等各项指标，并测试其在整机上的表示情况、动作情况。

（九）电动机

电动机在正常情况下通电后应转动自如，齿轮啮合正常，无明显过大的噪音。

（十）开关锁

当钥匙垂直插入并逆时针转动 90°时，遮断开关将被切断；恢复时须提起开关锁上的锁闭销，同时将原插入的钥匙顺时针转动 90°，即可接通遮断开关。

（十一）电气测试

使用测试台测试，其中动作电流、转换时间、负载力、检测精度等按所装机型选择合适标准测试。如 S700 K-C 型电动转辙机的动作电流 ≤ 2.0 A（54 Ω）；转换时间 ≤ 6.6 s；负载力为 3 000 N、3 500 N、4 500 N、6 000 N；动程 150～220 mm；挤切阻力可挤型 24 kN、不可挤型 90 kN；检测精度 ≤ ±2 mm。

【考核标准】

1. 应知应会知识

考试内容为：

（1）电动转辙机测试台使用；

（2）ZD6 型电动转辙机性能测试；

（3）S700K 型电动转辙机性能测试。

2. 电动转辙机性能测试相关技能

评分标准如表 4-7-1 所示。

表 4-7-1 电动转辙机性能测试相关技能评分标准

项目及配分	考核内容及评分标准	扣分因素及扣分	得分
电动转辙机测试台使用（共计 20 分，上述内容按规定扣分，扣完 20 分为止）	（1）不能正确使用直流转辙机测试台，每项扣 2 分		
	（2）不能正确使用交流转辙机测试台，每项扣 2 分		
ZD6 转辙机性能测试（共计 40 分，上述内容按规定扣分，扣完 40 分为止）	（1）ZD6 型转辙机性能测试标准不明，每项扣 2 分		
	（2）ZD6 型转辙机性能测试方法不会，每项扣 2 分		
S700K 型转辙机性能测试（共计 40 分，上述内容按规定扣分，扣完 40 分为止）	（1）S700K 型转辙机性能测试标准不明，每项扣 2 分		
	（2）S700K 型转辙机性能测试方法不会，每项扣 2 分		

思考题

（1）道岔是一种什么设备？其组成包括哪三大部分？
（2）道岔号用什么来表示？
（3）对转辙机有何基本要求？其作用是什么？是如何分类的？
（4）在城市轨道交通中如何设置转辙机？
（5）试说明 ZD6 型电动转辙机的结构和各部件作用？
（6）试说明 ZD6 型电动转辙机电动机是如何实现正、反转的？
（7）试说明 ZD6 型电动转辙机的传动原理？
（8）如何调整 ZD6 型道岔的密贴、表示缺口及摩擦电流？并说明各项调整标准。
（9）ZD6 型电动转辙机的自动开闭器由什么构成？其接点如何编号？并说明其动作原理。
（10）ZD6 型电动转辙机的挤切装置是如何起到挤岔保护的？当发生挤岔时它所牵引的道岔如何动作？是如何切断表示的？
（11）ZD6 型电动转辙机的摩擦连接器有何作用？
（12）试说明 ZD6 型电动转辙机的机械锁闭原理？并说明它是如何实现解锁、转换和锁闭的。
（13）试说明 ZD6 型电动转辙机的整体传动过程？
（14）ZD6 型电动转辙机的安装装置有哪些？

（15）ZD6型电动转辙机如何安装？何为正装和反装？并举例说明转辙机是1、3闭合的还是2、4闭合的。

（16）说明ZD6型电动转辙机有哪些技术规范。

（17）S700K型电动转辙机由什么组成？其各部件的作用是什么？

（18）试说明S700K型电动转辙机的整体传动过程。

（19）试说明S700K型电动转辙机的技术规范。

（20）S700K型电动转辙机的安装装置有哪些？

（21）如何调整、检修S700K型电动转辙机？

（22）钩式外锁闭装置由什么组成？

（23）试说明钩式外锁闭装置的动作原理。

（24）如何调整钩式外锁闭道岔？

（25）ZYJ7型电液转辙机由什么组成？并说明其各部件的作用。

（26）SH6型转换锁闭由什么组成？它与ZYJ7型电液转辙机有何异同点？

（27）简述ZYJ7型电液转辙机的液压传动原理。

（28）简述ZYJ7型电液转辙机的机械传动原理。

（29）ZYJ7型电液转辙机所牵引的道岔有哪些安装装置？

（30）如何养护检修ZYJ7型电液转辙机所牵引的道岔？

（31）ZD（J）9型电动转辙机由什么组成？其各部件的作用是什么？

（32）ZD（J）9型电动转辙机与S700K型电动转辙机和ZYJ7型电液转辙机有何异同点？

（33）如何调整ZD（J）9型电动转辙机所牵引的道岔？

参考文献

[1] 林瑜筠. 铁路信号基础[M]. 2 版. 北京：中国铁道出版社，2014.

[2] 高嵘华. 城市轨道交通信号基础设备维护[M]. 成都：西南交通大学出版社，2011.

[3] 张进利. 铁路信号基础设备维护检修[M]. 成都：西南交通大学出版社，2017.

[4] 徐彩霞. 城市轨道交通信号基础设备维护[M]. 北京：中国铁道出版社，2018.

[5] 郭进. 铁路信号基础[M]. 2 版. 北京：中国铁道出版社，2017.

[6] 中国铁路总公司. 普速铁路信号维护规则[S]. 北京：中国铁道出版社，2015.

[7] 中国铁路总公司. 高速铁路信号维护规则[S]. 北京：中国铁道出版社，2016.

[8] 付兵. 铁路信号基础[M]. 北京：中国铁道出版社，2017.